原初の風景とシンボル

金光仁三郎

大修館書店

まえがき

古代の人々は、どのような想いを胸に秘めて生活していたのだろうか。

私たち現代人の生活は、古代の人々には想いも及ばない機械・情報文明に取り巻かれている。こうして座ってものを書いている私も、目の前にあるパソコンの画面をにらみながら活字を追っている。夕方になって活字が見えにくくなれば電気を点けるだろうし、電話のベルが鳴れば受話器を取るだろう。喉が渇けば台所へ行って水道の蛇口をひねり、お腹が減っていれば冷蔵庫を開けるだろう。風呂に入りたくなれば、片づけも兼ねて、汚れた下着類を電気洗濯機の中にほうり込んでおくだろうし、外に用事があればバスや電車や飛行機に乗るだろう。

こうした機械・情報文明が、一瞬のうちに消え去ったときのことを考えてみよう。私たちは、何を拠りどころにして生活を立て直そうとするのか。そのとき、身のまわりには、「原初の風景」しか広がっていない。

古代の人々は、そうした身近かな「原初の風景」に託してシンボルというものを作り上げてきた。例えば、曜日に組み込まれている、日、月、火、水、木、金、土がそうだった。西洋でも東洋でも、古代人は、七曜から日と月を除いた五つの基本要素を、宇宙創世になくてはならないものと考え、五大もしくは五行と呼んできた。日と月、それに五行は、大宇宙（マクロコスモス）の風景である。

また、この大宇宙に見合う小宇宙の世界を、自分の肉体や精神に求めて、イメージを膨らませてきた。手、足、目、心（心臓）などで、これが小宇宙（ミクロコスモス）の風景である。

大宇宙と小宇宙の風景以外に、古代人の視界に飛び込んで来たものは、日常生活に欠かせない衣食住の風景だったろう。

住居に例を取れば、原始人は、自分たちの住む洞窟と死ぬまで付き合わざるをえない。遊牧民族ならテント生活、定住民族なら石やレンガや木で作った掘っ建て小屋が生活空間の中心になった。洞窟であれ、テントであれ、掘っ建て小屋であれ、生涯、生活を共にする住居というものに、古代人がさまざまな夢を託したのは当然だろう。

食生活のことを取り上げてもよい。牧畜民族なら、牛や羊は生活していくうえでなくてはならない動物だった。馬は、牛や羊に比べて食用という点では劣るにせよ、軍事や交通手段に使われてじつに貴重な動物だったにちがいない。農耕民族なら、稲や小麦に限らず、植物全般、とりわけ植物を育てる水に特別の関心を寄せたのは自然の成り行きだった。漁業民族なら、海の幸、川の幸である魚の水揚げに一喜一憂していたはずなのである。

こうした飼い慣らされた家畜だけが「原初の風景」を作り上げていたわけではない。身近な動物以外に、鳥や卵、野生の動物たちも、古代人の風景の一部になっていた。狼や蛇は、代表的な野生の動物として、人間がこれまで作りあげてきた文化に敵対し、これから作り上げようとする文化に敵対する動物のように想い描かれてきた。

しかし、他方でそうした野生の活力が、狼の例に見られるように、ローマの建国神話を活性化させた。また、蛇は竜となって、天と地をつなぐ階梯のシンボルになった。野獣は、古代人にとって辺境の風景であっただけでなく、聖獣となって中心の風景も構成していたのである。

「原初の風景」は、大宇宙、小宇宙、衣食住の風景だけに限らない。山、川、海、風、石といった自然界の景観、弓矢のような武具や日常生活に使われる道具も古代人の見慣れた光景だったろう。

こうした「原初の風景」を、原初の時代だけのものとしてカッコの中にくくり、後は澄まして済む問題ではない。我々現代人も、同じ「原初の風景」を、日々見慣れたものとして視界の隅に焼き付けているからである。

例えば、我々は道端にころがっている石ころなど見向きもしないが、農業を営む人は土や植物に関心を抱き、漁業にたずさわる人は魚のことに詳しい。一般の人々でも、日頃、日光や水の恩典に浴しているのだから、一度は畏敬の念をこめて太陽を仰ぎ見、海や川を見て安らぎを覚えなかった人はいないだろう。

どこにでもころがっている石は、無用の長物だけに、衣食住に関わる日常品に比べれば立ち止まってつくづく見つめる機会ははるかに少ない。だが、古代人は「石は生きている」と考えていたのである。現代人も、一度は古代人の視点から、石を見つめ直しても良いように思うのだが、いかがなものだろう。

現代人は、複雑な文明社会を生きているから、風景として視界に入って来るものは「原初の風景」だけではない。古代人には思いも及ばない、いろいろな近代の風景が視界に入って来る。しかし、現代まで生き延びた「原初の風景」が、古代と変らず、今も「根幹の風景」を作り上げていることだけは間違いない。古代人は「原初の風景」とだけ付き合っていた。しかし、現代人はこうした「根幹の風景」に対して恐ろしく鈍感である。水道の蛇口をひねれば、水が当たり前のように出て来ると勝手に思い込んでいて、水の手触りに心をときめかすこともない。まして雨乞いの儀式をしようなどとも思わない。川には美しい女神が住んでいるなどと夢想することもない。また、ステーキを食べても、牛に想いを馳せる人は少ない。まして聖牛や人頭馬身の神話などに耳を傾ける人は限られている。

「原初の風景」に対する古代人の想いは、それが限られた風景であっただけに、はるかに深く鋭敏である。あたかも「原初の風景」がおのれの分身であるかのように、身近な生き物、日常の見慣れた物たちに深く分け入り、濃密な感情移入を繰り返し行っている。そこから現代人の淡泊さとはおよそ異なる古代人の深い想像力が生まれて来る。

シンボルは、古代人のそうした深い想像力が育んだものである。彼らは、身近な物たちに触れ、それらを見ながら、その向こうに独自の想像力を限りなく伸ばして、日常生活とかけ離れた別のものを見ていた。川を見ながら美しい女神を想い、風に触れながら鳥を想い、不動の石を見ながら「石は生きている」と感じていた。

となると、「原初の風景」、身近な生き物や物たちから生まれたさまざまなシンボルを集めたらどうなるだろう。その寄せ木細工の絵模様から浮かび上がって来るのは、古代人の心象風景である。古代人が何を考え、どういう心情のなかでみずからの行動を律していたかが、おのずから明らかになってくる。

「原初の風景」は、「近代の風景」に封殺された光景である。しかし、そうした「失われた光景」を新たに掘り起こし、再生させ、我々現代人にとってかけがえのない「見出された風景」に作り直さなければならない。機械文明が生み出した「近代の風景」に目を奪われていても、我々は、「水」の例からもわかるように、根源的なところで「原初の風景」に生死を握られているからである。

本書は一八章から構成されている。それぞれの章が原初の風景、原初の映像の一こま、一こまを作り上げている。もとより、「原初の風景」といっても、一八景に限定できるほど、少なくもなければ単純なものでもないことは承知している。当然、そこには選別という操作が介入してこざるをえないだろう。章だての基準としたのは、古代の人々が日常目にする光景だった。生活している場所によって多少の違いは出るにせよ、古代人と同じ目線に立ち、そこに飛び込んで来るありふれた光景を彼らはどのように考えていたのだろうかという、素朴な疑問が章だての出発点になった。

目次を見ていただければおわかりのように、大宇宙の風景は省き、小宇宙の風景と身近な生き物や物たちに限定した。

小宇宙の風景として選ばれたのは、手、足、目、心臓である。自分の肉体の一部に風景という言葉を使うのはおかしいと思われる方もおられよう。しかし、いかに古代とはいえ、他人を抜きにして生活は成り立たない。他人の目や手足、他人の肉体は、人間が目にする最初の風景なのである。それは、同時に自分の肉体に対する内省へとつながっていこう。

身近な生き物として選ばれたのは、馬、牛、狼、卵、鳥、蛇、魚である。自然界の風景として選ばれたのは、川、山、洞窟と迷宮、石、風である。また、古代人の道具や抽象的な意識を理解するために、弓と矢、数のシンボルも付け加えた。

そうした古代人の心象風景を把握する上で、参考にした原典は、聖書、世界の神話、古典の文学や宗教文献である。もとより、世界は広いし、筆者の非力も重なって読める原典は限られている。

それぞれの章を書き進める過程で念頭においたのは、個々の同じ素材を、世界を横断するように水平的に考えたら、多少のズレや多様性は当然あるとして、人類共通の普遍的な思考サイクルがおのずから浮かび上がって来るだろうということだった。比較をしなければ、文化の多様性は把握できないし、文化の類似性や普遍性もわからない。比較をすることで、個々の文化の独自性も理解できるようになってくる。

記述の対象が、ともすればヨーロッパ、インド、エジプト、メソポタミア、中国に片寄りがちだったのは、非力な筆者の独断と偏見にもよるが、筆者の目にとまり、利用できた世界の原典に限りがあったことも多少は影響している。同時に、奥行きの深い壮大なシンボルを生み出した地域が、上述の文化圏に集中していたことも否めない。だからといって、他の地域を無視したわけではない。必要とあれば、随時、他の地域のシンボルも採り入れるように心がけた。

本書の執筆を勧めて下さったのは、大修館書店編集部の志村英雄氏である。志村氏とのお付き合いは、『世界シンボル大事典』(一九九六年)の翻訳を始めてから『世界神話大事典』(二〇〇一年)が上梓された本年三月まで、ほぼ十五年の長きにわたる。二冊の大事典を翻訳する過程で、好むと好まざるとにかかわらず、世界のさまざまな原典を調べ、読まざるをえない立場に追い込まれた。本書は、翻訳作業から生まれた余滴の書である。とはいえ、二冊の大事典との記述の重複はできるだけ避けるように努めた。

本書が誕生したのは、シンボルに対する志村氏と筆者の共通の想いからだと痛感している。その意味で、いつもながらのことではあるが、このような機会を与えて下さった書肆と編集者とに改めて感謝の意を表したいと思う。

二〇〇一年六月

金光　仁三郎

目次

まえがき　i
愛撫の手、権力の手、文化創造の手　3
速い足、悪い足、神の恵みの足　20
目の魔力を世界の神話に探る　37
心臓は死と復活のドラマを司る　57
人頭馬身像の根源を古代ギリシアに探る　74
牛は多産・豊穣をもたらす生き物　94
狼は野生の象徴から聖獣に変身する　110
卵は宇宙創世の謎を解くシンボル　125

鳥に託された天への憧憬　142
手足のない蛇が変幻自在な意味をもつ　159
神々は魚の姿をとって豊穣をもたらす　186
古代人が川によせる祈りは恵みへの願い　202
山は天と地を結ぶ梯子のごとく　218
洞窟は三界が交わる聖なる場所　238
石は動き、石は孕む　255
風は鳥や蛇や聖霊に変身する　271
女神の弓矢、戦いの弓矢、愛の弓矢　288
数は宇宙の神秘を語る　308

主要参考文献　323

原初の風景とシンボル

■ 手

愛撫の手、権力の手、文化創造の手

ランボーとネロに愛と権力の象徴を見る

私がここに「手」と書いて真っ先に思い起すのは、古代神話の話ではなく、ランボー（一八五四—一八九一）の『虱（しらみ）を探す女たち』という詩だ。引用してみよう。

子供の額が赤い悩みに満ちて、
おぼろな夢の白き群れを切に乞い求めるとき、
その臥所の傍らに、銀のような爪の生えたかぼそい指を持つ
美しい二人の姉がやってくる。

二人は開け放した窓の近くに子供を座らせる。
そこに青い夜気が乱れ咲きの花を濡らしている
夜露がしたたるその子の重い髪の毛の中を
華奢な、恐ろしくまたあでやかな指がさまよう。

子供はほの紅い植物性の蜜の香りのする
おずおずした彼女らの呼吸の歌うのを聞く。
その歌は、折々しゅっという、唇の上に唾を吸い戻すのか、
さもなくば接吻を求めるような音で中断される。

子供は、姉たちの黒い睫毛が香ばしい静寂の下に
相うつのを聴く。そして二人の電気のような優しい指が
鈍色のものうさの間に、その高貴な爪のもと
小さい虫の死を響かせる。

いま懈怠の酒が彼のうちにのぼってくる
心を乱すハーモニカのうめきのような。

かくて子供は、愛撫のゆるやかさにつれて泣きたい気持ちが、
　間断なく現われ失せてゆくのを感じる。（西条八十訳）

早熟の天才児はこの詩を十六才で書き上げた。髪に虱をたからせているこの詩の主人公はランボー自身である。二人の女は、ランボーがパリに上京した頃知り合った詩人ヴェルレーヌ（一八四四―一八九六）の母と妻だという説がある。また、ランボーが故郷で感化を受けた師イザンバールの叔母たちだという説もある。しかし、そんなことはどうでもいい。

ここで歌われている空間は、「香ばしい静寂」の空間である。この場所では、目をしばたくときに触れ合う、普通なら聞こえるはずもない睫毛の音が聞こえてくる。「唇の上に唾を吸い戻す」まるで「接吻を求めるような音」が聞こえてくる。それは静寂の音、無音の音色だ。

そこに子供と女たちがいる。子供は、外界の音さえ入ってこないすべてが遮断された空間で、五感を女に集中させる。女の息遣い、女の呼吸はまるで歌のようだ。自分に寄り添う女の香りは、まるで「ほの紅い植物性の蜜の香り」のようだ。その香りを「乱れ咲きの花の香り」を運ぶ木々の「青い夜気」が包む。

アルチュール・ランボー

そこで子供は、全神経を女の手の動き、その触感に集中させる。頭の中が真っ白になる。夢は実を結ばず、白雲のようにおぼろなまま、「白き群れ」となって脳裏から逃げていくだけだ。その空っぽの脳裏に欲望の「赤い悩み」だけが居座る。子供は、この赤い欲望の触角をできるかぎり伸ばして、女の手の動き、その一挙手一投足を残らず味わいたいと思う。

女の手は、「かぼそい指」だが、「銀のような爪」を生やしている。「華奢であでやかな指」だが、「恐ろしい」指である。「やさしい指」だが、「電気のように」鋭い指である。女のやさしい手の愛撫で、意識が白濁と溶けていく。「鈍色のものうさ」のなかで、子供は「高貴な爪が小さい虫の死を響かせる音」を聴く。

それは、たかだか自分の髪の毛に巣くっている虱の死の音にすぎないが、子供には断頭台で自分の頭をはねるギロチンの音のように聞こえる。二人の女は高貴な女性、自分は虱なのだ。「愛撫のゆるやかさにつれて」、愉悦とも苦悩ともつかぬ「泣きたい気持ち」が子供を襲う。

この詩に登場する女性は二人である。詩を読んでいると、いつのまにか二人の女性は一人の女性に思えてくるが、はっと気がつけば複数である。登場する女性が一人なら、おそらくその手は、かぼそく、やさしい愛撫する女の手に拡大されて、どちらかといえばありきたりな官能的なイメージに収斂されていくだろう。

ところが、女性が二人いるために、手の物理的な重量感が増大され、膨張する官能的なイメージを打ち払う形で、銀のような、電気のような恐ろしい高貴な爪が子供の頭部を覆い隠す。この手は殺戮し、支配する手なのだ。動いているのは二人の成熟した女の手だけである。子供は座ったまま、まったく無防備に受け身の体を女たちの手に預ける。

このまったき受動性が、虱という自虐的で奇体な虫のイメージを詩的言語に創りあげる。子供は虱に同化する。反比例的に女たちは高貴な淑女に昇華する。この落差が手の暴力を生む。

ランボーは、都会のパリに闖入した地方人だった。文明化した近代に忽然と現われた幼い荒人神だった。神話は、文明が洗練されればされるほど衰退していく。ランボーは、神話の空洞化、神話の不在化した近代に、古代の神話とは別の形で、新しい神話を創り上げた希有な詩人である。

拡大解釈すれば、この詩のなかでは、文明や都市が、複数の高貴な女性、さらに言えば女性たちの手に象徴されて描かれているような気がしてならない。地方出の荒人神は、孤軍奮闘のまま文明や都市に愛撫され翻弄される。文明化した集団に翻弄される幼い荒人神は、自分を虱のように思う。孤独な虱は、荒々しい神話に頼るしかない。

しかし、神話とは確かに「野生の思考」にちがいないが、古代人の既成の言葉で織られたフィクションにすぎない。近代に誤って生まれた荒人神は、自分の言葉で未知の神話を創りあげるしかないのだ。

この詩を読んでいると、私は、古代ローマの歴史家タキトゥス（五五頃―一二〇頃）が『年代記』に書いた、アグリッピナと皇帝ネロの角逐、母と子のすさまじい葛藤の神話に自然と思いが及ぶ。

ネロの父親は平民出身の老いぼれだった。アグリッピナは王家の長女として生まれたが、兄との近親相姦が発覚し、そのスキャンダルをもみ消すために平民出身の老いぼれと結婚させられる。夫の死後、アグリッピナは、叔父のローマ皇帝クラウディウスを色香で誘い、皇妃におさまる。それだけでなく、息子のネロを皇帝にさせたい一心で、クラウディウスを毒殺する。こうしてネロは皇帝に成り上がり、母は新皇帝を操る執政におさまりかえる。ここまではアグリッピナの筋書き通りにことが運んでいる。

ところがネロは母の支配に満足しない。未来の暴君になる芽をひそかに育てている。アグリッピナはこれを知ってうろたえるが、負けてはいない。権謀術数にたけた母親はどうしたか。タキトゥスはこう書いている。

アグリッピナは、権力を維持したいという激しい衝動からついに自己を忘れ、昼のさなか、ちょうどネロが酒と饗宴で熱くなっているころ、しばしば化粧して現われ酔ったネロと不倫な関係を結ぼうとした。(『年代記』、タキトゥス、国原吉之助訳)

母親は執政の地位を維持したいがために、実の子に母子相姦を仕掛けたのである。この後、ネロは言葉巧みに母親を遊覧船に乗り込ませ、船を沈めてしまう。つまり母殺しである。

母の手は、幼児が最初に体験する世界の手である。幼児は母の手を通じて世界を知る。母の手は愛撫する手である。幼児は母の手を通じて、世界が愛であることを知る。しかし、愛撫する手は、同時に支配する手でもある。ネロは、支配する母の手を嫌って母を殺したのだ。

普通なら、母親は支配する自分の手をゆるめて、成長した子供を別の若い女に託すものだ。しかし、アグリッピナはそれをしなかった。むしろ、好きでもない女を我が子にあてがって、夫婦間の愛情の薄さに割り込む形で執政の地位を欲しいままにした。

古代の王家では、閉鎖的な家族のドラマが、そのまま政治の磁場にまで拡大されて展開される。アグリッピナは、母の手を密室から政治の磁場まで強引に押し広げて、息子を支配しようとした。逆にネロは政治権力を掌握すると、その権力を狭い家族の空間に持ち込んで母を殺した。そうして、自分自身が世界を支配する手になった。手は権力の象徴なのである。

ランボーの詩には、現実の政治は介入していないから、もちろんネロのドラマほど壮大かつ陰惨ではない。しかし、手が愛と権力の象徴として描かれていることに変りはない。その手が母の手から複数の女の手に移っただけのことである。そして、ランボーもネロと同じように母を愛し、母を憎悪した。

子供にとって、母の役割というのは絶対的なものだが、その役割を差し引いても、アグリッピナの存在感は、良い意味でも悪い意味でも圧倒的で、弱々しい近代の女性が単数ではとても太刀打ちできず手に余る。

数字を象徴的に言えば、一は不動で絶対的なものである。しかし、二と言った途端に、そこに連鎖と運動のシンボリズムが加わる。二は多数を予測させる数字なのだ。多数を予測させる二人の女の手だからこそ、そこに都会や文明といった集団を感じ、さらにはアグリッピナの強権の手にまで思いが及ぶ。『虱を探す女たち』が名作といわれる所以である。

神話のなかの文化英雄①　ケルト神話の光の神ルフ

手が愛と権力の象徴になるのは、手が行動に直結する器官だからである。手は接触を通じて他者に直接呼びかけ、世界を作り変える。この特徴は、他の器官と比較するともっとはっきりする。例えば、顔を占めている器官はすべて世界を受容する器官だ。耳は世界の音を受け入れる。鼻は世界の香りと空気を受け入れる。口は食べ物を摂取する。目は世界の姿形を映し出す。

耳も、目も、鼻も、世界と直接接触することはできない。口だけが物と接触できる。もっとも、鼻は空気と接触しているではないかという異論も出ようが、空気は見えないので、物として接触する実感がどうしても薄くなる。

目に見える対象と直接接触できるという点では、口と手は共通している。が、口は話す能力を除外すれば、受け入れるだけで、能動的に世界に働きかけることはできない。世界に働きかけることができるのは、目と手、それにコトバだけだ。

しかし、目は物とは接触できない。物に働きかけてその姿形を映し出すことはできても、物の上を滑走するだけだ。手がなかったとしてみよう。その場合、物の肌触りは失われるから、目だけでは物の具体的な量感は伝わってこない。目で見、手で触って、初めて物の実体が正確に把握できるのだ。

人間は自分の思い、自分の企てを手やコトバを通して実現させる。作家や画家はいうまでもなく、労働者の手のことを考えれば、それは明らかだろう。

何かを創り出すということは、物に触れ、世界を切り開くことだ。手付かずの世界は未知の領域である。未知の領域に手を付けることで、世界は荒々しい野蛮な相貌を失って文明化する。世界を手繰り寄せ、手なずけるのは、何よりも人間の手である。原始人は自分の手だけでそれをしたが、その後人間は手の延長である道具や機械を作って、既知の世界を飛躍的に拡大させた。

どこの世界でも、神話にはほとんど必ずといっていいほど文化英雄が登場する。文化英雄は神が引き受ける場合もあるし、トリックスター（道化役）のような人間や動物が担わされる場合もある。

文化英雄の特徴は、必ずしも世界的に共通しているわけではないが大雑把にいえば、技芸に通じていること、王権を補佐する二次的な役割である点である。また、トリックスターの場合は、道化役に回っただけ社会の埒外に立たされるが、それだけに社会的制約を受けない自由な行動が取れ、その自由さで社会に思いもかけない知恵を授ける。

文化をもたらす神の手

ケルト神話では、光の神ルフがそれを担った。ルフは別名をサミルダーナッフという。その意味は「あらゆる技芸に通ずる」で、フランス語ではこの訳語にポリテクニックという言葉が当てられる。現代フランス語でもこの言葉はよく使われ、エコール・ポリテクニック（理工科学校）といえば、ナポレオン帝政時代に士官学校から出発し、理系のエリート学生が集まる最高学府である。

ルフは、トゥアサ・デ・ダナーン族の王であるヌアダの宮殿を初めて訪ねたとき、何か技芸に通じていなければタラの宮殿には入れてやれぬと門番にいわれ、自分は番匠、鍛冶師、戦士のなかの戦士だと並べ立てるが、相変わらず門番が冷たいので、追い討ちをかけるように竪琴奏者、英雄、詩人、歴史家、魔術師、医術師、宮廷酌取人、真鍮細工師だと自己紹介し、最後にチェスに勝ってようやく宮廷にいれてもらえる。

この多芸ぶりを現代風に言い直せば、さしずめエコール・ポリテクニックですべての学問を究めた神のような人間といった感じになるかもしれない。これが文字通りの文化英雄ルフの姿である。ルフの能力がすべて手を使う技芸に集中していることに注目してもらいたい。

「目」の章で触れるように、ルフの父親は、アイルランドに来寇したトゥアサ・デ・ダナーン族のキアンで、母親は先住民で魔族のフォモーレ族のエトネである。ということは、ルフはどちらの種族にも所属できるが、冷たくいえば、どちらの種族にも所属できない自由な立場に立っていることが分かる。

でなければ、門番ふぜいからあれほど頑なに宮廷に入ることを拒否されるはずはない。自由で放浪者のようなルフが、どちらの種族にせよ、その種族から社会的認知を受けるには、自分の技芸に頼るしかない。自分の能力を洗いざらいさらけだしてまで執拗に自己紹介をしたということは、そういうことだろう。

事実、トゥアサ・デ・ダナーン族に加わったルフは、多芸ぶりをいかんなく発揮する。それだけでなく、ルフの名は現代の地名にまで残っている。リヨンの古名はルグドゥヌムで、この都市名はルフの名残である。それだけ、ルフはガリアの人々から尊敬されていたわけだ。

もっとも、古代アイルランドの神話は口承だったのだから、詩人や歴史家は現代のように手を使っていないといわれれば、なるほどその通りである。

しかし、「はじめにコトバありき」という聖書の言葉は、「はじめに行動ありき」と言い換えてもまったく差し支えない。それによって神は世界を創る。それが神話の世界である。神のコトバとは、すなわち神の行動であり、これによって神は世界を創る。古代のコトバは、世界を切り開くために手と同じように、現代では考えられないほど重みのある行動だったのだ。だからこそルフは光の神といわれたのだろう。

神話のなかの文化英雄②　メソポタミア神話の技術神エンキ

メソポタミアの神話で、文化英雄に当たるのはエンキ、別名エアである。メソポタミアの最高神はアンだが、実質的に神々の世界を支配していたのはエンリルで、エンキはエンリルを補佐する三番目の神だから、この関係はトゥアサ・デ・ダナーン族の王ヌアダのためにモイチューラの戦いで活躍した光の神ルフと似ている。

エンキは、水の王国エリドゥ市の守護神だった。エンキの文化英雄としての事績は、二八〇行足らずの『エンキとニンフルサグ』（五味亨訳）という作品に残っている。この作品の舞台はエリドゥ市ではなく、もっと南にあったディルムンという国である。ディルムンは清らかな国だった。

　エンキがニンスィキルといる場所は清らかである。ディルムンでは、カラスが叫び声をあげることはなく、雄鶏が叫び声を発することもない。ライオンが餌食の生き物を殺すこともなく、狼も仔羊を略奪したりはしない。犬はまだ仔山羊を見守ることを知らないし、穀物を食い荒らす豚も知られていない。

しかし、この清らかな国には水がなかった。水のないディルムン国がどうして清らかな天国のような国なのかは作品そのものが曖昧ではっきりしない。上の引用文が過去形なら、かつてディルムンは無辜の国で天国のようだったということになり、話はすっきりするのだが、邦訳を読むかぎり、どうもそうではないらしい。

いずれにせよ、エンキは、この国に妻のニンフルサグと娘のニンスィキルを連れてやって来た。そして、この国に町を築く。それから、娘の質問に答える形で、エンキはディルムンに「苦い水」の代わりに「甘い水」を引いたと述べる。「苦い水」は海水、「甘い水」は淡水のことだから、ディルムン沿岸の沼沢地は海水で浸されていたのだろう。エンキはこの沼沢地に「甘い水」を引いて穀倉地帯に変える。

その後、エンキは妻と寝て、ニンサルを産ませる。ニンサルとは「青野菜の貴婦人」という意味である。続いて、エンキは娘のニンサルに手を出し、ニンクルラを産ませる。ニンクルラは「繊維植物の貴婦人」という意味である。さらに、ニンクルラにまで浮気心を起して、ウットゥを産ませる。ウットゥは「機織りの女神」として知られる。

話は一見、どこの国の神話にも見られる「天地創造」の体裁を取っている。始祖が血族の女を孕ませて、子孫が増えていく図式だ。血族の女は妻の場合もあるし、娘の場合もある。「天地創造」の神話では、始祖たちの数に限りがあるからどうしても近親相姦的な絵模様にならざるをえない。男の始祖は、当然浮気者に創られることになる。

『エンキとニンフルサグ』もこの体裁を取っているが、エンキはディルムンで最高神がそうするように天と地を創造したわけではない。ディルムンの国を徹底的に改革しただけだ。だから、エンキは文化の創建者、文化英雄なのである。

エンキはディルムン国に「甘い水」を引いた治水事業の推進者である。それだけでなく、沼沢地を穀倉地帯に変えた農業技術者である。さらに肥沃にさせた農地で青野菜を育て、荒廃していたディルムンの大地に繊維植物を繁茂させ、機織りの技術を導入した先駆者である。

エンキが、妻、娘、孫に次々と手を出し、子供を産ませているのは、実は新しい技術を次々に導入していることの言い換えにすぎない。エンキが、手と関わりのある技術すべての推進者であったことに注目しよう。

神話のなかの文化英雄③　ギリシア神話のダイダロスとヘファイストス

技術の推進者という点では、ギリシア神話にも、ヘファイストス、ダイダロス、アテナや、テーバイ市の城壁を造ったアムフィオンがいる。しかし、どちらかというと、万神殿における彼らの地位は、ケルトのルフやメソポタミアのエンキに比べてそれほど高くない。ルフやエンキがときに天地創造に比較されるようなスケールの大きな仕事をしたのとはわけが違う。

ギリシアの都市国家が成熟していたために、社会制度が細分化・分業化の方向へ向かい、技術に割り当てられる神々の比重が専門化したからだろうか。例えば、ヘファイストスの仕事は主に天界である。これに対して、ダイダロスが残した有名な仕事は地下世界である。また、アテナは女神だから、彼女は樵(きこり)、大工、武具や船具の製造者といった地上の技術者の守護神である。

三者の主な仕事の区分が天界、地上、地下に分かれているわけだ。いずれにせよ、ヘファイストスやダイダロスには、仕事の内容が専門化しただけ職人気質なところがある。

手のシンボリズムという視点に立てば、真っ先に取り上げなければならないのは、ダイダロスだろう。ダイダロスの祖先のなかには、「巧みな手」を意味するエウパラモスと「手仕事をする人」を意味するパライモンがいるからである。ダイダロスの一族は、祖先の代から手先が器用な家系だったのだ。

ダイダロスが造ったもののなかで最も有名なのは、クレタ島のラビュリントス（迷宮）である。ダイダロスは、この迷宮をクレタ王ミノスに頼まれて造った。ミノスの妻パシパエが白い雄牛に恋をし、半人半牛の怪物ミノタウロスを産んだからである。ミノス王は、この迷宮にミノタウロスを閉じ込めた。

迷宮は、内奥にはどこまでも入っていけるが、外の出口はなかなか見つけられない構造になって

迷宮から脱出するダイダロスとイカロス　イカロスは墜落する

いる。プリニウスによれば、クレタ島の迷宮は実際にあったもので、ダイダロスはこの大規模な石材の複合的な建造物をエジプトの迷宮に模して造営したという。

その真偽はさておき、ギリシア神話では、この迷宮にダイダロスと息子のイカロスまで閉じ込められてしまう。ミノタウロスを退治しようとしたテセウスにダイダロスがアリアドネの糸玉を預けた。そのことがミノス王に発覚したためである。

迷宮に閉じ込められたダイダロス父子は、ここで空高く飛べる翼を作り、迷宮から脱出する。ダイダロスはうまく脱出で

鍛冶場の情景

きたが、息子のイカロスは高く上がりすぎ、そのため太陽の熱で翼の接合部の蠟が溶け、父親の目の前で墜落してしまう。これが有名なイカロスの墜落の神話である。

　イカロスの墜落の話は、技術の線引き、その分業化・専門化をはっきり示している。すでに最高神は天地を創造した。今度は、人間が限られた技術力で天地を開拓する番である。ダイダロスは、地下に迷宮を造ってその技術力を冥界に伸ばし、翼を発明して天界まで広げようとした。

　しかし、人間の技術力では冥界にも天界にも届かない。それでも人間は、現代の科学者がそうしているように、失敗にも懲りず、未踏の世界に開拓の手を伸ばし続けるだろう。それがイカロスの神話が我々に伝えているメッセージである。

　ダイダロスは人間だったから、その卓越

した技術力をもってしても天までは届かなかったが、天界ではヘファイストスが壮麗な仕事場、技術の殿堂を造っている。ホメロスは『イリアス』のなかでこの殿堂をこう描写している。

ヘファイストスの屋敷へ銀色の足をしたテティスはやってきた。けして朽ちない、青銅づくりの宮居であって、星をちりばめ、不死である神々の館の中でも、とりわけ目立つこの屋敷は、自分でもって、足のまがったこの神様が建築されたものだった。見れば、その神様は、汗を垂らして体をねじ曲げ、しきりにふいごを吹いておいでだった。今しも皆で二十もある三脚鍋を鋳かけているところで、それを立派な柱の立ち並んだ大広間の壁にぐるりと並べて置くためだった。その一つ一つの台の下には、黄金づくりの車輪がついていて、人手を借りずに、神々が集まる席に、ひとりでに入っていき、またひとりでに屋敷へ戻ってくるという仕掛けになっている。（呉茂一訳）

ヘファイストスについては、「足」の章でまた触れる。ここではデミウルゴス（造化神）の仕事場がどういうものだったかを伝えられればそれでよい。古代の神話で手を最も有効に活用したのは、おそらく、ヘファイストスのように、技術の殿堂で汗を流し、体をねじ曲げ、ふいごを吹いた、造化神のデミウルゴスたちに違いないからである。

■ 足

速い足、悪い足、神の恵みの足

西洋の韋駄天はアキレウス

ホメロスの『イリアス』は、トロイ戦争を主題にしたギリシアの叙事詩である。トロイの王子パリスが、ギリシアの美女ヘレネを、アガメムノンの弟でヘレネの婚約者であったメネラオスから奪い取ったのをきっかけにして、ギリシアとトロイの間で十年にわたる長い戦いが始まる。

ギリシア軍はアガメムノンを総大将に立ててトロイを落城させるが、『イリアス』は、その落城までの短い四十九日間を扱った作品である。

しかし、『イリアス』の主人公は、ギリシアの陣営では総大将のアガメムノンではなく、英雄アキレウスである。アキレウスはトロイの周囲の都市を次々に陥落させるが、親友パトロクレスの戦死によって固く復讐を誓い、トロイの総大将ヘクトールと対決する。対決は『イリアス』の場合すべてそうだが、一対一の果たし合いである。『イリアス』の山場をなすこの一騎打ちはどう行われたのか。

ヘクトールは、アキレウスの姿を一目見るなり、逃げにかかる。アキレウスの疲れを待とうという作戦である。親友の死でアキレウスが悲しみのために長い間戦闘から遠ざかっていたのをヘクトールは知っていたのである。アキレウスはヘクトールをひたすら追いかける。ホメロスはこの場面をこう描写する。

> アキレウスは飛ぶような足の速さをたのみにして、おどりかかった。その様子はさながら鳥類のうちでいちばんに身軽だという隼が山の間でやすやすとほろほろ鳴く鳩を目がけて翔けってゆくようである。こちらの鳥はおびえきってひたすら逃げにかかる。（二二巻、呉茂一訳）
>
> さて足の速いアキレウスは、ヘクトールを激しい勢いで追い立てていった、そのさまはさながら山の間で小鹿を犬が追うように隠れ家から、それを駆り立てて谷の角や谷あいを抜けてゆく、たとえヘクトールが繁みの下へかがまりこんで、ちょっとのあいだ犬の目をくらまそうとしても、嗅ぎ出して見つけるまでは、ひっきりなしに足跡をつけてゆくのだ。（前同）

こうして二人は敏捷な足取りでトロイの都城をぐるぐる三度も駆け回る。そして、城門のなかに逃げ込もうとするヘクトールをさえぎり、噴泉のところでアキレウスはヘクトールの喉笛に槍を突

アキレウス(左)とヘクトール(右)の戦い

き立てる。

ヘクトールは、死に際に身の代金を出すから自分の遺体を家族に引き渡すように嘆願するが、アキレウスは聞き入れない。それどころか、ヘクトールの遺体を戦車にくくりつけ、死体をひきずってギリシアの軍船に戻る。

以上が二人の一騎打ちの大意である。ヘクトールはひたすら逃げまくって、戦いのあらましだけを抽出すると、いかにも卑劣な男に映る。しかし、ホメロスはそのようには描いていない。むしろ戦いの前後にヘクトールの父親のプリアモスやトロイの女たちを登場させて、トロイの総大将ヘクトールの非運を嘆かせ、読者が二人の英雄に等分の感情移入ができるような気配りを見せている。アキレウスのほうがそれだけ抜きん出た力を持っていたということだろう。

英雄アキレウスには、この一騎打ちの場に限らず、『イリアス』全編を通じて、必ずといってよいほど「足の速い」という形容詞が付く。アキレウスは常に怒り、常に動き、常に走っている。これに対し、ギリシアの総大将のアガメムノンは決して動かない。ギリシアの陣営を代表する二人は動と静で好対照を描く。

アガメムノン像を一言でいえば、思い悩み、逡巡する姿である。例えば、ギリシアの悲劇作家エウリピデス（前四八五頃—前四〇六頃）の『アウリスのイーピゲネイア』の冒頭はこうである。

陣屋の外で何をあちこちなさいます。何の御用でアガメムノン様。ここアウリスはまだ夜のしじまに閉ざされて、城壁の番兵どもも動きません。

アガメムノンは闇に包まれて足取りも定かでない。この闇は彼の意識を迷路のように閉じ込める。娘のイーピゲネイアを神の生け贄に捧げるべきか捧げざるべきか。捧げなければ風は吹かず、三か月前から無風のためにアウリスに釘付けにされたギリシアの軍船は、トロイへの征途の旅に着くことができない。

アガメムノンはすみやかに決断を下さなければならない。しかし、どちらの決断を下そうが、アガメムノンは奈落の底に突き落とされるだろう。娘を生け贄に捧げなければ、ギリシア軍の総大将としての地位が問われて、兵士たちは彼を嘲笑おう。

生け贄に捧げれば、娘の殺人者ということになり、父親失格を妻のクリュタイムネーストラーから糾弾されるだけでなく、自分自身も心に深い傷を負うことになる。

アガメムノンは、白夜のなかで決断を引き伸ばす。それは、無風のために出陣を引き伸ばすギリシアの軍船のようなものである。この逡巡、堂々巡りは、彼を安らかに眠らせてはくれない。彼の意識は白夜のように覚醒し、陣屋の外をうろつき回らせる。

同じように『イリアス』のなかでもアガメムノンは、やはり動かない。彼はギリシア軍の総大将でありながら、戦いの修羅場にはまったくといってよいほど姿を見せない。戦場で武勲をあげるのはもっぱらアキレウスのほうである。

それでいながら、『イリアス』の冒頭でアガメムノンがアキレウスの財産をかすめとって平然としているのは、それだけ威信があるからだろう。アガメムノンは、常に決断を迫られるが、行動はしない。

総大将が人前で破れたらどうなるか。当然のことながら、それはギリシア全軍の敗北を意味しよう。アガメムノンは王位の象徴である。だから、英雄たちを戦場に駆り立てることはあっても、みずから戦場におもむくことはない。

これに対してアキレウスは、英雄のなかの英雄である。彼はひたすら戦い、行動する。その行動は足の速さで表される。しかも、その速さはヘクトールを追い回したように並みの速さではない。白銀の足を持つアキレウスは、名もなく野垂れ死にするよりは、疾風のごとく栄光への道をひた走る。無風のためにギリシア軍がアウリスに釘付けにされている間にアキレウスは、テッサリア全土を征服したばかりでなく、レスボスまで落としている。残るは難攻不落の地トロイを攻めるだけである。

その後に、『イリアス』では、最初に述べたアキレウスとヘクトールとの一騎打ちが来る。

アキレウスは、プティアの王ペレウスと海の女神テティスの子である。つまり、神と人間との間に生まれた子、これがアキレウスの実像なのだ。

だから、死すべき運命にある人間として、神の子であるアキレウスは、限られた時間のなかに時間を超えたものを封じ込めようとする。アキレウスは、疾風のような白銀の足によって時間と競争し、神々に挑戦する。

フランスの神話学者デュメジル（一八九八—一九六八）は、インド・ヨーロッパ語族の神話・神学に共通した特徴を、祭司、戦士、生産者の三機能区分によって整理した。それは、当然のことながら古代の社会機構を反映したものだ。ギリシア人、とくにホメロスが、戦士の代表者であるアキレウスを「足の速さ」で象徴しようとしたことは、やはり特筆すべきだろう。

インド、中国、日本に見る東洋の韋駄天

戦士の足が速いのは、ギリシアに限らない。インドのスカンダもそうである。スカンダは、はるばる日本にまで輸出されて、韋駄天になった。「韋駄天走り」という言葉があるように、仏法の守護神である韋駄天は、足の速さで有名である。

ヒンズー教のスカンダは、もともと軍神だった。シヴァとその妻パールヴァティーとの間に生まれたのがガネーシャとスカンダの兄弟である。

シヴァはデーヴァ（神々）からアスラ（魔族）を滅ぼすために、苦行をやめてパールヴァティーと結婚し、子供を生んで戦士に育てるようにと説得される。シヴァは大苦行者であったから、百年

スカンダ

間、射精をしたことがなかった。

ところが、たまたま妻と交わったときに射精をしてしまう。その精液が火神のアグニに委ねられる。アグニはその精液をガンガー女神（ガンジス川）に注ぎ込む。そこから生まれたのがガネーシャとスカンダである。

したがって、軍神の誕生には、百年間のシヴァの苦行だけでなく、火と水の聖婚（ヒエロス・ガモス）まで絡む。水神のガンガー女神が一役買っているところなどは、海神テティスを母親に持つアキレウスの誕生を想わせる。ギリシアにしろインドにしろ、軍神や偉大な戦士の誕生に火神や水神を絡ませるのは、それだけ彼らに強さを期待してのことだろう。

スカンダは、その後、中国に入って違陀になった。最初は、ヤクシャ（夜叉）の一人として建陀の名前で入ったようだが、唐の時代に建陀は、いつのまにか違陀に変わった。違陀の名を広めたのは中国の僧、道宣（五九六—六六七）だといわれている。違陀（スカンダ）は若い禁欲的な武将だったから、仏法の守護神としては最適だったのだろう。

チベット学者・中国学者のスタン（一九一一—　）によれば、中国語に訳された別の経典（六世紀）から、スカンダは金剛力士（ヴァジラパーニ）とも同一視されて、仏陀を守る役割も担ったという。こうして、中国では違陀は金剛力士ということになり、日本でも馴染みのあの金剛杵（ヴァジラ）

を持った寺院の守門者になっていくのである。

足の速さは、インドのスカンダ伝説にすでに見られる。これが仏教伝説に受け継がれる。中国と日本の仏教伝説には少し違いがあるが、大意は変わらない。

仏陀の涅槃のときに、足の速い悪鬼が仏陀の歯を盗んで逃げたのを、違駄天が追いかけて、仏陀の歯を取り戻す。違駄天のほうが足が速かったという話である。日本の仏教伝説で、「違駄天走り」という言葉は、この伝説に由来している。ちなみに、違駄は、中国の違陀の日本語訳である。

インド・ヨーロッパ語族の間で軍神の足の速さは、かなり一般的な現象といってよいのではないか。足の速い軍神というイメージは、ギリシアからインド、さらに遠く日本まで神話や伝説のなかでその象徴性が脈々と受け継がれていたのである。

足の悪い鉱山・鍛冶師　禹とヘファイストス

足の速い軍神の話をしたが、今度は足の悪い鍛冶師の話を東洋と西洋の神話から拾ってみよう。

中国神話のなかで禹は現代の中国人に最も親しまれている人物の一人といってよいのではないか。堯の時代、中国では大洪水が起こり、その水は天まで達したといわれている。

『山海経』「海内経」によれば、禹の父、鯀(こん)は天帝の息壌を盗んで洪水を防いだが、必ずしもうまくいかなかった。息壌というのは、使えば使うほど増えていく盛土のことである。鯀はこれを使い切れなかった。かえって天帝から盗みを咎められて殺されてしまう。

このため禹が父親の治水事業を引き継ぐことになる。禹は息壌をうまく使いこなしただけではない。洪水を引き起こした水神の共工を追放し、群神の会議に遅れて治水事業に協力しなかった防風氏を殺してしまう。さらに土木工事にも精を出す。具体的には孟門に水路を作り、黄河の流れを阻んでいた竜門山を開削して、四海に流れを導いた。

禹は働きすぎたために、片足をひきずるように歩いたといわれる。この独特の歩き方を「禹歩」という。

右足を前、左足を後にして正しい姿勢を取る。そこであらためて右足を前に大きく出して、左足を右足に引きつけながら両足をそろえる。これで第一歩。次にあらためて右足を前に出したら、左足を前に大きく出して、右足を左足に引きつけながら両足をそろえる。これで第二歩。次に右足を大きく出したら、左足を右足に引きつけながら両足をそろえる。これで第三歩。（『中国古代の舞踊と伝説』、グラネ、明神洋訳）

要するに、両足の歩みを互いにぬき合わない歩き方である。しかし、この奇妙な歩き方は特別に神聖視された。例えば、道学者の葛洪（二八三―三四三）は、『抱朴子』「登渉」のなかで、仙道を修めるために名山に入るときには禹歩で呪文を唱えて歩くようにと勧めている。山で活躍した禹の偉業を仙道に託して称えているのである。

竜門山を開削したとき、禹は深い洞窟を見つけ、黒蛇に先導されて奥まで突き進み、人面蛇身の神、伏羲と出会う。伏羲は、禹に玉器を授ける。これを肌身離さず持っていれば、無事に大地の測量が行えるというのである。禹はこの教えを守って治水工事を成功させた。

これは、奥義を究める一種のイニシエーション（通過儀礼）である。何の奥義を究めたのか。山の開削、鉱山師としての奥義である。竜門山は鉱山として知られている。山を自分の思い通りに開削して水を通すには、隅々までその山を知らなければならないだろう。禹は卓越した鉱山師だったのである。その負の代償として禹は足を傷めたのである。

禹は、踊るように、飛び跳ねるように歩いたという。これを古代の巫師が真似た。彼らは、祈禱のさいに赤い刀を持ち、禹歩をして呪文を唱えたという（『中国の神話と物語り』、小南一郎）。これは、古代中国のシャマンが神と交流し、みずから神憑りの状態になろうとして禹歩のステップ、つまり舞踊を積極的に採り入れていたことを意味する。

禹

フランスの中国学者であるマルセル・グラネ（一八八四―一九四〇）は、この禹歩を舞踊のステップと結びつけてすぐれた解釈を披露する。禹は夏王朝の創始者である。禹は族長として祖霊と聖地を敬わなければならない。敬うことで祖霊と聖地を自分のものとし、族長としての権威、王族の徳が保証される。

禹はみずから舞うことで、つまり半身不随のように足を引きずり、一本足の禹歩の舞いをすることで神に身を捧げ、神を再生させる。禹自身が踊り手になり、シャマンになり、神になる。そうすることで初めて禹は神の代理者として自然の秩序を整え、天下を浄化して地上を治めることができるようになったというのである。

そうなると、禹は本当に足が悪かったのかという疑問も生じてくる。つまり、踊り手の名手、すぐれた巫師としてわざと禹歩のステップを踏んだのか。それとも始めから足が悪かったのか。いずれにせよ、禹歩のステップには未知の象徴性がふんだんに盛り込まれていて興味が尽きない。

ギリシア神話のヘファイストスも足が悪かった。彼はゼウスとヘラの子である。しかし、古代ギリシアの詩人ヘシオドスの『神統記』によれば、ヘラはゼウスと愛の契りを結ばずに、夫に対する怒りからヘファイストスを身籠ったという。だから、ヘファイストスは男なしに生まれた子といわれる。

母親のヘラは、ヘファイストスが生まれるとすぐに天から海に投げ入れた。醜い不具者として生まれた子供を恥じたからだという。

ヘファイストスは、海神テティスと大洋神オケアノスの娘のエウリュノメに拾われ、九年の間、海底の洞窟で育てられる。ヘファイストスはここで彼女たちのために腕輪や宝石をつくってやった。冶金術を海底で修得したのである。

ヘラは、自分の息子がすばらしい技術を身につけたことを知って、天界のオリュンポスに連れ戻し、鍛冶の仕事場を与える。ヘファイストスはここで火の主として、金、銀、青銅などの金属加工はもちろん、家具や館や人造人間、それに甲冑まで造ることになる。

天から海に突き落とされて、海中深く潜り、海底の洞窟で九年間過ごしたヘファイストスの幼年期は、奥義を究めるためのイニシエーション（通過儀礼）と考えられないこともない。天から海底までの下降が長いトンネルを踏破したように映るからである。

それは、禹が竜門山の洞窟にどこまでも深く潜り込み、伏羲から玉器を授かったのに似ている。玉器を授かった禹は、卓越した鉱山師、治水工事にすぐれた技量を発揮するデミウルゴス（造物神）になった。

海底で修得したヘファイストスの冶金術は、禹の玉器のようなものである。ヘファイストスも冶金のすぐれた工匠として世界の建設に貢献するデミウルゴスになるからである。

卓越した技術を修得するには、並外れた努力が必要になろう。そのためにはどうしても、奥義を究めるためのイニシエーション（通過儀礼）が欠かせない。ヘファイストスの足の悪さは、拡大して解釈すれば、このイニシエーションの刻印とみなされないこともない。

天から海に突き落とされれば足ぐらい悪くなる。神話ではヘファイストスは生来足が悪かったとされているが、神話の因果関係は、時期的にずれる場合もある。だから、突き落とされて足が悪くなったという説もある。

ヘファイストスの生涯は、海と関係が深い。冶金術を海底で学び、海の泡から生まれた絶世の美女、アフロディテを妻に娶っている。それだけではない。海神テティスを通じて、アキレウスともつながっている。テティスは、ヘファイストスの育ての親、アキレウスの生みの親である。

『イリアス』では、海神テティスが戦場にいる実の息子の身を案じて、ヘファイストスの天上の館に駆け込む場面がある。ヘファイストスは、育ての親の涙ながらの訴えにほだされて、アキレウスのために大楯、胸甲、かぶと、すね当てを造ってやる。テティスは、この一揃えの物の具を持って、地上に下り、息子のもとに駆けつける。アキレウスはそれを見てこう語る。

母上、これで物の具一式は、神様が下さったので揃いました。それはいかにも不死である神々の仕事にふさわしい立派なもので、やがて死ぬ人間などが造りおおせる品ではありません。（呉茂一訳）

アキレウスは、この甲冑を着込んで不死身になる。神が人間のために造っているのだから、アキレウスが不死身になってもおかしくないのだが、足ということだけで考えると、足の悪い神が足の速い人間のために甲冑を造る。ここにパラドックスを好んで抱え込むギリシア神話の奥行きの深さを感じる。

アキレウスは確かにこれで戦場で不死身にはなったが、神の弱点、ヘファイストスの足の悪さを抱え込むことで、性急な足の速い一介の武将ではなくなる。むしろ、敵側のトロイの陣営、ヘクトールにもそれなりの目配りを怠らない武将になっている。それは、『イリアス』を書いたホメロスの視点でもあった。

中国神話に見る神の足は恵みの足

足の象徴性を「速さ」、「悪さ」から見てきたが、有り難い恵みの足というのもある。『詩経』（「大雅」の「生民」）に次のような有名な歌がある。

その初め周人を生める　こはこれ姜嫄《きょうげん》
その生みしは如何なりしぞ
よくつつしみよくまつりて
子なきが禍を払い去り　天帝の足の親指の跡踏んで胎動き
ここに天の恩寵加わり宿りて　すなわち身籠りすなわちつつしみ
すなわち生みなせるもの　これ后稷《こうしょく》なり。（目加田誠訳）

これは中国古代の王朝を打ち建てた周族の起源神話を歌ったものである。姜嫄が天神（天帝）の足の親指の跡を踏んだところ周の始祖になる后稷が生まれた。

姜嫄は尋常に懐妊した子ではないので、これを恥じて子供を捨てた。ところが牛や羊は避けて通り、それどころか赤子に乳をふくませた。鳥も舞い下りてきて翼で赤子を温めた。こうして后稷は呱々の声をあげることができたというのである。

もちろん、姜嫄がたとえ子供を捨てたにしろ、天神を敬い、まつりごとに精を出さなければ、天神の足を踏んだだけで懐妊するはずはない。

もともと姜嫄は帝嚳《ていこく》の正妃である。帝嚳は伝説上の帝王で、別名、高辛氏《こうしんし》とも帝俊ともいった。帝俊というのは、『山海経』によれば、東方の民族の神で、日月の天神である。となれば、帝嚳は元来が天神で、それが人間界に下って地上の王になったということになる。

そうなると、姜嫄も天神の正妃ということになるから、自分の夫である天神の足を踏もうが踏むまいが、天神の子を孕むのはなんら不自然でなくなる。

起源神話では、姜嫄だけを信心深い人間にして、天神の足を踏ませ、処女懐胎のように語っているから奇跡のように見えてくる。

しかし、姜嫄を人間にしなければ、周族は神族ということになり、人間の、中国人の起源神話ではなくなる。周族の起源神話にさせるには、どうしても姜嫄だけでも人間にさせなければならない。

天神をそのまま天神として温存し、周族の起源神話を、人間である姜嫄の感生神話に仕立てれば、周族の始祖である后稷は天神と人間との間に生まれた子ということになり、周族の威信はそれだけ高まる。

もともと中国には娘が卵を生んだり、英雄が石から生まれたりする感生神話が多い。これもそうした感生神話のひとつである。しかし、それなら、なぜ姜嫄は卵を産まず、天神の足を踏んで懐妊したのか。

中国の古典学者、聞一多《ぶんいった》（一八九九―一九四六）によれば、昔は田を耕すのに足ですきを踏んだ。姜嫄が天神の足を踏んだというのは、田を耕す祭儀の一部で、これは舞踊なのだという。天神のかわりとなるシャマンなり形代《かたしろ》がまず先に立って舞い、姜嫄はそのうしろについて、シャマンの足跡を踏んで舞った。舞ったのは子を授かりたかったからで、舞い終わると、一目につかないところで休息し、そこで懐妊したというのである。つまり、野合である。

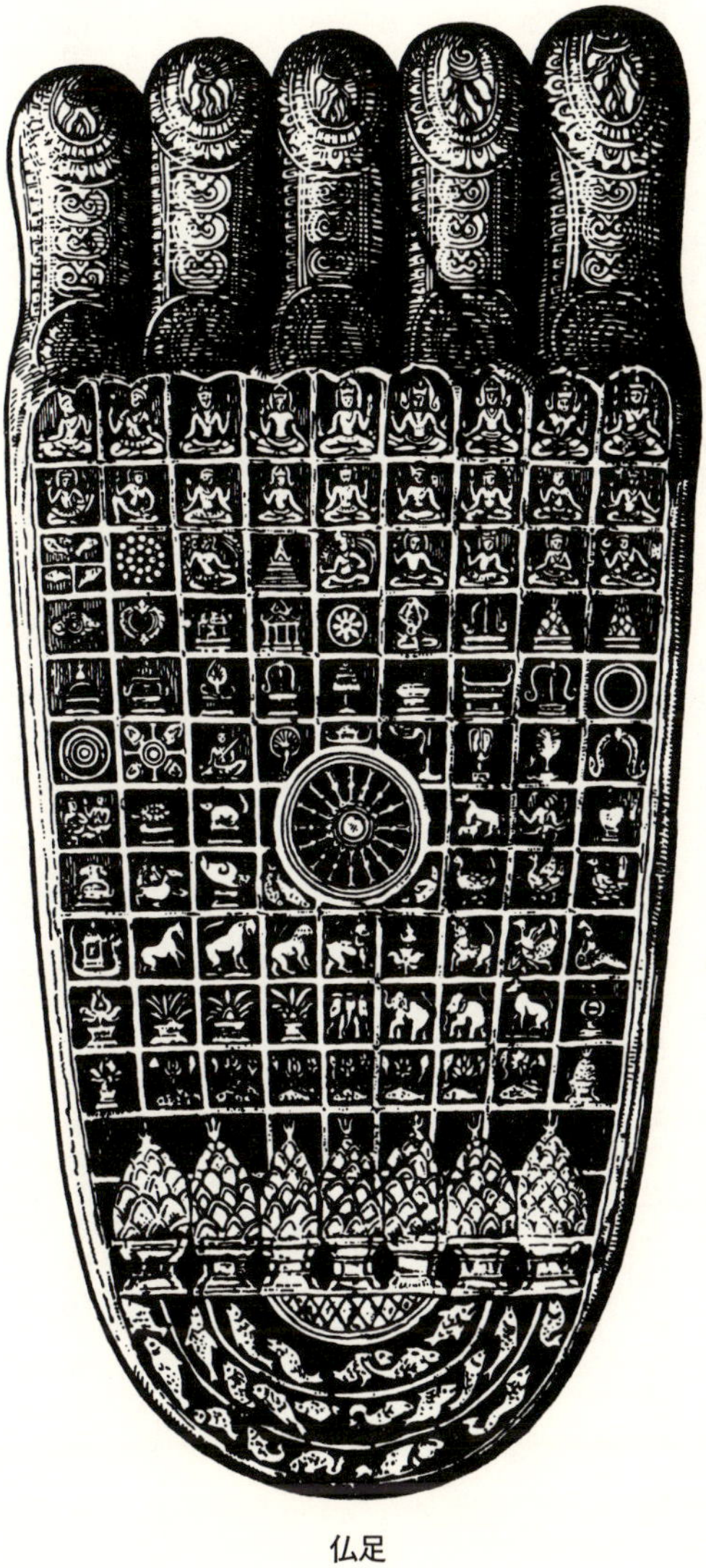

仏足

周人は農耕民族で、農耕民の男女が野合をするのは、ごくあたりまえの風習であるから、この説は説得力がある。『詩経』でも先に引用した詩句の後は、農耕民族の始祖である后稷を称えるようにこう続くからである。

それ（后稷のこと）はらばいてありしより
心いとさとくして　乳ばなれし時より
はやくも豆を植えたり……
稲はすいすいと列なり
麻麦はもうもうと茂り
瓜はごろごろとなりぬ

農耕祭儀の舞踊では、足で田を踏むことがかけがえのないものになる。それによって大地に五穀豊穣を願い、併せて子孫繁栄、つまり多産を祈るのである。それが神の足として感生神話に残った。仏教にも仏足という有り難い言葉があるから、神の足もすてたものではない。

目の魔力を世界の神話に探る

ギリシア神話　メドゥサの目は見る者を石に変える

ギリシアには目にまつわる神話が多い。すぐ思いつくのは有名なオイディプス神話だが、それ以外にも、ゴルゴンやグライアイの神話がある。ゴルゴンの話から始めよう。

ゴルゴンというのは、ポルキュスとケトから生まれた三人の娘、ステンノ、エウリュアレ、メドゥサのことをいう。三姉妹は、西の最果て、オケアノス川とヘスペリデス園のさらに向こうに住んでいた。三姉妹のうちメドゥサだけが不死身でなかった。

ゴルゴンの容姿は、ギリシア人の間で必ずしも一定していない。黄金の翼を持ったゴルゴンを、容姿端麗に造ったスコパスのような造像家もいる。

ゴルゴンのさまざまな姿

しかし、普通は怪物的な顔で、目をかっと開き、ライオンさながらの大きな顔は、蛇がからみついたたてがみのようなざんばら髪でおおわれている。頭部には角を生やし、両耳は牛のように大きい。開いた口から長い舌を垂らし、イノシシの牙を思わせる歯が突き出ている。

グライアイは、ゴルゴンとは姉妹の関係にある。ゴルゴンと同じような三姉妹で、白髪のまま生まれてきたというから、赤子のときから老婆だったのだろう。

グライアイは、三人で一つの目、一本の歯を共有し、ゴルゴンが住む場所よりさらに西の洞窟に住んでいた。この洞窟には日の光がまったく射さなかったという。

ゴルゴンもグライアイも西の極地に住んでいるだけに、ギリシア神話のなかではそれほど派手な活躍はしない。彼女たちが表舞台に登場するのは、ペルセウスの神話である。

ペルセウスは、アルゴス王アクリシオスの孫である。アクリシオスは、娘のダナエが生んだ子供に殺されるという神託を受ける。そこで娘を青銅の部屋に閉じ込める。しかし、ゼウスが黄金の雨に変身して、ダナエの膝に雨を注ぐ。ダナエは身籠り、ペルセウスを生む。

これを知った父のアクリシオスは、娘と赤子を箱に閉じ込め海に流す。箱はセリポス島の漁夫に拾われる。この漁夫は島の王ポリュデクテスの弟だった。

島の王はダナエに思慕を寄せるが、成人したペルセウスの手前、なかなかダナエに近寄れない。そこで別の女に求婚したふりをして祝宴を催し、ペルセウスも招待する。王は宴席で友人たちに贈り物を要求したところ、ペルセウスは、メドゥサの首を持参すると約束してしまう。

ペルセウスは西の最果てに旅に出る。そこでグライアイと出会い、三姉妹が共有する一つの目と一本の歯を奪い取る。そして、ゴルゴンの住んでる場所を教えれば目と歯を返してやると強要する。

行き先を教えられたペルセウスは、目と歯をグライアイに返す。それから、冥府を流れるステュクス川の水の精であるニンフから、かぶると他人から姿が見えなくなる帽子と、有翼のサンダルと、魔法の袋を借りて、旅を続ける。

ペルセウスは、ゴルゴンを見れば誰でも、石に変えられてしまうことを知っていたのだ。ゴルゴンと出会ったペルセウスは、彼女たちを直視せず青銅の楯に映ったその姿を見ながら、眠っているメドゥサの首を切り取る。そう教えてくれたのは女神アテナである。

ペルセウスは、メドゥサの頭部を魔法の袋に入れ、有翼のサンダルの助けを借りて、空中高く舞い上がる。二人のゴルゴンが追跡したが、体が見えなくなる帽子のおかげで、ペルセウスは二人の追跡をかわすことができた。

以上がメドゥサの頭部を切り取ったペルセウスの神話である。この話にちなんで、『イリアス』で

アルテミス神殿の切妻に浅浮彫りされたゴルゴン

は、女神アテナとギリシア軍の総大将アガメムノンの楯にメドゥサが描かれている。メドゥサの目が敵を恐怖で震え上がらせ、石に変えてしまうことを戦場でシンボリックに活用しようとして、楯の絵が生まれたのだろう。

こうした現象は『イリアス』に限らない。アルカイック期のギリシアでは、普通の家庭に飾られる装飾用の楯や壺、寺院最上部の切妻屋根＝ペディメントなどにメドゥサの仮面がよく描かれている。それも最初に述べた舌を垂らしたざんばら髪の怪物的なメドゥサ像である。なぜ怪物なのか。

ゴルゴンやグライアイの住居は、オケアノス川のさらに向こう西の最果ての光も射さない洞窟である。『神統記』を書いたヘシオドスによれば、オケアノス川は世界の大地を円環状に取り巻いている原初の大河で、地上のあらゆる川、あらゆる泉の源泉である。

そうなると、ゴルゴンやグライアイは、宇宙や世界の埒外、我々が立っているこの世の大地とは無縁の場所に住んでいたことになる。だからこそ、ペルセウスは、ゴルゴンに会いに行くときには有翼のサンダルを使って空を飛ぶ。

その場所は、この世と冥界の境界線、生と死の狭間、秩序と混沌（カオス）の境目にある。住居に限らず、混沌を最もよく表しているのがグライアイの姿である。この姉妹は、三人で一つの目と一つの歯を共有している。この不自然な容姿は、混沌から秩序へ進化する以前の未分化の状態を表している。

それだけでなく、グライアイは、生まれたときから老婆である。それも、一人が見張りをしているときは、決まって二人は眠りをむさぼっている。だから、三人の老婆は、この世に生まれたときから、生と秩序の側ではなく、死と混沌の側にいたことが分かる。眠りと老いは死に接しているからである。

ゴルゴンについても事情は同じである。顔はライオン、髪は蛇、歯はイノシシ、耳は牛のようで明らかに獣性に近い。この獣性は、ゴルゴンが秩序より混沌の世界の住人であることを示している。

それにメドゥサを除いたゴルゴンの他の二姉妹には、これといった物語がほとんどない。二人は、確かにステンノ、エウリュアレという名前を持っているが、こうした個人の名称もゴルゴンという総称的な名称のなかに埋もれてしまっている。総称を優先させた三人一組というこの組み合わせは、グライアイの場合もそうだが、個がいまだに確立されない未分化の状態を表している。

もっとも、ペルセウスの神話を除けば、メドゥサだけがそれらしき物語を持っている。海神ポセイドンと恋をして、天馬のペガソスを生むという話である。しかし、いかに天馬であろうと、メドゥサが馬という獣を生んだことに変りはなく、彼女ですら未分化の状態から脱していない。ゴルゴンのなかでメドゥサだけが不死身ではなかったという。それなら、他の二人が不死身であったというのはどういうことか。

普通、不死身なのは神々である。だが、ゴルゴンの不死身は神々の不死身ではない。むしろ、永続的な混沌のなかの不死身、冥界の時のない不死身を思わせる。それは、ゴルゴンが洞窟に住んでいることでも分かる。洞窟は冥界に通じる象徴的な闇の通路である。

これに対してメドゥサだけが時のない闇、冥界や混沌の不死身の状態から脱している。彼女は恋をする。ギリシア神話で恋をするのは神々と人間だけである。彼女は恋をすることで、時のない世界から時の支配する世界へ脱出する。恋は時の支配する世界でしか成立しない。だから、不死身でなくなったのである。

しかし、不死身でなくなったということは、メドゥサが他の二人のゴルゴンに比べて人間とそれだけ接触する機会が増えたということだろう。接触するから物語が生まれる。だが、その物語は、「メドゥサの目」、「メドゥサの首」に象徴される恐怖の物語である。

なぜメドゥサの目は、見る者を石に変えるほどの恐怖を与えたのか。ゴルゴンを恐れたのは人間だけではない。女神アテナでさえ自分の楯にその絵を描いたように、神々も彼女たちを恐れている。

フランスの神話学者ヴェルナンは、そこに「他性」という概念を導入する。ギリシアの都市国家は男性社会であった。成人した男性だけが市民権を与えられ、女性はそこから遠ざけられた。だから、文明の担い手もおのずから男性ということになった。女性は非文明の世界へ追いやられる。

非文明とは野蛮の世界である。もっと極端に言えば、混沌と死と冥界の世界である。これに対して文明とは秩序と生とこの世のものである。男性は権力の担い手としてこの世の中心にいて、この世を支配する。

女性は、イメージの世界でもこの世の埒外へ追いやられる。埒外には混沌が渦巻き、死が横たわり、時のない冥界の世界が支配する。この世の中心から男性が見れば、女性も混沌も死も冥界も野蛮も、すべてが自分とはほど遠い存在の「他性」なのだ。

ゴルゴンやグライアイが西の最果てに住むのはこのためである。狩りの女神アルテミスは小アジアの辺境に住む。美しい乙女のペルセフォネは、冥府の王ハデスに誘惑されて冥界に下り、闇の世界の女王になる。最果てや辺境や冥界に押し込められた女性たちは、他性が帯びる負の性格、つまり野蛮やら死やら混沌などをその身にまとって文明世界に闖入する。

文明人はこれを見て驚愕する。唖然としてその身を石のようにこわばらせる。メドウサは文明人を凝視する。他性が帯びる負の性格をその目に託して文明人を石にする。

しかし、文明人は恐怖を通して、死や冥界を意識し、野蛮や混沌を会得する。そうすることで、自然の未知の力を我が物とすることができるようになる。

メドゥサの目は、ちっぽけな都市国家の外に無限に広がる未開の力、自然の威力を文明圏に組み込む回路でもあるのである。女性はこの回路がつつがなく作動するように、男性が勝手に備えつけた都合のよい通風装置なのかもしれない。

北欧神話　片目の最高神オーディンが君臨する

オーディンは、ゲルマン神話の最高神である。ところが、この最高神は独眼であった。スノリ・ストルルソン（一一七八―一二四一）が編纂した、北欧神話の概観の書、『ギュルヴィたぶらかし』によれば、オーディンが片目を失ったのは、ミーミルの泉の水を飲んだためである。オーディンは、自分の片目を担保にして泉の水を飲ませてもらう。ミーミルの泉は知恵の泉であった。オーディンは、自分の片目と引き換えに知恵を授かる。

オーディンは、世界の中心アースガルズに住み、そこに戦士の館ヴァルホルを構え、万物を統括している。彼は知恵の獲得に貪婪だった。ヴァイキング時代の格言詩、『オーディンの箴言』（一〇世紀）には、北欧のルーネ文字を解読したときの苦労話が語られている。


わしは風の吹きさらす樹に、九夜の間、槍に傷つき、オーディン、つまり、わし自身にわが身を犠牲に捧げて、たれもどんな根から生えているか知らぬ樹に吊り下がったことを覚えている。わしはパンも角杯も恵んでもらえず、下をうかがった。わしはルーネ文字を読み取り、うめきながら読み取り、それから下に落ちた……すると、わしは大きくなり、賢くなり、成長し、健康になった。ことばが、ことばからことばをわしに探してくれ、仕事が、仕事から仕事をわしに探してくれた。（谷口幸男訳）

オーディン

この話の後、『オーディンの箴言』ではまじないの話が来る。オーディンは、自分の知っているまじないを次々と誇って見せる。例えばこうだ。

王妃も人の子も知らぬまじないをわしは知っている。第一は救いといって、争いや心配やすべての悩みからお前を救うであろう。（前同）

これ以外に「医者になろうとするまじない」、「敵に対するまじない」、「海を鎮めるまじない」、「戦死をまぬがれるまじない」、「愛のまじない」、「憎悪を鎮めるまじない」、「魔女をこらしめるまじない」など自分の得意な十八のまじないを箇条書きに並べて見せる。

オーディンは類まれな魔術師なのだ。もちろん、深い知恵に裏打ちされた魔術でなければ、魔術師の化けの皮はすぐはがれる。オーディンは、秘法を会得した魔術師、古代のシャマン的な要素を色濃く残している最高神なのだ。

これは、ルーネ文字を解読した前の引用文を見ても分かる。九日間、飲まず食わずのまま、傷の痛みに耐えて、ユグドラシルの巨木に吊るされている苦行は、明らかに秘法にたどり着くためのイニシエーション（通過儀礼）である。ルーネ文字とは、「ことばが、ことばからことばをわしに探してくれる」知の秘法なのだ。事実、オーディンは、スカールド詩人たちの守護神になっている。

ルーネ文字の解読や発見に限らず、奥義を究めるイニシエーションの痕跡は、片目を失った知恵の泉の逸話にも見て取れる。ミーミルの泉は、ユグドラシル樹の根の下、霜の巨人が住むヨーツンヘイムのさらに下方にある。この巨木は、神の国から妖精の国、小人の国、巨人の国、人間の国、死者の国など九つの国を一つに結ぶ宇宙樹である。

しかし、一本の宇宙樹で結ばれていても、神の国から巨人の国までは果てしなく遠い。オーディンは、この長旅に耐えて、ミーミルの泉にたどり着く。そこで片目を担保にして知恵を授かる。長旅、自己犠牲、知恵の伝授と重なれば、これは奥義にたどりつくイニエーション以外の何物でもない。しかも、オーディンは、その後、ミーミルの首をいつも持っていて、そこから世界の情報を得る。

それにしても、片目を失って、知恵を得るとはどういうことか。「初めにコトバありき」という有名な言葉があるが、神は見たものを語る。それがコトバとなって世界が創られる。これが一般的な宇宙創成の始まりである。

しかし、オーディンは、確かにルーネ文字を発見してコトバを得たが、見る力は肉体的に落ちている。『ヨハネによる福音書』に次のような言葉がある。

イエスは言われた。わたしがこの世に来たのは、裁くためである。こうして、見えない者は見えるようになり、見える者は見えない者になる。（九、三九）

これは、イエスが生まれつき盲人であった物乞いの目を見えるようにさせた後、その奇跡を疑っているファリサイ派の人々に語る言葉である。

キリスト教とはなんの関係もないオーディンの独眼を解釈するのに、イエスの言葉はいかにも突飛に映ろう。しかし、象徴的には同じことを言っている。

つまり、ファリサイ派のような普通に目が見える人々は、外面しか見ていない本質的な盲者である。一方、片目であれ、両眼であれ、目を失った盲者は、かえって本質が見えるようになる。

オーディンは、片目を失うことで、本質を見抜く眼力、知恵を増大させ、それをルーネ文字に託して世界を創る。だから、ミーミルの泉の話もルーネ文字を解読するイニシエーションもあるいは魔術師の肩書きもオーディンが見者としてシャマンから神に成長していく変容の物語と考えれば、同じことをいろいろ味付けして語っているにすぎないことが分かる。

目

目が見える普通の人々は、予見と洞察力に裏打ちされたオーディンの鋭い片目の力に接して、彼を魔術師のようだと驚嘆しただけのことである。ここから神になるまでには、それほど時間はかからない。

それにしても、片目のオーディンが光の子バルドルと盲の子ヘズを息子に持ったというのは、思えば象徴的である。まるでオーディンの目の長所と短所、開いた目と閉じた目を二人の息子が分有しているような配分である。

バルドルはなにをやらせても利発で、人々に希望の光を与えるアース神族の正統的な嫡子である。これに対してヘズは、力だけは強いが、盲である自分の運命に甘んじてどちらかといえば愚鈍である。

ヘズは、巨人族のロキの甘言に乗せられて、あるとき誤ってバルドルを投げやりで殺してしまう。こうして神々の社会に光が消え、巨人族は叛乱を起し、神族と巨人族との果てしない戦争、ラグナレク（世界の終末）の時代が訪れる。

もちろん生存中のバルドルとヘズはオーディンの庇護の下にあるから、表立った光と闇の対立はない。しかし、巨人族のロキがヘズの盲目を利用して、ヘズをそそのかし闇を広げる。そこから光の神々と闇の巨人族との戦争が勃発する。

この光と闇は、二人の子供に配分されたとはいえ、もともとオーディンの目に備わったものである。オーディンの目は、光と闇、希望と苦悩を同時に抱え込んでいる。それは世界の重層性、人生の複雑さを表す象徴である。だからこそオーディンは最高神になれたのだともいえそうである。

ケルト神話　魔眼のバラールが戦場で活躍する

オーディンは、片目の眼力で最高神としてゲルマン社会に君臨した。ケルト神話にも魔眼のバラールが登場する。しかし、バラールの片目が魔力を発揮するのは知恵の世界ではなく、戦場である。彼はモイチューラの第二の戦いで活躍する。

　モイチューラの第二の戦いは、トゥアサ・デ・ダナーン族とフォモーレ族との間で繰り広げられる。フォモーレ族は先住民族の魔族、一方、トゥアサ・デ・ダナーン族は北方の島からアイルランドに来寇してきた民族である。バラールは、フォモーレ族の王である。

　戦争は、トゥアサ・デ・ダナーン族の王ヌアダがブレスに王位を譲ったことから始まる。ブレスはエラサの息子で、父親のエラサはフォモーレ族、母親はトゥアサ・デ・ダナーン族に属していた。ブレスは王位に就くと、トゥアサ・デ・ダナーン族の社会に圧政を敷き始める。不満が爆発し、王は退位を求められる。ブレスは前王ヌアダに王位を返さざるをえなくなる。

　ブレスは、軍を決起させるためにフォモーレ族の陣営に走る。一方、ヌアダは、アイルランドの防衛をルフに委ねる。ルフは、あらゆる技芸に通じた光の神である。モイチューラの戦いでは、ルフとバラールが両民族を代表する形で一騎打ちの果たし合いを演じる。

　バラールは、恐ろしい片目の巨人だが、いつもはこの片目を閉じている。開くのは戦うときだけである。そのときは四人の戦士が鉤を使って瞼を押し上げる。その視線は数千の兵士を一時に殺してしまうといわれていた。ドルイド僧が魔法の酒を醸造していたときに、その蒸気がバラールの目に入って、魔眼になったのである。

戦いが始まると、ルフは自軍の戦士たちの前で片目、片足で踊り、呪文を歌う。ルフは勝利を自軍に呼び寄せるために魔術に頼ったのである。それから、投石機を使い、バラールに向かって石を投げる。その石がバラールの目に命中する。すると、その目が頭を突き抜け、後向きになる。このため後方にいたフォモーレ軍がバラールの目に射すくめられて全滅する。

ルフはダナーン族のキアン（医術の神ディアン・ケフトの息子）を父に、バラールの娘エトネを母に持つとされる。つまり、バラールは、ルフの祖父に当たるわけだ。

このケルト神話と北欧神話の話を並べて見ると、細部にもちろん大きな違いはあるが、大筋はかなり似ていてどうしても比較したい誘惑に駆られる。

まず光と闇の対立で、光が勝つという筋立てが共通している。北欧では光の側に神族がいて、オーディンまたはバルドルが「光の神」の役割を担う。ケルトでは光の側にトゥアサ・デ・ダナーン族がいて、ルフが「光の神」の役割を担う。「光の神」はあらゆる技芸にたけた魔術師（オーディン、ルフ）で、この魔術は片目と一脈通じている（オーディンは片目、ルフも片目で踊る）。

次にこの光と闇の対立は肉親同志の争いで、この点も同じである（北欧ではヘズがバルドルを殺す。二人は兄弟。ケルトではルフがバラールを殺す。二人は孫と祖父の関係）。

さらに、闇の側はケルトも北欧も巨人または巨人族である。そして、不具性にどちらの神話も特別の魔術的な能力を与えている。片目の魔力は、ケルトではバラールが担い、北欧のオーディンと違って光から闇の側に移っているが、ルフが逆に、片目片足の魔術でこれを利用し、闇の陣営を全滅に追い込む以上、片目の魔力は必ずしも闇の属性とは限らない。むしろ、片目は光と闇の対立を超えた超越的な能力と考えたほうがよい。

ケルト人と北欧人は同じインド・ヨーロッパ語族である。それだけでなく、アイルランドでは、ケルトのオガム文字と北欧のルーネ文字を併記した碑銘も発見され、専門家の比較研究も近年盛んである。もう少し実証的な研究が待たれるところである。

エジプト神話　隼の王ホルスの目は生命の根源

ホルスは、最高神オシリスとその妻イシスの息子である。エジプトでは、父、妻、子の三神が、三位一体の中枢的な神格の役割を担う。

ギリシア末期の歴史家プルタルコス（四六頃—一二〇頃）は、『倫理論集』のなかで「イシスとオシリスの伝説について」（柳沼重剛訳）と題する章をもうけ、エジプトの神々について資料性のきわめて高い記述を我々に残してくれている。

それによると、エジプト人はナイル川だけでなく、およそ水に関わるものをオシリスと呼んでいた。そして「ナイルの氾濫をオシリスがあふれたものととるように、イシスを大地、それもナイルの水がかぶさって交わり、種子を与える限りの大地とみなしていた」（三八）という。この交わりから生まれたのがホルスである。

ホルス（Horus）とは、すべてのものを保存し養育する「時」（hora）であり、周囲の空気をほどよく調整するはたらき。（三八）

を意味するという。さらに続けてこう述べる。

オシリスに捧げる讃歌では、月と太陽とが一本の直線上に並ぶエピピの月の三〇日にホルスの誕生を祝います。月ばかりでなく太陽もホルスの目であり光であると信じられているのです。（五二）

この引用文の前にオシリスは太陽で、イシスは月であるという記述がある。だから、ホルスの両目は、明らかに両親が象徴する太陽と月を相続していることになる。それなら、なぜ目なのか。その前に『倫理論集』を少し引用しすぎたので、話を整理する必要があろう。プルタルコスは、エジプト神話を自然神話として語っている。オシリスは水で、太陽、つまり男性原理であり、イシスは大地で、月、つまり女性原理である。

オシリスとイシスの交わりを、水と大地の交わりとして、ナイルの氾濫と結びつけたのは、いかにもエジプトらしい。ナイルの氾濫は、エジプト人に豊穣をもたらす、なくてはならない自然現象である。この自然現象に最高神の聖婚をからませ、そこからホルスを誕生させたのだから、エジプ

上＝隼王の眼
下左＝ホルス
下右＝ホルスの眼

ト人にとってホルスは文字通りかけがえのない豊穣の子なのである。

この豊穣の子が「時」を表し、その両目は太陽と月だという。太陽は昼の時、月は夜の時を司る。となれば、ホルスはその目でこの世の全時間を統括していることになる。しかも、ホルスは、男性原理と女性原理が融合した結晶なのだから、「周囲の空気をほどよく調整するはたらき」を持つのは当然だろう。

こうしたホルスの特性は、地上の王権と結びつきやすい。事実、歴代のファラオたちは、自分たちをホルスの化身と考えた。ホルスの名は王の称号のひとつでもあった。この世の時間を統括し、「周囲の空気をほどよく調整する」のが王の仕事だからである。

これは、最高神オシリスが冥界の王に追いやられたこととも関係している。オシリスは、弟のセトに殺され、遺体をバラバラに切り刻まれてナイル川に捨てられる。妻のイシスが遺体の部分を一つ一つ発見してオシリスを復活させるのだが、『死者の書』ではこの話にちなんでオシリスが冥界の王として死者の復活を裁定する役割を演じている。

父親が殺された以上、ホルスも黙って見過ごすわけにはいかない。セトとホルスの間に戦いが始まる。ホルスはセトを去勢するが、セトもホルスの両目をひきちぎる。争いは決着がつかず、神々の法廷に裁定が持ちこまれる。この法廷でホルスは両目を取り戻し、エジプト全土がホルスに与えられることになる。

もっとも目をひきちぎられる話は、片目の説も両目の説もあって一定していない。両目の場合は、片目だけを取り戻し、もう一方の目をオシリスに預けるという説である。

ホルスとセトの争いは、オシリス以後の王権の相続争いである。この相続争いに目がからんでいるところが面白い。

目

目は生命のシンボルなのである。片目または両目を取り戻したホルスは、生命を取り戻して、王権を相続する。両目を取り戻したということは、太陽と月を取り戻したことと同じである。それは、時の再生、復活であり、現世を支配する最高神になったことを意味する。

ホルスは隼の王だった。プルタルコスも述べているように、エジプトで隼は力と支配を象徴する動物である（五〇）。隼が「目の鋭さと飛ぶ速さですぐれ、最少の餌で生きていくことができる」動物なので、知恵にたけた至高の神のシンボルになったのである。ホルスは隼、または鷹の王の象徴をオシリスから引き継ぐ。

ホルスは、太陽神ラアから太陽円盤の象徴を引き継いで王国の支配を固める。もともと、オシリス神話とラア神話は別系統のものである。ホルスは太陽を介してオシリスの子だけでなく、ラアの息子にもなって二つの異なる系統の神話を融合させ、神々の王権を不動のものにさせるのである。

太陽神ラアの神話では、人間はラアの涙から生まれたことになっている。ラアの目は人類の子宮なのだ。神の目は生命の根源にあって、あらゆる生命を創る。見ることは知ることであり、知らなければ世界は創れない。

神の目はこの世に光をもたらし、この世を光で創る。最高神の目は光の源である。それは太陽であり月である。それはまたこの世を導く知性である。

歴代のファラオたちが神々の王国の覇権を握ったホルスにおのれを一体化させ、未来を予見するその目に国の運命を託したのは当然なのである。

心臓は死と復活のドラマを司る

ヨーロッパの心臓は大宇宙の中心に位置する

心と心臓は、英語ではハート、フランス語ではクールで、同じひとつの単語で表現されるが、日本語では使われ方がそれぞれ精神と肉体の領域にはっきり分かれている。ここでは同じひとつのものとしてそのシンボルの意味内容を考えてみたい。

花の都パリの、セーヌ川の右岸には、画家ユトリロ（一八八三―一九五五）が好んで描いたモンマルトルの丘があり、その頂にサクレ・クール寺院が建っている。擬ローマ・ビザンチン様式の建物で、白亜の円天井を持った聖堂である。

今でこそ観光客が押し寄せてこの界隈は俗っぽくなっているが、建てられた当初は、長い石の階段を登って丘の頂にたどり着く参拝者にこの界隈は寺院の名称にふさわしい聖域と映ったろう。サクレ・クールは「聖なる心」という意味で、日本ではカソリック系の大学や修道院が聖心という名称を使っている。

キリスト教で「聖心」といえばキリストの心を表し、ヨーロッパでは聖杯伝説と結びついている。聖杯伝説の元をたどれば聖書に行き着く。キリストが十字架に付けられた後に、アリマタヤのヨセフがその遺体を処理する場面がその起源である。

夕方になると、アリマタヤ出身の金持ちでヨセフという人が来た。この人もイエスの弟子であった。この人がピラトのところに行って、イエスの遺体を渡してくれるようにと願い出た。そこでピラトは、渡すようにと命じた。ヨセフはイエスの遺体を受け取ると、きれいな亜麻布に包み、岩に掘った自分の新しい墓の中に納め、墓の入り口には大きな石を転がしておいて立ち去った。（『マタイ』二七、五七―六〇）

しかし、聖書のここの記述には聖杯伝説を想起させる描写はかけらもない。実際に聖杯伝説が生まれたのは中世になってからである。フランス騎士道物語の作者であるクレチャン・ド・トロワ（一一三五頃―一一八三頃）の『聖杯物語』のなかに、主人公のペルスヴァルの目の前を不思議な杯を持った美女がよぎる場面がある。この不思議な杯に尾鰭がついて聖杯伝説が生まれた。一二〇〇年頃、ロベール・ド・ボロンが『ヨセフ』と『マーリン』という詩を書いて聖杯の起源に新しい考え方を導入したのである。

聖杯（聖心に刃が貫通）

聖心（光が放射されている）

聖杯はキリストが最後の晩餐に使った鉢で、アリマタヤのヨセフは、キリストの横腹から流れ出た血をこの鉢で掬い取ったという説で、これが聖杯伝説になった。しかし、実際のヨセフは、引用文からも分かる通り、イエスの遺体を新しい墓に納めただけである。

キリストの血が入った聖杯は、中世のこの伝説からキリストの心臓を表す「聖心」を意味するようになった。確かに聖杯を探し求める騎士たちのなかで聖なる心を持った者だけが聖杯とめぐり合える。これが聖杯伝説の骨子なのだから、聖杯が聖心のシンボルになってもおかしくない。聖杯がキリストの心臓となったからには、聖杯とめぐり合えた者は神とめぐり合えたと言い換えてもいいことになる。事実、そういう筋立ての聖杯物語もある。

心臓は、小宇宙（ミクロコスモス）である人体の中心にあり、神は大宇宙（マクロコスモス）の中心にいる。そうなると、聖杯探求の旅を続けた騎士たちは、象徴的に言えば、世界（コスモス）の辺境から出発し、世界の中心、神の真髄（心臓）にたどり着こうとしたことになる。

ルネ・ゲノンは、フランスの新しい象徴理論の先駆者だが、彼は「心」を惑星の中心にある太陽と比較している。ゲノンによれば、中世・ルネサンスの図像には、「心」を太陽に見立て、「心」の周りから光線を直線的に放射させるものと、炎のように波打たせるものの二種類があるという。前者の直線的な光は光明を表し、後者の波打つ炎は熱を表しているのだという。光明のほうは、知性に対応し、炎のほうは、熱情という言葉もあるように感情に対応している。知性と感情は、いずれも心の属性である。

むろん、この図像は十七世紀以前のものだから、デカルト（一五九六―一六五〇）の合理主義とは無縁である。知性は合理主義的な理性と結びついているわけではなく、神を透視する超越的な知性だろう。炎で表される感情のほうは、これまた熱のない光である理性と結びつくはずはなく、熱情的な生命力や愛とつながっている。

これで中世・ルネサンスの人々が心をどう考えていたかが分かる。神は頭脳や理性で理解するのではなく、心で捉えるものなのだ。心臓が人体の隅々に熱い血を送り込むように、心は小宇宙（人体）の中心にあって熱い生命の源になっているだけでなく、大宇宙の中心（太陽）に位置して宇宙全体に生命の息吹を吹き込む役割を果たしているのだ。心が太陽のように思われていたということはそういうことだろう。

心を教会の中心に位置づけたのも同じ理由による。教会は神の臨在する聖所なのだから、地上においては世界の中心に位置している。教会の中心にあるのは祭壇であり、もっと細かく言えば、幕屋だろう。

幕屋とは、『出エジプト記』(二六)で詳しく述べられているように、神殿の最も奥まったところにある「神の住まい」である。エルサレム神殿ではモーセの「契約の柩」が幕屋に安置されたし、キリスト教では十字架上のキリストがここに安置される。

英語のハートにしてもフランス語のクールにしても、「心」や「心臓」を意味するだけでなく、「中心」や「奥所」の意味がある。幕屋は、まさしく教会のハート(中心)であり、教会のハート(奥所)にあるのだ。

十字架上のキリストが幕屋に安置されるということは、キリストのハート(心臓)が教会のハート(中心、奥所)に安置されるということだろう。キリストのハート(心、心臓)は聖心(サクレ・クール)のシンボルなのだから、それは聖心が幕屋に安置されているのと同じである。

教会では祭壇(幕屋)の前で聖体拝領がおこなわれる。聖杯にはキリストの血を表す赤ブドウ酒が盛られている。信徒は、司祭からキリストの血に浸けたパンを自分の口に入れてもらう。この儀式を象徴的にいえばこうなる。

幕屋には「キリストの心臓」(聖心)が安置されている。そこから流れ出た血を幕屋の前ですべての信徒に分かち与える。聖杯に盛られたキリストの血は「聖心」を表しているのだから、聖体拝領を受けた信徒は、神から「聖なる心」を分かち与えられたことと同じである。

これは、「心」を太陽に見立てた、中世・ルネサンスの図像と同じ考え方だろう。「聖心」から放射される光が直線的な光明であれ、炎の光明であれ、この光はキリストの心臓から流れ出た血なのだ。血とは愛である。

それは、神が自分の「聖なる心」をすべての人に分かち与える愛なのだ。神の愛には温もりがあり、だから炎の光で表される。また、直線的な光によって、我々の心は、直感的に神の臨在と神の聖心を確信する。中世の図像は現代の聖体拝領と同じことを語っているのだ。

教会は、シンボルが充満した聖所である。そして、神の充満（プレロマ）がなければ、我々のような普通の人間が神の臨在を意識することはできない。これがキリスト教の底流にある基本的な考え方なのである。

エジプトの心臓を「死者の審判」や「太陽の船」に見る

エジプトの『死者の書』には、死者の心臓を秤にかけて審判を下す場面がある。エジプトの神話を扱った書物なら、ほとんど必ず触れられる有名な場面である。

審判は、冥界の王である審判官のオシリス神と四十二人の補佐役の前で行われる。死者は、オシリスの子ホルスか死神アヌビスに導かれて、審判官の前に引き出される。オシリス神の前には天秤ばかりが置かれている。審理は知恵の神トトの司会で進められる。天秤ばかりのそばにはマアトと

エジプト神話の死者の審判・心臓の秤量

アヌビスが立っている。女神マアトは、正義と法と世界秩序の神である。アヌビスは、死を通告しミイラを作る神で、はかりの計量を観察する役目を負っている。

はかりの皿の一方には死者の心臓がのせられる。他方の皿にはダチョウの羽毛が置かれる。ダチョウの羽毛は、正義の女神マアトの座像を飾っているので、正義のシンボルと考えられていた。はかりの中央に置かれているのは、ヒヒの像で、計量が公正におこなわれるようにのせてある。ヒヒはトトの代理で、公正のシンボルなのである。

計量はどうおこなわれたのか。死者の心臓がダチョウの羽毛と重さで釣り合えば、その心臓は潔白とされた。トトが重さを確認して、それを書板に書き記した。釣り合わなければ、心臓は怪物のアンムトに貪り食われた。アンムトは、ライオンとワニとカバの混成怪物で、「死者を貪り食う者」の意味である。

潔白と認められた心臓は、オシリスの王国に迎え入れられ、生前と同じ幸福な生活が保証された。潔白な死者は、妻をめとり、住まいを与えられ、オシリスの領地を耕すことができた。これが有名な「死者の審判」の大意である。ここには古代エジプト人の死生観が凝縮して語られている。

心臓は死生を左右する人体の中枢器官である。しかし、単にそれだけでなく、死者の心臓と正義の羽毛を天秤にかけて、正義の質を心臓の軽重で診断している以上、古代エジプト人が心臓を良心の宿る場所と考えていたことは明らかだろう。

実際、古代エジプトでは、死後、心臓はとくに人体から切り離されてミイラにされ、肺とともに壺に入れられ大事に保存されたという。しかし、この心臓を味方につけなければ、死者はオシリスの王国に入ることができない。

それも、潔白な心臓としてオシリスのお眼鏡に適わなければ、怪物アンムトに貪り食われてしまう。だから、エジプト人は、故人の心臓の上にスカラベの護符をのせ、死者に有利な証言をするようにと「わが母なるわが心臓」で始まる呪文を暗唱したのである。

それなら、なぜスカラベの護符だったのか。スカラベの護符は、心臓の護符ともいわれている。スカラベは、神聖甲虫として古代エジプトではとくに珍重された。

スカラベは、糞を食用とするタマオシコガネである。この虫は、糞の玉をころがしながら進む。玉のなかには卵が入っている。スカラベは、あらかじめ掘っておいた穴まで糞の玉をころがしてから埋める。卵は孵化したときに、この糞を食べる。

太陽の船

このスカラベが太陽神ケプリと同一視されるようになった。ケプリは「自ら生まれる者」、「転がる者」という意味である。スカラベは、糞の玉を転がすだけでなく、雌に頼らず自然に発生し孵化するように見えたので、ケプリと同一視されたのである。糞の玉は太陽になった。

太陽といえば、エジプトには「死者の審判」に負けず劣らず有名な「太陽の船」の神話がある。太陽神ラアは、「数百万年の船」と呼ばれる「太陽の船」に乗って天空を航行する。夕方になると、西の洞窟に沈み、「夜の船」に乗り換えて十二時間、地下の十二の州を航行する。翌朝になれば生まれ変わったようによみがえって、天空の旅を続ける。

航行中、太陽は敵を倒したり、死者たちと会って起こしたりする。また、オシリスと会い、生命復活の力を彼から授かる。ケプリとラアは同じ太陽神だが、ケプリはラアの一面を表しているだけである。

船の航行は太陽の運行に合わせたものである。太陽は朝、東で生まれ、夜になれば西で死ぬ。一度死んでも朝になれば必ずよみがえる。太陽は永遠の運行を繰り返す。この永遠の運動に太陽の復活だけでなく、死者の再生も組み込まれた。太陽は闇の世界で死者たちと会って、彼らを永遠の眠りから覚ますのである。

糞の玉を転がすスカラベの動きは、エジプト人には太陽の運行と思われたのだろう。心臓の護符であるスカラベの護符は、太陽がよみがえるように死者の新しい心臓になって死者の生命を復活させると考えられていたのである。スカラベの心臓は、死者を救済し、再生させる太陽のシンボルだったのである。

オシリスは冥界の王だけでなく、生命復活の神、再生の神でもある。オシリスは、「死者の審判」では審判官として、また「太陽の船」の神話では闇を航行する太陽に生命力を与える神として破格の扱いを受けている。

原初の時代、オシリスはエジプトの王だった。ところが、弟のセトの陰謀にはまって殺されてしまう。セトは、オシリスの体を十四または十六の部分に切り刻んでナイル川に捨ててしまう。妻のイシスが夫のオシリスの遺体をひとつひとつ探してまわり、遺体を復元して香油を塗り生命を復活させた。

オシリスが、生命復活の神、再生の神といわれるのはこのためである。冥界の王になっているのも一度死んでいるからである。

「死者の審判」でオシリスを審判官に据えたのは、エジプト人がオシリスにならって故人の生命を復活させたいと願ったからだろう。スカラベの護符を故人の心臓の上にのせて呪文を唱えたのも、太陽のようなよみがえりを期待したからである。『死者の書』では生命復活の祈りがだめを押すように強調されているわけだ。

しかし、どんなに祈りを繰り返したところで生命は復活するわけではない。せいぜい死後の生活が生前と変わらぬようにとはかない期待をかけるぐらいのことしかできまい。潔白な死者がオシリスの王国で生前と同じように妻をめとり、住まいを与えられ、耕地を耕せるとしたのは、生命復活の祈りであり、証だったのである。

小アジアからローマに伝わった血の供犠

心臓といえば、すぐに血のほうへ連想は自然に赴く。古代の祭儀には血にまつわる儀式が少なくない。グルジアでは、二十世紀初頭まで血の供儀が続いたというから驚きである。

『世界神話大事典』（大修館書店）によれば、グルジアの祭儀で生け贄にされるのは、鶏、羊、山羊、牛といった動物たちである。祭司たちは、血が吹き出たら、すばやく杯や祭具に血を流し込み、手と腕を血で清め、額に新鮮な血を塗りたくる。祭司だけでなく、祭りに参加した信徒も血を体に塗りたくろうとする。

ラシャリ神の神殿には石詰めの溝があって、そこに血を溜め、参加者は自分の衣服を浸けて、またその衣服を身につける。十九世紀にはこの神殿で一〇〇頭近い牛が生け贄にされ、その大掛かりられる生け贄は、こうした血を取られたばかりのまだピクピク動いている動物たちである。神に捧げな供儀のために評判になったという。二十世紀初頭にも十頭近い牛が犠牲にされている。神に捧げられる生け贄は、こうした血を取られたばかりのまだピクピク動いている動物たちである。

血の儀式は、グルジア王国がキリスト教に改宗する以前の四世紀前までさかのぼれるという。『グルジアの改宗』には、キリスト教徒の最初の王ミリアンが次のように述べているくだりがある。

我が国の父親たちは、我が子とこの国の無垢の人々をぞっとするような偶像に生け贄として捧げてきた。父親たちは、干し草のように我が子を鎌で刈り取って、偶像どもを喜ばせてきた。とりわけアルマズとザーデンの二つの山の石ころには今も幼い子供たちの血がこびりついている。

キリスト教が導入される以前にグルジアでは明らかに人身御供が行われていたのだ。しかも人身御供にされたのは少年たちである。「レーヴ王（改宗前）は、治世中、少年を生け贄に供することを禁じた」という別の文章もあるからである。

普通、少年を生け贄に要求するのは女神の場合が多い。小アジアにその例が多いからだ。しかし、ラシャリ神は男神で、妹のタマルを妻にしている。しかも、ラシャリは戦争の神である。そこが小アジアの母神（マグナ・マーテル）たちと違うところだ。しかし、血の匂いがするという点では共通する。カフカス地方から小アジア一帯にかけて古代には、男神であれ女神であれ血の供儀を要求する神々が多いからだ。

女神で血の供犠を要求した神々を小アジアで探せば、豊饒の母神アナーヒターやマーがそうである。アルメニアやカッパドキアの神殿では牝牛が投げ縄で捕らえられ、狩猟用の矛で殺されて大母神の生け贄にされた。

キュベレもそうである。キュベレは、ローマ時代、農業神サトゥルヌスの妻となり、ローマの最高神ユピテルやその妻ユノの母となって、たいへんもてはやされたが、元をただせばフリギアの大地母神である。ローマ時代になってもフリギアの風習が受け継がれ、母神の祭儀には雄牛を生け贄に捧げ、去勢の儀式が行われた。

キュベレは美貌の少年アッティスを愛した。大地母神のキュベレは、もともとは両性具有者だったが、神々に去勢されて女神になった。去勢された肉の断片からハタンキョウが生え、その実を食べて河神の娘がみごもり、アッティスが生まれた。

キュベレは、成長した自分の息子を熱愛する。しかし、アッティスが別の女を愛するようになったため、母神の怒りを買う。アッティスは狂乱のなかで自分を去勢し死んでいく。

このアッティス神話がギリシアではアドニス神話と合体する。アドニスもアッティスと同じように二柱の女神(ペルセフォネとアフロディテ)から愛される。しかし、狩猟中、猪に突かれて不慮の死をとげる。アドニスは、ゼウスの命令によって一年の三分の一を冥界の女王であるペルセフォネのもとで、あとの三分の一を天界のアフロディテのもとで、残りの三分の一を好きなところで好きなように過ごすことになる。

アドニス神話もその起源はシリアあたりらしいから、小アジアでは大地母神への崇拝が根強かったことが分かる。そして、この大地母神に美貌の少年が生け贄にされる。『金枝篇』の著者、フレーザー(一八五四―一九四一)の理論では、生け贄にされるアッティスやアドニスといった少年たちが植物の生命の死と復活を表す象徴とされた。アドニスが毎年、地下と地上を往来するので、地下で芽を出し、地上で開花する植物の化身とみなされたのである。

植物が芽生え、大地が豊穣になるには、その前に大地母神に生け贄をささげなければならない。大地は、人間に実りをもたらす代わりに、人間の血を欲したのである。

血の供犠をいろいろ羅列したが、少し整理してみよう。ひとつはグルジアの供犠で、戦争の神ラシャリに少年たちが生け贄にされた。血の供犠は、二十世紀初頭まで残っている。もうひとつは小アジアの大地母神信仰である。

しかし、大地母神信仰の場合、少年たちは神話のなかで確かに不慮の死をとげ、実際に生け贄にされた痕跡はフレーザー理論から考えても濃厚なのだが、確証となると、文献的にはグルジアほどはっきりしない。せいぜいキュベレの祭儀で去勢の儀式が行われ、それが雄ウシの血なまぐさい生け贄の儀式とともにローマに伝わったということだけである。

ローマで行われた最も有名な血の供犠といえば、キュベレもそうだがミトラの密儀である。ミトラは、もともとイランの神でミスラといい、アフラ・マズダーに匹敵する最高神だった。

イランのミスラは、キュベレのような農業の神、大地母神ではなく、光明をもたらす太陽神である。光明をもたらす神は、当然「最高善」の具現者と考えられたから、信義を重んじる神、契約をたっとぶ神ともみなされた。契約が踏みにじられれば、契約を守るために戦わなければならないから、戦争の神にもなった。

ゾロアスター教では、三世紀に、ザラスシュトラの宗教改革によって、知恵の神アフラ・マズダーが最高神となり、ミスラは死後の霊を審判する副次的な神に降格する。この死後の審判官というミスラの役割がミスラ信仰に密儀の要素を導入するきっかけになったようだ。ちなみに、ギリシア人は、ザラシュトラをゾロアスターと呼んでいたことを付記しておこう。

ローマにミスラ信仰が入って来たのは国外への拡張政策による。国外に駐屯する軍人たちが戦争の神ミスラに共鳴した。ミスラはミトラになって、ローマではキリスト教に対抗する二大勢力になった。キリスト教が勝って、ローマの国教に認定される以前のことである。

ミトラ信仰は、イランからローマへ直線的に入って来たわけではない。小アジアをゆっくりと経由している。その間に小アジアの大地母神信仰やグルジアの男神信仰の影響を受けなかったとはいえない。血の供犠で共通しているからである。事実、ベルギーの考古学者フランツ・キュモン（一八六八—一九四七）はこう書いている。

　コマゲネでもフリギアでもマズダー教は、地域の宗教と相互理解の場を求めた。ミトラとアナーヒターの習合のなかに……アッティスとキュベレとの関係に対応するものが認められた。
　この協調関係はイタリアでも存続した。知られている限りで最古のミトラ神殿は、オスティアのキュベレ神殿に隣接していた。ザールブルクでは、両神殿は互いに数歩のところに位置した。イランの神の崇拝とフリギアの女神のそれとは、ローマ帝国の全版図で親密な結びつきのうちに行われていたと信じてまったくさしつかえなかろう。両者の性格は大幅に異なっていたにもかかわらず、政治的動機が双方を結びつけた。（『ミトラの密儀』、小川英雄訳）

小アジアからイタリアにかけて大地母神（マグナ・マテル）とミトラに代表される戦争神が相補的な関係を保っていたというのは、やはり注目してよいだろう。この協調関係にはカフカス地方の風習も一役買っていたのではないかと推察できる。グルジアにそれと思わせる血の供儀が残っているからである。

ミトラの密儀でも雄牛が殺された。人身御供も行われていると密かに宣伝されたようだが、キュモンはこれをキリスト教徒の勝手な宣伝として一笑に付している。殺された牛の血は信徒に振り掛けられた。血による洗礼の儀式が行われていたのである。

なぜこうも男神、女神の区別なく、聖なる血の沐浴が行われたのか。すでに述べたようにヨーロッパでもエジプトでも心臓は太陽に見立てられ、生命力の源とされた。心臓から体内を循環する血も同じである。

古代の人々は、血の洗礼を受けることで清められ、命を洗い直して、新しい人生の再出発を願ったのである。それだけではない。血を浴びることでこの世の再生はおろか、あの世における霊魂の再生まで祈ったのである。

なぜ大地母神は少年の血を欲したのか。それは生命力の源である血が大地の豊穣、植物の繁茂を保証するように思えたからである。血は種であり、そこからすべてが開花すると信じたためである。植物の死と再生に象徴されるアドニス神話もグルジアやミトラの血の供儀もそうなると根はひとつ、生命力の復活ということに話は集約できそうである。

人頭馬身像の根源を古代ギリシアに探る

ケンタウロス族は人頭馬身の種族

日本で馬肉を食べるのは、牛肉に比べて少し腰が引けた感じになるが、フランスでは、町を歩いていると馬肉屋さんが結構目につき、さすが牧畜民族だと変なところで感心したことがある。食用という点では、当然のことながら馬肉は牛肉に一歩も二歩も譲る。しかし、古代社会では、馬が戦争や交通手段に使われたことを思うと、家畜としての有難さは牛に比べて優るとも劣らない。

乗馬に使われる馬は、騎手に体温を伝え、戦士の足となって行動を共にするのだから、人との一体感は大変なものだったろう。馬肉に手を出したくない気持ちにさせられるのは、現代人も古代人の心情を依然として引きずっているためかもしれない。

馬との一体感が尋常なものでなかったせいか、古代の神話には人頭馬身の種族が結構多い。ギリシア神話のケンタウロス族はその代表的な例である。

人と馬とが単に共生していただけでは人頭馬身のイメージは生まれない。共生を通り越して、フランスの文化人類学者、レヴィ＝ブリュル（一八五七―一九三九）の言葉を使えば、もっと深く「分有」している感じにならなければ、人と馬がひとつになった人頭馬身像などは生まれるはずがないのだ。

ケンタウロス

レヴィ＝ブリュルによれば、原始人や古代人は、過去や現在に限らず、未来や来生、いや自分の立っている大地までをも身近な動物と「分有」しているというのだ。つまり、この大地、この世界、この宇宙を人と身近な動物とが一心同体で分かち持っているいるという感覚である。

だから、得体の知れない人間（例えば白人）や見たこともない動物が目の前に現われると、原始人は「叫び声をあげ、後も振り返らずに逃げ出してしまう」。そうした人間や動物は、原始人にとってはあくまで外延の存在で、とても分身とは思えないらしいのだ。

その代わり、原始人は身近な動物を分身と考え、自分たち人間と同じように話したり、考えたりすると頭から信じて疑わない。それどころか、身近な動物の仕種や行動などを原始人は我々よりはるかによく知っている。そうした動物との一体感をレヴィ＝ブリュルは「分有の論理」で説明したわけだ。（『原始神話学』、古野清人訳）

人頭馬身のケンタウロス族が住む場所は、自然が色濃く残っている山や林である。しかし、人が入り込めない奥深い未開の地ではない。狩人や英雄などとも結構顔を合わせる場所、未開と都市国家の中間地点の場所なのだ。

都市国家は文化の中心地である。それなのにケンタウロス族のケイロンは、幼少時代のアキレウスに教育を授ける。これは、馬の象徴性を考えるときに、見過ごしにできない事柄だろう。

アキレウスは、子供の頃、狩猟術を教わるために父親のペレウスに付き添われてケイロンのもとへ連れて行かれる。そこで野山を駆け巡り、『イリアス』でもさんざん出てくる「早足のアキレウス」に育っただけではない。武器を持たずに猪や熊を手なずけることができるようになる。さらに、医術や音楽までケイロンから手ほどきを受ける。ケイロンは、医神のアスクレピオスさえ弟子になった医術の創始者なのだ。

アキレウスがケイロンに預けられたのは、少年時代の通過儀礼と考えられないこともない。奥深い自然のなかで、英雄になるための野生の力を育ててもらう。父親のペレウスには当然そういう思いがあったろう。

しかし、ケイロンは荒々しい野人ではなく、狩猟や医術の教育者である。半人半馬のケイロンがなぜ文化の担い手になったのか。文化は都市国家のものである。半馬のケイロンが人間の教育者になるには、都市国家の文化を超えた存在にならなければいけない。

狩猟はもとより医術や音楽も広く大雑把にいえば自然学の範疇に入る。ケイロンは薬草を見分ける才能に長けていたから医術の創始者になった。音楽も元はといえば鳥の声や川のせせらぎといった自然の神秘的な音に触発されて生まれたものだろう。狩猟が自然との戦いであることはいうまでもない。

文化は、自然の野生的な活力を注入されて活性化するし、たえず活性化させていかなければいけない。ギリシア人が半人半馬のケイロンに教育者の役割を付託したのは、そういうことを知り尽くしていたからだろう。

単に馬が話したり考えたりするだけではない。半人半馬の種族を作り上げ、馬を文化の担い手にまでさせたのは、「分有の論理」すら通り越してよほど馬に対して特別の愛着がなければできない相談で、当然のことながら乗馬による人と馬との一体感がこうしたイメージを培養する素地になったのである。

しかし、ケンタウロス族にも馬の獣性が残っていないわけではない。ケンタウロス族が人間世界に反目するようになったのは、森に迷い込んだ女狩人のアタランテの容姿に目が眩んで情欲を目覚めさせられたからだといわれている。ケンタウロス族の連中は女に目がなかった。

情欲の強さは、ケンタウロス族に限らない。アリストテレス（前三八四―前三二二）は、『動物誌』のなかで次のように書いている。

雌の動物のなかで性欲の最も激しいのは馬であり、その次が牛である。ところで、雌馬は、「雄馬狂い」になる。そこで、雌馬という名を……性欲について放縦な女につけ非難の言葉とするのである。

雌馬が興奮状態になると、彼らは……北か南の方へ走る。誰もそばへは近寄れず、海辺に達するまでは止まらない。そのとき陰部から何か出すが、これは「ヒッポマネス」（雄馬狂いの液）といわれている。（島崎三郎訳）

これは、ギリシアの古代社会でかなり広く行き渡っていた通念だったようだ。清純な乙女でさえ、結婚すれば雌馬のように放縦な女になりかねない。だから、騎兵の国テッサリアでは、結婚式の当日に手綱をつけた軍馬を、轡をつけたまま、花嫁に差し出すのが習慣だったと、古代ローマの著述家、アエリアヌス（一七〇頃―二三五頃）は報告している。

花婿は、花嫁が雌馬のように放縦な女になっては困る。だから、手綱と轡をつけた軍馬を渡して、これから先、手綱は渡さず、轡をつけたまま、花嫁を軍馬のように調教するぞと優しく脅しているわけだ。結婚生活が馬の調教の象徴体系のなかで語られているのである。

永遠の青年ヒッポリュトスと馬

ギリシア神話には、もう一人馬に関係する人物としてヒッポリュトスという若者が登場する。アリストテレスは、「ヒッポマネス」（雄馬狂いの液）という珍しい言葉を持ち出しているが、もともと「ヒッポ」というのは馬という意味である。そして、ドイツの古典学者、ブルケルト（一九三一―　）は、さらにヒッポリュトスという名前を語源学的に考証して「馬から馬具をはずす行為」の意味だと断定している。

ヒッポリュトスは、ケンタウロス族のような人頭馬身ではなく、正真正銘の人間で、馬の痕跡は名前にしか残っていない。それだけに神話に限らず、文学作品にもドラマの主人公としてしばしば登場する。

代表的なのがラシーヌ（一六三九―一六九九）の『フェードル』で、フランス文学のなかで最大の傑作のひとつに数えられている。ラシーヌは、フランスのシェークスピアといわれる一七世紀の劇作家である。彼はギリシア神話への造詣が深かった。

『フェードル』は、エウリピデス（前四八〇―前四〇六）の『ヒッポリュトス』から想を得た作品である。この作品のなかで、ラシーヌは主人公のフェードルに一幕一場で次のように言わせている。

ああ！　なぜわたしは森の木陰に座っていないのだろう！　いつになったら叶うのか、勇ま

ピッポリュトスの落馬

しく土煙をあげて、馬場のかなたに消えていく戦車を見送ることが。

勇ましく戦車を駆って馬場のかなたに消えていくのは、フェードルが愛した義理の息子のヒッポリュトス（フランス語ではイポリート）である。フェードルは愛する男の凛々しい姿を見たいと思う。

しかし、恋の病に取り付かれたフェードルは、頭にかぶるヴェールの布地も重く感じられる。すっかり力が抜けて立って歩くことさえままならない。まして、森まで行って木陰に座ることさえ適わない。それでも、彼女はよろよろと立ち上がる。夫のテセウスのいない今日、この日を逃せば、ヒッポリュトスへの恋の告白も永遠にできなくなると考えているのだ。

ヒッポリュトスは、テセウスがアマゾン族の女王ヒッポリュテに生ませた子供である。アマゾン族は、小アジアの未開の地、カフカス、スキティアに住む女人の国と考えられていた。女人の国では、女たちが他国の男と交わって生まれた男児は殺すか不具にされ、女子だけが大事に育てられる。

テセウスはアテナイの国民的な英雄だった。英雄であるからには、他国に出て数々の武勲をあげる。小アジアに遠征してアマゾン族と戦ったのもそのひとつである。そのとき、テセウスは、アマゾン族の女王ヒッポリュテを拉致したといわれる。そこからヒッポリュトスが生まれた。

しかし、テセウスは浮気者だった。フェードル（ギリシア神話ではパイドラ）の姉アリアドネと恋仲であっただけでなく、アリアドネを捨て、ヒッポリュテも見限ってフェードルと結婚式を挙げる。一説には、この結婚式にヒッポリュテは、武装したアマゾン族の女人たちと殴り込みをかけ、テセウスに殺されたともいわれている。

いずれにせよ、ヒッポリュトスは、父親のテセウスに引き取られ、父親の故郷であるトロイゼンで義母のフェードル（＝パイドラ）と一緒に暮らすことになる。

この同居中に義母のフェードルは、青年に達したヒッポリュトスを愛してしまう。しかし、青年は義母の片思いに冷酷だった。青年は森に馬を飛ばして、狩猟に打ち込む。

ヒッポリュトスの女嫌いは、実の母親への思慕から生まれたと考えられないこともない。アマゾン族は森に住む狩猟の民だからである。

狩りに打ち込む若者は、ギリシア神話では先ほど述べた馬の情欲とは正反対に極端に禁欲的に創られている。女狩人のアタランテは、ケンタウロス族に情欲を芽生えさせるほどの美女だったが、処女を頑なに守り抜いたために愛の女神アフロディテによって不感症のライオンにさせられる。

ヒッポリュトスもあらゆる女を寄せつけず、狩りに没頭する若者だったから、アフロディテの不興を買う。

不興を買ったヒッポリュトスはどうされたか。父親のテセウスが帰郷し、義母のフェードルが恋を仕掛けたのは自分ではなく、ヒッポリュトスのほうだと夫に偽りの報告をしたために父の怒りを買い、ヒッポリュトスは自刃して身の潔白を証明せざるをえなくなる。

ヒッポリュトスは、海辺へ馬を飛ばす。そこに海神ポセイドンが雄牛の怪物を送り、ヒッポリュトスは落馬して命を落としたとも、怪物に呑み込まれたともいう。

以上がヒッポリュトスに焦点を当てたラシーヌの『フェードル』のおおよその筋書きである。しかし、これはあくまで洗練された文学作品であって、その裏にはもう少し荒々しい神話、原初の風習があったらしいのだ。それを馬にスポットを当ててもう少し掘り下げて見たい。まず馬と水との関係である。

馬と水のつながり　ペガソスが大地を蹴ると馬の泉が湧き出る

ポセイドンはれっきとした海神なのに、馬と妙に関係がある。この大神は、「目」の章で述べたゴルゴンの一人メドゥサとオケアノス（あらゆる海と川の源）の岸辺で交わって天馬のペガソスを生んでいる。血筋といい生まれた場所といい、水と縁が深いペガソスは、蹄で強く大地を蹴るとそこから「馬の泉」が湧き出て、各地に名泉を作っている。

また、テセウスの誕生についてだが、彼の母親のアイトラは、同じ夜にポセイドンと夫のアテナイ王アイゲウスと交わってテセウスを産んだとされている。テセウスは、アイゲウスの子であるばかりか、海神ポセイドンの子でもあるのだ。このテセウスがアマゾン族の女王ヒッポリュテをアテナイに拉致してヒッポリュトスを生む。だから、ヒッポリュトスはポセイドンの孫ということになる。少なくとも孫と見られてもおかしくないように、神話は巧妙に作られている。

母親のヒッポリュテも、息子のヒッポリュトスも、名前に「ヒッポ」が入っている以上、馬に関係する。アマゾン族の生活圏はスキタイである。スキタイは遊牧民の住む馬の名産地だった。ヘロドトス（前四八四頃—前四二五頃）は、『歴史』のなかでスキタイ王の葬儀について次のように述べている。

王の死後一年が経つとまた次のような儀式を行う。故王に仕えた残りの侍臣のうち最もすぐれた者五十人と最もすぐれた馬五十頭を絞殺し、臓物を取り出してきれいにし、それにもみがらを詰めて縫いあわせる……

ところで絞殺された五十人の若者を各自一人ずつ馬にまたがらせるのであるが、どうして乗らせるかといえば、それぞれの死体に曲がらない棒を背骨に添って首まで通しておいた上でそうする。（青木巌訳）

ペガソス

ヒッポリュトスは海に呑み込まれるが、ヘロドトスのこの記述を読むと、青年のまま命を落としたヒッポリュトスがその遺骸に棒を通して馬に乗せられ、海神ポセイドンに奉献されている錯覚におちいる。

事実、『オデュッセイア』のなかで、オデュッセウスの子のテレマコスは放浪する父を探して、ピュロス（ペロポネソス半島南西岸）に辿り着き、海辺でピュロスの王ネストールが催す宴に招かれるが、そこで目の当たりにするのは次のような光景である。

人々は海辺で大地を揺るがす黒髪のポセイドンに真っ黒な雄牛を生け贄に捧げていた。九つの組があり、おのおのに五百人が座を占めて、組ごとに九頭の雄牛を用意していた。（第三巻、高津春繁訳）

テレマコスが目にしたのは、「百頭牛犠牲祭」（ヘカトンペ）と呼ばれる海辺の宴だった。ホメロスの記述によれば、この犠牲祭では雄牛を生け贄に捧げるのはもちろんだが、牛の腿の肉を祭壇で焼き、参加者がその肉を食べ、臓物を味わい、黄金の杯に酒をなみなみ注いで廻し飲みする。

牛の犠牲祭は、ホメロスの描写を通してその実態が現代まで伝えられている。しかし、馬の犠牲祭が実際にあったかどうかは今のところはっきりしない。ブルケルトは、ヒッポリュトスが「馬から馬具をはずす行為」の意味を持つ以上、馬祀祭はあったと結論づける。海辺で馬が馬具をはずされ、生け贄に捧げられていたというのだ。

私もあったと思う。だが、ブルケルトはなぜ馬が水と関係するのか、ヒッポリュトスをことさらポセイドンの孫に仕立ててまで馬と水を関係づけたギリシア神話の思考サイクルとその根拠はどこにあったのか、その点になると必ずしもはっきりしない。

私はその根拠をインドの叙事詩『ラーマーヤナ』に求めようと思う。ヴェーダ期のインドでは、王の即位に際して馬祀祭（アシュヴァメーダ）が催される。馬祀祭では生け贄にされる犠牲の馬をまず逃がしてやる。逃げた馬は、長い放浪の末、また元の場所に戻ってくる。これによって王の即位がすべての人々に認められ、祝福されることになる。王が犠牲の馬と同一視され、馬が放浪の間、さまざまな苦難をなめるのと同じように、王も苦しみを知らなければ王権は確立できないというわけだ。

『ラーマーヤナ』でも馬祀祭がふんだんに出てくる。そのひとつ、聖仙のヴィシュヴァーミトラがガンジス川の由来を主人公の王子ラーマに語って聞かせるくだりでは、馬は北方のヒマラヤ山脈の麓まで逃げ、そこで草を食んでいる。その場所をサガラ王の六万人の息子たちが掘り返すと、そこからガンジス川が流れ出る。天馬のペガソスが蹄で強く大地を蹴ると、そこから「馬の泉」が湧き出てくるのと同じである。馬によって水がもたらされるという独自の発想は、インド・ヨーロッパ語族という共通の地盤を想定しないかぎり、うまく説明し切れるものではない。

馬が水とつながった理由は二つあると思う。ひとつはポセイドンの性格である。クロノスは、三人の息子に世界の統治権を分配した。天をゼウスに、冥界をハデスに、海をポセイドンに委ねたわけである。しかし、この分割は必ずしも平等とはいえない。ゼウスはオリンポス山で着々と神々の支配を固めていく。神々の王国の覇権を握ったということは、この世（大地）の支配者になったのと同じことである。このため、海神ポセイドンは、ことあるごとにゼウスに対抗意識をぶつけるようになる。

この対抗意識は海の荒々しさに見合ったものだろう。ゼウスが正統性を確立すればするほど、ポセイドンは異端的な荒々しさを抱き込むようになる。ポセイドンが馬、牛など動物の獣性と結びついたり、世界の果てにあるオケアノス川のさらに向こうに住む一つ目の怪女メドゥサと交わって天馬を産み、異郷、遠隔の地とつなげられるのも、海の流動性や荒々しい異端性と無縁ではない。しかし、それだけでは単なるイメージ論の域を出ない。

馬祀祭と人身御供とのかかわり

フランスの比較神話学者、デュメジル（一八九八―一九六八）は、インドで行われていた「馬の供犠」（アシュヴァメーダ）と「人の供犠」（プルシャメーダ）との相関関係について次のように述べる。

『シャーンカーヤナ』と『ヴァイターナ』の記述によれば、人身御供が馬の供儀の形式でなされたという注目すべき点がある。アルブレヒト・ヴェーバーが言うように、人間の供犠は馬の供犠を「相乗するもの」にすぎない。これらの祭儀書は、非常に細部にまでわたる祭儀上の同一性を強調し、好んで「人の供犠」（プルシャメーダ）を「馬の供犠」（アシュヴァメーダ）と対比させている。馬の供儀式と同様に、この供犠もまた王権増強のための儀式である。（『ローマの祭 夏と秋』、大橋寿美子訳）

王権増強の儀式かどうかは、ここでは問わない。しかし、「人の供犠」と「馬の供犠」がインドでは相乗的な儀式であったという指摘は注目しておいてよい。人と馬との相乗的な二つの供儀がスキタイでは一つに融合されて執り行われていたことは、ヘロドトスが述べている通りである。

ヒッポリュトスも母親のヒッポリュテも馬の痕跡が名前にしか残っていないものの、明らかに人と馬とが一心同体になった人間である。しかも二人はスキタイを故郷に持つアマゾン族の人間である。となれば、ヒッポリュトスがスキタイの風習にならって「人の供犠」と「馬の供犠」をひとつにした形で生け贄にされたとしても不思議はない。

ヒッポリュトスには生け贄にされる要因がそろっている。女人国のアマゾン族では、男と生まれれば殺されるか不具にされるのだから、ヒッポリュトスが幸いそうされずに生き残れたにせよ、アマゾン族では疎外された存在であることに間違いない。

また、父親のテセウスに引き取られてギリシアで育てられたにせよ、正妻の子でない以上、ギリシアでも疎外された存在であることに間違いない。

疎外された存在を抹殺することは、ギリシアであれアマゾン族であれ正統的な王権増強の儀式になるだろう。そして、ヒッポリュトスに「馬から馬具をはずす行為」の意味がある以上、「百頭牛犠牲祭」（ヘカトンペ）と同じように、この名が海辺で行われていた犠牲祭、それも「人の供犠」と「馬の供犠」とが一体となった遠い古代の犠牲祭を留めた遺物なり残映ではないかと疑いたくなってくる。

忘れ去られた時代に馬祀祭が海辺で行われていたということになれば、神話の不可解な部分もそれなりに辻褄が合って理解しやすくなってくる。

ヒッポリュトスを海辺で呑み込んだのは雄牛の怪物である。「百頭牛犠牲祭」が海辺で催されていたことを考えれば、海から雄牛が現われてもおかしくない。代わりにヒッポリュトスが馬と一緒に海に呑み込まれる。

毎年馬祀祭で犠牲馬を奉献される海が海神ポセイドンになって、天馬のペガソスをこの世に送り出し、いろいろな場所に「馬の泉」を湧き出させる。この場合、馬はこの世に水をもたらす豊穣と恵みのシンボルなのだ。

同時に馬祀祭で犠牲にされる馬は、霊魂導師の役割も演じている。スキタイ王の葬儀で若者と一緒に馬が生け贄として埋葬されたのも、インドで「人の供犠」と「馬の供犠」とが相乗的に執り行われていたのも、古代の人々が足の早い馬にこの世と冥界を結びつける霊魂導師の役割を期待してのことだろう。

ヒッポリュトスが海辺へ走らせた馬も主人の霊を冥界へ運ぶ導師なのだ。いや、人と馬が一体となったヒッポリュトスという存在そのものが人身御供と霊魂導師の二役を兼ねているのだ。

宗教学の泰斗、ミルチャ・エリアーデ（一九〇七―一九八六）によれば、シャーマン神話のなかで馬が霊魂導師の役割を果たす実例は、シベリア（ブリヤート族）、ジャワ島、バリ島、インド、ゲルマンなどに見られるという（『シャーマニズム』）。それだけでなく、ウェールズの『マビノギオン』（中世ウェールズ幻想物語集）には、主人公（プレデリ）が馬に魅せられるまま、この世からあの世へ、日常から非日常へ一瞬のうちに飛び越えてしまう夢幻的な美しい神話がある。

馬を霊魂導師としたのは、インド・ヨーロッパ語族に限らず、かなり普遍的な世界に共通の現象と見てよいだろう。

問題なのは、霊魂導師である馬と一緒に、なぜヒッポリュトス、またはヒッポリュトスに象徴される若者たちが人身御供にされたのかという点である。もちろん、これはギリシアに馬祀祭があったということを想定した上での話である。

馬と雨乞いの儀式

海神ポセイドンには、ピュタルミオス（育成の）という添え名があった。ポセイドン・ピュタルミオスは農業祭の主役であった。そして、ポセイドン・ピュタルミオスは、ポセイドン・ヒッピオス（馬のポセイドン）に身を変え、大地母神デメテルと交わって神馬のアレイオンを産んでいる。

農業には大地と水が欠かせない。ところが、クロノスは、世界の統治権を天、海、冥界の三界に配分し、三人の息子ゼウス、ポセイドン、ハデスにそれぞれ移譲した。三人の息子はことあるごとに対抗意識をむき出しにして小競り合いを演じる。これでは世界の秩序はおろか、農業さえ育たない。

植物を育成させるには、天の神であるゼウスが雨を降らせ、水の神であるポセイドンが大地母神のデメテルと睦まじくなって、大地に豊潤な水をたえず注ぎこまなければいけない。

デメテルは、冥界の王ハデスに娘のペルセフォネを拉致され、悲しい運命を甘受せざるをえなくなるが、ペルセフォネが冥界の女王になった以上、神話は、大地が冥界（＝地下）の表面、その一部にすぎないことを我々に明快に語りかけてくれる。

だから、海神ポセイドンが大地母神デメテルと交わったということは、広く大きく言えば、海と冥界との和解を意味するのだ。それだけでなく、天馬のペガソスは、天界ではゼウスの雷を運ぶ役目を仰せつかっている。雷は大地に雨をもたらす。

ということは、水の神ポセイドンは、天界に自分の子のペガソスを送り込んで、大地に雨の恵みがあるように海と天界との和解まで画策していたことになる。

この場合、ポセイドンが海（＝水）を天と地に結びつけるのに、馬（ペガソス、アレイオン）が介在していることに注目してもらいたい。馬は一度は分離した天、海、冥界（＝大地）の三界を結びつける機能を果たしているのだ。馬が古代社会で最良の交通手段であったことを思えば、三界を結ぶシンボルとして馬が選ばれてもおかしくないのだ。

逆に見たらどうなるか。つまり、ポセイドンの側からではなく、大地の側、大地に住む人間の側から三界が分離したときの状況を見たらどうなるか。天は大地にそっぽを向き、雨が降らなくなるだろう。また、海は大地に水を注がず、大地は枯渇するだろう。

メソポタミアの宇宙創成説では、「淡水」と「塩水」は始めから明確に区別されている。しかし、ギリシアの宇宙創成説、少なくともヘシオドス（前八世紀頃）の『神統記』では、オケアノスが宇宙を円環状に取り囲み、世界のあらゆる海、あらゆる川、あらゆる泉の源流になっている。「淡水」と「塩水」の区別はメソポタミアほどはっきりせず、海は「水」という広義の概念のなかで川や泉と併存している。

古代のギリシア人は、日照りのときに雨乞いの儀式をどのようにしたのだろう。ヒッポリュトス神話は、元をたどれば雨乞いの儀式に行き着くのではないかと私は思う。

雨乞いのために海辺で馬祀祭が催される。砂浜では、馬は、馬具をはずされ、若者と一緒に大洋（オケアノス）に入水する。その後、「百頭牛犠牲祭」（ヘカトンペ）のような酒盛りが繰り広げられる。しかし、時代が経てば、人身御供のような悪習は当然廃れていくだろう。

ヒッポリュトスの生まれ故郷であるトロイゼンには、ヒッポリュティオンという神殿があった。エウリピデス（前四八〇―前四〇六）が述べているように、処女の娘たちは髪を切ってこの神殿に奉献していた。ヒッポリュトスは、植物神としてこの神殿で敬われていたのである。

ヒッポリュトスという若者を軸にして、馬、水、植物がひとつに結びついている。ヒッポリュトスはポセイドンの孫である。海神の孫であるからには、海に入水することは、死を意味するのではなく、原郷に戻ることと同じだろう。祖父にとって愛する孫が帰ってきてくれることほど嬉しいことはない。

だから、ばらばらに分離してしまった三界、とくに海と大地との解離を埋めるには、ヒッポリュトスほど適材適所の人物はいない。人間では足が遅くてだめだというのであれば、彼の乗る愛馬が埋め合わせをしてくれるだろう。

ポセイドンは、馬祀祭で数知れぬ馬を奉献されるのだから、天馬のペガソスぐらい何時でも創れる。まして孫が帰ってきたとなれば、荒ぶる海は穏やかな海に一変しよう。そして、天馬ペガソスは海神ポセイドンの意を受けて、天から雷を落とし、地上ではいたるところに「馬の泉」を造ってくれるだろう。さらに大地母神のデメテルも荒々しいポセイドンの意を汲んで、日照り続きの大地を豊潤な水で満たすだろう。

大地に植物が繁茂するようになる。それだけでなく、海辺でヒッポリュトスを呑み込んだ雄牛は、たとえ怪物であれ、豊穣のシンボルなのだから、大地に住む人々に海の幸をふんだんに提供してくれるだろう。

三界をひとつに結びつけ、宇宙の秩序を復元させる馬の存在と人身御供は、植物の生育と海の幸を確保する上でおろそかにできない犠牲祭であったのではないのか。どうやら、ヒッポリュトスはそうした馬祀祭を象徴する始祖として神話に組み込まれ、語り継がれるようになった若者といえそうである。

だからこそ、処女の娘たちはトロイゼンで、神となった永遠の若者ヒッポリュトスに自分の髪の毛を奉献した。それは、この世で成就するはずのない永遠の若者との結婚を神殿で一度は念じ、そうすることで植物が繁茂するように、未来の結婚生活で子宝に恵まれることを植物神のヒッポリュトスに祈願する儀式であったのである。

牛は多産・豊穣をもたらす生き物

狩猟民族から牧畜民族へ

人間が家畜を飼い始めたのは、いつ頃からだったのだろう。羊や牛を見守る番犬、馬を奉納する馬祀祭などが、最古の部類に属するメソポタミアやインドの神話に見られるから、人類は動物を飼う術をじつに早い時期から会得していたにちがいない。

とくに牧畜民族にとっては、動物を飼わないことには生業が成り立たない。動物に餌を与えて育てたり、戯れたりする光景は、まったく日常的な風景だったろう。

家畜は、人類にとってこのように身近な風景の一つであった。それだけでなく、生死を握るかけがえのない動物だったのだから、家畜に託したさまざまなドラマやシンボルが自然発生的に人々の心に芽生えないはずはない。

広く牧畜民族といっても、牧畜を営むことができるようになる以前は、狩猟で生計を立てていたわけである。狩猟民族から牧畜民族へ移行したからといって、敵対する動物が手の届く身近な家畜になっただけのことで、動物が人類の重要な栄養源であったことに変りはない。人類は誕生以来、動物たちと営々と付き合ってきたのである。

ラスコー洞窟の牛とオーロックス

それは、旧石器時代の洞窟壁画を例に取っても分かる。ヨーロッパ先史時代の専門家であるアンドレ・ルロワ・グーランによれば、ラスコーやアルタミラなど、ヨーロッパで発見されたさまざまな洞窟壁画には、いろいろな動物たちが描かれている。そのうち、馬と牛の画像が最も多く、馬は一〇〇パーセントの壁画に描かれ、続いて牛類もバイソンが五六パーセント、オーロックスが三九パーセントの比率で、合計すれば九五パーセントに達するという。

バイソンは今でもアメリカ大陸などで棲息しているが、オーロックスのほうはすでに絶滅している。いずれも野牛である。ヨーロッパの石器時代は、牛といえば野牛であって、まだ家畜になっていなかったわけだ。

ケルト民族に見る聖獣としての雄牛

牛が人間に飼われ、ヨーロッパの神話や社会に、ドラマやシンボルとなって登場するのは、ガリアの時代からである。

花の都パリには、ガリア時代、パリシイイ族が住んでいた。パリシイイ族は大陸ケルトの一部族である。パリという地名が生まれたのは、このパリシイイ族からである。パリシイイ族の船主たちがユピテルに奉納した石柱のひとつに三羽の鶴を乗せた雄牛が彫られていた。ユピテルはローマの最高神だから、この最高神に奉納している以上、石柱はガリアがローマに侵略された以降のもので、明らかにガロ・ロマン期のものである。

また、チューリッヒ博物館には、ガリアの中部や東部から発見された三本の角のある雄牛の青銅立像が陳列されている。ケルト民族が三羽の鶴であれ、三本の角であれ、雄牛を聖獣とみなしていたことは間違いない。それなら、なぜ三羽の鶴、三本の角なのか。

もう少しケルト民族の牛にまつわる話を追ってみよう。アイルランドには、島嶼ケルトの叙事詩に『クーリーの牛争い』という物語が残っている。クーリーの赤牛をめぐるコノート軍（古名はコナハト）とアルスター軍（古名はウリャ）との戦争、これが叙事詩の主題である。

戦争は、コノートの王アーリルと妻のメイヴとの寝物語が引き金となって始まる。夫婦は寝物語でどちらの財産が多いかを競い合う。

アーリル王のほうが「白い角」と呼ばれる雄牛の持分だけ妻より多いことが分かる。妻のメイヴは嫉妬し、アルスターのクーリーに「白い角」に匹敵する赤牛がいることを確かめると、その赤牛が欲しくなり、奪い取ることを決める。両軍の間で戦争が始まる。

クーリーの赤牛は、一日に五十頭の牝牛と交尾し、翌日には五十頭の子牛を産ませる聖獣だった。どんな悪霊もこの聖獣を避けて通るし、赤牛を木陰に見立てて、百人の戦士がその傍で休息を取ることができた。

四州の軍がコノートに集結し、総司令官にフェルガスが任命された。一方、アルスターの陣営には英雄クーフリンがいた。

三本角の雄牛

フェルガスは、アーリル王とメイヴに子供時代のクーフリンの並外れた武勇を語って聞かせる。フェルガスは、アルスターの人間で、クーフリンを教育した四人の戦士の一人であった。しかし、アルスターのコンコバー王と諍いを起し、コノートの陣営に走った男である。クーフリンは、コンコバー王の娘（妹の説もある）デェハティーレとスアルタムの息子であった。

両陣営の間で戦いが何度か繰り広げられるが、

その経緯はここでは述べない。クーフリンの武勇によって、戦うたびにコノートの陣営が深手を負う。これが叙事詩の主潮である。

クーフリンが戦士のなかでただ一人妖精のヴァハがかけた呪いを免れており、したがって、アルスターを侵略者から守る使命が叙事詩のなかでは初めからはっきり予兆として謳われているからである。

物語の終局でコノート軍は総退却する。そのときメイヴはクーリーの赤牛を連れ去る。メイヴは戦いに破れたが、赤牛を奪い取ったのだから目的だけは達したことになる。

しかし、ウーエの野に放たれた赤牛は、そこで「白い角」の雄牛と出会う。二匹の猛牛は、激しくぶつかり合い、アイルランド全土を駆け巡り、死闘を繰り広げる。そして、翌朝、赤牛は「白い角」の雄牛の肉片を撒き散らして故郷のアルスターへ舞い戻る。

牧畜を生業とするケルト民族にとって、牛はいかにも大切な家畜であった。寝物語での「白い角」の雄牛の逸話からクーリーの赤牛の取り合い、さらに白牛と赤牛が聖獣として珍重され、二匹の聖獣の死闘の結末がコノートとアルスター両陣営の戦局の行くえを象徴的に予示する。それほど、叙事詩に占める牛の役割は大きなものだった。

それだけではない。この叙事詩では三という数がじつにシンボリックに使われている。例えば、コノート軍がクーフリンを最初に迎え撃ったとき、クーフリンはまず三人の敵兵を倒し、その後、三日間で毎夜百名ずつ戦士を殺す。

さらに、クーフリンが窮地に陥ったとき、天界の父親である光の神ルフが現われ、三日三晩寝るように勧める。その間、アルスター軍は三度、敵と戦闘し、自軍の三倍の敵を殺す。続いて乳兄弟のフェル・ディアドとクーフリンは浅瀬で一騎打ちをするが、この戦いは三日三晩続き、最後に秘蔵の槍でクーフリンはフェル・ディアドを倒す。

また、戦いに疲れたクーフリンは、老婆に身をやつした女魔術師のモリガンと出会う。彼女は牝牛の三つの乳房から乳を搾っていた。最初にもらった乳に礼を言うと、モリガンは体を起し、二度目の礼で老婆の目は開き、三度目の礼で立ち上がって歩くことができるようになった。

別の場面でクーフリンが赤牛を追って森に入ると、三羽の鳥が赤牛に危険が迫っていることを知らせる。

以上の例を見ても、ケルトの人々が三を縁起のよい数とみなしていたことが分かる。三はモリガンを老婆の呪縛から解き、赤牛に危険を知らせ、疲れきったクーフリンを回復させ、戦局を好転させてくれる吉兆の数なのだ。

ヨーロッパ大陸のほうから出土したとはいえ、三羽の鶴を乗せた雄牛の石柱も、三本の角のある雄牛の青銅立像も、アイルランド神話と共通した発想の基盤を持っていたことは明らかだろう。

三羽の鶴は危険を避け、幸運を呼び込むシンボルだし、三本の角は角の数を二本から三本に増やすことで強壮なイメージを増幅させるだけでなく、見る者の身心を三倍も癒し、三倍も回復させてくれる彫像なのだ。雄牛は活力と再生のシンボルだったのである。

旧約聖書の黄金の子牛は多神教のシンボル

旧約聖書の『列王記』と『歴代誌』は、ユダヤ民族の歴代の王たちの業績を綴った王統記である。ダビデ王は、王国の礎を築いた聖王だった。真偽のほどは別にして、『詩篇』百五十篇のうち七十二篇がダビデの作と言われるように、彼は若い頃から詩作と音楽の才能に恵まれていた。

ダビデ王は、同時にペリシテの戦士ゴリアテを倒し、出陣のたびに武勇を発揮する英雄でもあった。サウル王の八人兄弟の末子で、そのために青年時代は王や王子たちから疎んじられるが、王が戦死したのを機にユダ王国の王位を継承する。

続いてサウルの子イシボセテが横死したためにイスラエル王国を統合し、首都をエルサレムに定めてユダヤ民族の統一国家を作り上げる。ダビデがユダヤ民族の聖王、建国の祖と仰がれたのはこのためである。

ダビデの子ソロモンは、信仰厚い父の衣鉢を継いで首都に壮大なエルサレム神殿を造った。しかし、晩年、ソロモンは多数の異国の女を愛し、これによって偶像礼拝の悪弊に染まり、その罪で王国は分裂する。

ユダヤ民族の十二の氏族のうち、十族がイスラエル王国に、残りの二族のユダとベンヤミンがユダ王国に帰属することになる。

ユダ王国（南王国）では、以後ダビデ王家が世襲的に統治するようになる。ダビデ、ソロモン、ロボアム、アヒア、アサ、ヨシャファト、ヨラム、オホズィアがユダ王国を統治したダビデ王家の系譜である。

これに対して、イスラエル王国（北王国）は、ユダ王国の平穏な統治に比べて、部族間の抗争などによって、常に不安定な群雄割拠の状態を呈していた。北王国は、ほぼ二世紀の間に南王国のほぼ倍に当たる十九回の王の交代劇を演じている。

例えば、最初のイエロボアム王家を殲滅させた後はバアサ王家が、バアサ王家を根絶やしにした後はアカブ王家といった具合に、北王国は、一王家の長い世襲体制を取れず、血で血を洗う武力闘争に明け暮れた。聖書はこれを偶像礼拝の悪習に原因があったと決めつけている。

イエロボアムは、建国の際、ユダ王国に対抗するため、エジプトの神々である黄金の子牛二像を造り、一個をベテルに、他の一個をダンに配置する。ソロモンが建立したエルサレム神殿からイスラエル人の宗教心をそらし、黄金の子牛を国家宗教として採用することで南王国から宗教的に分離し、自国の独立を強化する政策を採ったのである。

これは、ヤハウェを奉ずる一神教と黄金の子牛のような偶像を奉ずる多神教との宗教的な対立である。この宗教的な対立がユダヤ民族を南北に二分する国家的な対立にまで拡大された。それが国家を最終的には滅亡に追いやり、ユダヤ民族を世界に離散（ディアスポラ）させる遠因にもなったのである。

牛

一神教を奉ずるユダヤ民族にとって、ヤハウェは唯一絶対の神だから、姿形が見えてはならな

生け贄にされる雄牛（ギリシア）

い。『申命記』は、このことを次のように述べる。

主がホレブで火の中から語られた日、あなたたちは何の形も見なかった。堕落して、自分のためにいかなる形の像も造ってはならない。男や女の形も、地上のいかなる獣の形も、空を飛ぶ翼のあるいかなる鳥の形も、地上を這ういかなる動物の形も、地下の海に住むいかなる魚の形も。また目を上げて天を仰ぎ、太陽、月、星といった天の万象を見て、これらに惑わされ、ひれ伏し仕えてはならない。（『申命記』四、一五―一九）

これに対して隣邦諸国からもたらされた多神教は、土着的な農耕祭儀と結びついていた。聖書では、黄金の子牛であれ、その後に導入されるバール神であれ、偶像を信仰する行為に対して常に「姦淫」という言葉を用いている。

なぜ偶像礼拝に生々しい「姦淫」という言葉が

使われたのか。それは、この偶像礼拝があらゆる農耕祭儀と同じようにバッコス的であり、多産な神との神聖な交わりを成就する性的なオルギアだったからである。

オーストリアの作曲家、シェーンベルク（一八七四―一九五一）は、『モーセとアロン』というオペラを書いているが、そのなかで裸体の処女が一人、ついで四人の裸女が黄金の子牛にからみついて次のように歌う。

おお、神々よ、あなたがたの祭司たちを魅惑し、私たちを恍惚とさせ、最初にして最後の快楽に赴かせ、私たちのこの冷たい血を熱し、冷たい黄金に触れれば、はじけて飛び散るほどに熱くさせて下さい。真紅の黄金の子牛よ！

その後、祭司たちが四人の裸女に襲いかかり、彼女たちを貪り吸う。それから、裸女の喉元を締め上げ、包丁を心臓めがけて突き刺す。血の生け贄が終わると、群集の凶暴な踊りが始まり、裸の若者たちが女たちと黄金の子牛の生殖の力をたたえながら、愛欲にふける。

シェーンベルクは、モーセが強行に反対した「黄金の子牛をめぐる踊り」を音楽化したわけだが、性的乱舞を伴う狂騒も後にやわらげられたといわれる。しかし、この風習は、神殿奉仕奴隷の売春として残り、エルサレム神殿にさえ奉仕売春婦がいたことが実証されている。

ユダヤにおける一神教と多神教の対立は、牧畜と農耕という生活基盤の対立でもあった。ドイツの社会学者、マックス・ウェーバー（一八六四―一九二〇）は、この対立を南と北の生活基盤の相違に求め、多神教を奉じた北王国は定住する農耕部族であったが、一神教を守った南王国は山地に住む半遊牧部族で構成されていたことをあげている。

北王国の農耕部族は、黄金の子牛やバール神といった多産の神や大地の神と結びつきやすかった。これに対して半遊牧諸部族で構成されている南王国では、諸部族を統合する具体的な決め手がなく、そのため抽象的な神格であるヤハウェを前面に押し出し、この連合戦争神のもとで軍事的な結束を計らざるをえなかった。そこから律法を守り、倫理性の強い使命予言が旧約聖書で隆盛になったとマックス・ウェーバーは述べている。

荒野をさまよい歩いたイスラエル民族が隣邦諸国に比べ、文化的にも経済的にも劣悪な条件を生きていたことは確かである。カナンを征服し、そこに定住を重ねる過程で、イスラエル民族が高度な農耕文化を取り入れ、その文化に付帯する爛熟した異質の要素に誘惑されたことも確かだろう。

農耕文化をいち早く取り入れた北の諸部族が荒野の倫理を忘れ、豊穣な大地と結びついた多産の神々にくら替えしていく過程は、ヤハウェとの契約を信じ、連合戦争神のもとで誓約共同体を維持していこうとする南の諸部族にとっては、はなはだしい裏切り行為と映ったにちがいない。彼らが偶像礼拝に大いなる「姦淫」を見たのも理由のないことではない。

黄金の子牛は農耕民族に豊穣をもたらす多産のシンボルだったのである。

インドの牝牛

ケルトやユダヤ民族では雄牛が活躍したが、インドでは牝牛のほうが珍重された。これは古代に限らない。テレビでときどき放映されるインドの風景などを見ていると、今でも牛が我が物顔に都会や田舎をのし歩いている。インドではどうしてこうまで牛が大切にされるのだろう。

小谷汪之著『ラーム神話と牝牛』を読んで、その疑問が解けた。小谷氏によれば、「牛の犠牲祭」をめぐるヒンズー教徒とイスラム教徒との宗教戦争は、十九世紀中葉までさかのぼれるという。ヒンズー教徒は、祖霊祭（シュラッダー）に死者の供養に牝牛を献じるが、その場合、奉献牛はどこへでも行けるように自由に放してやるのが習わしであった。

これに対して、イスラム教にもイード・アルアドハーという犠牲祭がある。犠牲祭の終わりはメッカ巡礼の最後の日に当たり、巡礼者たちはカーバの神殿にラクダや羊を生け贄に捧げる。これに合わせて、世界中のイスラム教徒が動物を生け贄に捧げることを慣例としていた。インドではとくに牛を生け贄にすることが多く、イスラム教徒のこの祭はバカル・イード（牛の犠牲祭）と呼ばれていたという。

つまり、ヒンズー教徒は奉献牛を殺さず放してやるが、イスラム教徒は生け贄として殺してしまう。このためインドではあちこちで牛の屠殺をめぐってヒンズー教徒とイスラム教徒との間で小競り合いが演じられた。

この宗教戦争にイギリスの植民地統治がさらに複雑に絡んでくる。イギリス人は肉食主義者だから、当然牛を殺して食べる。ヒンズー教徒はこれに反発し、反発することで自らのアイデンティティを確立していく。このヒンズー・アイデンティティの形成過程で牝牛はますますシンボルとして理想化され、聖牛に昇華していく。

事実、小谷氏は、ガンジーの次の言葉を引用して、袋小路に追い込まれた民族紛争の解決に牝牛保護の問題がいかに重要であったかを語っている。とくに叙事詩『ラーマーヤナ』の舞台である聖地アヨーディヤーでは、暴動が十九世紀以来たびたび繰り返され、多数の死者を出していたからである。

私は牝牛保護の問題をスワラージ（独立）の問題にも劣らない、それどころか、ある点ではそれ以上に重大な問題であると考える。我々が牝牛を救う方策を考え出さない限り、スワラージという言葉は意味を失ってしまう。牝牛保護の問題は、本当のスワラージが達成されるに先立ってヒンズー教徒がその真価を試される試金石だからである。

ヒンズー教徒にとって、どうして牝牛がそれほど大切な動物だったのだろう。インド最古の宗教文献『リグ・ヴェーダ』にその答えがある。

牝牛たちはバガ（幸運の神）のごとく、牝牛たちはインドラのごとくわれに見えたり。牝牛たちは最初のソーマ（神酒）の一飲みのごとくに。これらの牝牛、そは人々よ、インドラなり。

心を持ちて、意を持ちて、われはインドラを熱望す。
汝らは、牝牛よ、痩せたる者をも肥満ならしむ。醜き者をも美貌ならしむ。汝らは家を幸多からしむ。幸多き声もつものたちよ。汝らの高大なる活力は集会において称賛される。（辻直四郎訳）

引用文は『リグ・ヴェーダ』にある「牝牛を祝福する歌」から取ったものである。この歌の後に「牝牛の安全を祈る歌」、「逃亡した牝牛を引き返させるための歌」が続く。歌われているのはいずれも牝牛である。

牝牛はヒンズー教の最高神で武勇の神インドラに保護されていた。それだけでなく、インドラそのものが牝牛にたとえられ、安全と幸運と増殖を祈願されていた。『リグ・ヴェーダ』中の「インドラの出生」では、インドラだけでなく、インドラの父も母も牝牛にたとえられている。

若き牝牛（インドラの母）は強力にして、牝牛（インドラの父）を興奮せしめ、冒すべからざる牝牛、猛烈なるインドラを生めり。

インドラの母ならともかく、男神であるインドラやインドラの父まで牝牛にたとえられているのだから、よほど牝牛は珍重されていたのだろう。だからといって雄牛がないがしろにされていたわけではない。シヴァ神の乗り物であったナンディンは雄牛で、「幸せなもの」という意味である。

牛

牝牛はインドラだけが独占しているわけではない。インドラが誕生する以前の宇宙創成神話でもミルクやバターが供物や天地創造の重要なファクターとして使われている。ミルクやバターは牝牛の乳から搾り出されたものである。

乳海攪拌という神話がある。ヴィシュヌ神がマンダラ山を棒にして乳海を掻き回し、そこから不死の飲料アムリタ（甘露）と豊穣の女神シュリー（吉祥）が生まれたという神話である。

広大な海が塩水でなく、ミルクを満面にたたえた乳海。このイメージはそれだけでも楽しく豊かな気持ちにさせられるが、この乳海を宇宙軸である山を棒にして掻き回す壮大な発想は、明らかにミルクからバターを作っていた加工過程をヒントにしたものだろう。

事実、『リグ・ヴェーダ』中の「プルシャの歌」ではバターが供物に使われている。

神々がプルシャを祭供にして祭儀を行ったとき、春はバター（祭儀の）に、夏は薪に、秋は供物になった。

完全に行われたこの祭儀からまだら模様の脂肪が搾り出された。この脂肪から空飛ぶ獣、砂漠の獣、村で飼われる獣が作られた。

プルシャというのは人間を意味する日常語で、宇宙創成神話では普通「原人」と訳される。宇宙に始めて現われた人間がプルシャで、『リグ・ヴェーダ』ではこのプルシャが最初の供物として神に捧げられる。

この供物からいろいろなものが生まれる。プルシャの口から祭官階級が、両腕から武人階級が、両腿から職人階級が、両足から細民階級が生まれる。インドにカースト制度が生き残っているのは、不幸なことに『リグ・ヴェーダ』のこの記述によっている。また、プルシャの意識から月が、目から太陽が、へそから大気が生まれる。

上の引用文ではバターと並んで、まだら模様の脂肪からあらゆる獣が生まれたとある。この脂肪はプルシャの脂肪だが、バターになるまだら模様の牝牛の脂肪が想定されていることは間違いない。

実際、バラモン（祭官階級）が執り行うヴェーダの祭儀では、『リグ・ヴェーダ』で語られているプルシャの祭儀を復元するかのように牝牛の乳とバターが神に捧げる供物になった。とくに精製されたバターは、供儀の火の上に注がれる大事な供物であった。牝牛は、バラモンにとってなくてはならない祭供、バラモンの富を象徴していたのである。

だから、インドでは肉食を断つ風習はバラモンだけのものだった。他の階級、例えば細民階級などは牛肉を食べていたのである。バラモンであっても、たまたま肉を口にした不敬なやからは細民階級に落とされた。

しかし、ヒンズー・アイデンティティが確立されて行くにつれて、肉食を断つ風習はインド全土に広がっていったようである。牛が我が物顔にのし歩いている光景は、奉献牛に対する根強い民間信仰がプルシャの宇宙創成神話以来、脈々と受け継がれていたからなのである。

狼は野生の象徴から聖獣に変身する

北欧神話の狼と巨人族

北欧神話には、神々に敵対する種族として巨人族が登場する。神族と巨人族との死闘は、北欧神話の根幹をなすテーマである。アース神族の神々とこの巨人族との争いをドラマティックに描いた神話集に、スノリ・ストルルソン（一一七八―一二四一）の『ギュルヴィたぶらかし』がある。

ここでは、その巨人族の出自にさかのぼってみたいが、本章であつかう狼が重要な役割を演じている。

『ギュルヴィたぶらかし』によれば、人間の住む世界であるミズガルズの東、イアールンヴィズという森に老婆の女巨人が住んでいた。この女巨人は、たくさんの巨人を生んだが、彼らはことごとく狼の姿をしていたという。なかでもスコルという狼は太陽を追いかけ回した。ハティという狼は月をつかまえようとした。太陽と月の運行が早いのはそのせいだという。これが巨人族で狼のフェンリル一族である。

アース神族の神々は、家で狼を飼っていたが、最高神オーディンにつぐ第二の地位の大神で、司法の神であるチュールだけが狼に餌をやる勇気をもっていた。

神々は狼が災いをもたらすことを恐れ、足かせをはめて力を試してみようと決める。二度狼に鉄の足かせをかけさせた。狼はその都度体をゆすって、足かせをバラバラに壊してしまう。そこで神々は、絹紐のように柔らかくて強い足かせを作り、狼を縛りつけようとした。気の進まない狼は、自分の口の中に片手を入れる者がいたら、足かせを付けてやってもいいと交換条件を示す。誰も手を出そうとしなかった。とうとう最後にチュールが右手を出して、狼の口の中に手を入れた。足かせを付けられた狼は、暴れれば暴れるほど、ひもが体にくいこんでくる。おかげでチュールは手を失った。

狼がチュールの手を噛み切る

チュールは、狼に餌をやり、自分の手を狼の口に入れるほどに狼を信じていたのに、狼は右手を噛み切った。狼が神々に提示した条件は、いわば契約のようなものだろう。契約は、法の根幹をなすものであり、一方が裏切れば破綻する。

狼は、司法神チュールの右手を嚙み切った以上、神々の法を侵した無法の種族ということになり、世界の終わりが来て、巨人族が決起するまで足かせにつながれたまま横たわっていなければならなくなる。

その間、巨人族のなかで活躍するのがロキである。彼は容貌は美しいのだが、ひねくれ者で、アース神の仲間でありながら、アース神の中傷者、あらゆる嘘の張本人と呼ばれている。ロキは、巨人ファールバウティの息子で、女巨人アングルボザとの間に、狼のフェンリスウールヴ、大蛇のミズガルズ、冥界の王ヘルという三人の子供をつくっている。ロキは、アース神族の仲間に入りながら、巨人族の子であり、狼の子を産ませたのだから、元をただせば狼なのだ。

あるとき、アース神族は、自分たちの神々しい宮居ヴァルハラを造営することに決めた。一人の鍛冶屋（巨人族）がやってきて、難攻不落の砦を一年半で造って見せる。その報酬として、性愛を司る豊饒の女神のフレイヤと、太陽と、月とが欲しいと申し出て、神々は承諾した。鍛冶屋は、馬の助けを借りて工事を約束通り進めた。不安に駆られた神々は、フレイヤをもらいたいなどと鍛冶屋をそそのかしたのはロキに違いないと彼に詰め寄った。ロキは怖くなって破談に持ち込むと誓った。旅から戻った軍神トールは、ことの次第を知って鍛冶屋の頭を槌で粉々に打ち砕く。

ロキの二番目の悪巧みはバルドル殺しである。バルドルは主神オーディンの息子で、光の神と呼ばれていた。ある日、バルドルは不吉な夢を見る。それを聞いた神々は、バルドルに指一本触れてはならぬとあらゆるものに誓わせた。その後で神々は、試しにバルドルを的に矢を射たり石を投げてみた。彼は傷ひとつ負わなかった。ロキは気にくわなかった。ロキは盲のヘズをそそのかして、バルドルの立っているところを教えてやるから矢で狙ってみろと耳打ちする。ヘズもまたオーディンの息子であり、盲目だからと一度は断ったが、誘いに乗り矢を射ると、矢は命中してバルドルは命を落とす。神々は怒りに燃えて復讐を誓う。ロキは山に身を隠す。しかし、軍神トールに追いつめられて捕らえられ、神々の終末まで縛りつけられることになる。

こうして「神々の黄昏」(ラグナレク)が訪れる。六年の間、世界は冬一色になる。その間、夏は一度も訪れない。地上は戦火に包まれ、人殺しや姦淫が大手を振ってまかり通るようになる。やがて決定的な狼の反乱が始まる。

ある狼が太陽を呑み込むと、別の狼が月に飛びかかる。星々が天から落ち、大地が揺れ、山が崩れる。すべての足かせがはずれて、フェンリル一族は自由の身になる。海は荒れ、ミズガルズ蛇が上陸して狼の一団に加わる。冥界の王ヘルも加わる。ロキが狼軍団の先頭に立っている。

神々はようやく目を覚ます。戦闘が始まる。オーディンは狼に食い殺される。トールはミズガルズ蛇と相打ちになる。ロキも、アース神族の大神で、人類の創始者のヘイムダルと戦って相打ちになる。天地が焼け、神々も人々も狼も残らず死に絶える。主神オーディンの二人の息子と軍神トールの二人の子供だけが生き残る。

お分かりのように、ここでは神々と巨人族との対立が描かれている。巨人族は、ロキのように神々と同じ姿をしている場合もあれば、ロキの息子のフェンリスウールヴのように狼として生まれて来る場合もある。

また、ヨーツンヘイムには、本物の巨人族が住んでいる。狼は動物であったり神であったり巨人族であったりするが、元を正せば、狼であることに変わりはない。世界は、依然として未分化の状態にある。

この状態は、ギリシア神話のティタン族（巨人族）と神々との対立に比較できよう。ティタン族はウラノス（天）とガイア（地）の息子たちだが、ウラノスの生殖器を息子のクロノスが切り取った後、この巨人族は、至高の権力をめぐってクロノスの息子ゼウスと争奪戦を繰り広げる。ゼウスは、クロノスを鎖でつなぎ、ティタン族を破って神々の世界の覇権を握る。

ギリシア神話では神々と巨人族との対立が父と子の世代間の対立に集約されている。北欧神話では対立の期間がはるかに長い。期間が長いだけ単なる対立ではすまない共存関係も生まれる。神々が狼を家で飼っているのも、ロキがアース神族の一員に加えられているのも、巨人族の鍛冶屋がヴァルハラの造営を神々に申し出るのも、この共存関係の表われだろう。

しかし、狼がチュールの右手を食いちぎったことで、みかけの共存関係が崩れてそこから対立の炎が少しずつあぶり出されてくる。チュールは信義を重んじる司法の神だから、彼が片手を失ったのは無法がはびこる前兆でもあるわけだ。事実、ロキは、ヴァルハラ造営とバルドル殺しに悪知恵を発揮する。アース神族にとって、死活の問題である居住権と相続権に巨人族が横槍を入れているわけだ。この二つの権利に致命傷を与えれば、アース神族のよって立つ基盤は崩れ去る。しかも、巨人族は、光の神バルドルを殺したことで、オーディン以後の神々の世界に決定的な打撃を与えたことになる。光の世界は闇の世界に一変する。狼の時代がやって来たのだ。

ラグナレク（「神々の黄昏」の意）での戦いは、文字通り死闘と呼ぶにふさわしい。ギリシアの最高神ゼウスや、メソポタミアの主神マルドゥクが前世代の怪物たちを破って覇権を握るのとはわけが違う。主神オーディンは狼に食い殺され、軍神トールは相打ちで死ぬ。狼の凶暴性、無法性が、ありきたりな勧善懲悪、予定調和的な筋立てを粉砕してドラマに迫真力を与えている。

頼もしいゼウスやマルドゥクと違って、オーディンとトールの弱々しい四人の子供たちだけが生き残る。それは、ラグナレク以後の不安定な世界を象徴しているだけでなく、ラグナレクそのものに、他の神話とは違った真実味を加えることになる。

ギリシア神話の狼と人肉食

次に、ギリシア人は狼に対してどのようなイメージを持っていたのだろうか。ギリシア神話を眺めてみよう。

ペロポネソス半島中部のアルカディアに、リュカオンという王がいた。この王様はゼウス・リュカイオス（「狼のゼウス」の意）の信奉者だった。リュカオンは、あるとき、娘カリストの子で、孫のアルカスを生け贄に捧げた。怒ったゼウスは、リュカオンを狼に変え、家を焼き払い、アルカスをよみがえらせた。アルカスは、ゼウスとカリストの子だからである。

また、リュカオンの息子たちは倣岸だった。ゼウスが旅人になって彼らの家を訪れると、食卓に出されたのは臓腑の入ったスープだった。その臓腑は末弟のニュクティモスのもので、ゼウスはこれを見破り、兄弟全員を狼に変え、ニュクティモスをよみがえらせた。

オリュンポスに帰ったゼウスは怒りがおさまらず、人類を根絶やしにしようとして地上に大洪水を起こした。これがデウカリオンの大洪水の話である。

ギリシア語で狼のことをリュコス（lykos）という。リュカオンは、リュコスから派生した名称である。ゼウスの添え名のリュカイオスは「狼の姿をした」という付加形容詞で、ゼウス・リュカイオスは、人身御供を要求する神だったようだ。この祭式に参加した人々は、生け贄にされた人肉を食べて狼となり、九年間、人肉を口にしなければ、また人間に戻れたとされる。この、九年間という期間が意味深長である。人間に戻りたいのは当たり前のことだろうから、普通なら人肉に手を出すはずはない。手を出せる周りの状況なり習慣が日常化していたからこそ、九年間という長期間の禁忌が設定されたのだろう。

また、アルカディアのリュカオン王は、リュカイオン山のそばにリュコスラという町を造ったが、この町は世界で最も古い都市だったというパウサニアスの記述がある。（『ギリシア案内記』八、三八）アルカディアは、ギリシアの古層に属する地域で、狼と縁があったこと、食人肉の古い習慣を残していたことがお分かりいただけよう。それではなぜ、人身御供を要求するゼウス・リュカイオスは怒って、リュカオン王を狼に変え、大洪水まで起こしたのか。息子たちならいざ知らず、リュカオン王は、アルカディアにゼウス・リュカイオスの信仰を広めた善王で、孫を生け贄に捧げる行為は、見方を変えれば、息子イサクを生け贄としたアブラハムや、娘を生け贄にしようとしたアガメムノンの行為に匹敵しよう。

ギリシアには食人肉を扱った神話としてタンタロスにまつわる別の話がある。タンタロスはゼウスの親友であったが、ゼウスの力を試そうとして神々を饗宴に招待し、息子のペロプスを切り刻んで料理に出したところ、娘を失って悲嘆に暮れていたデメテルだけが誤って食べてしまったという話である。この話に狼は登場しない。それを除けばリュカオン二世の饗宴の話と驚くほど似ている。

この話にちなんで、オスコポリア祭では、年々の聖王がタンタロスに擬せられてスケープゴートとして川に投げこまれた。

また、ギリシア文明の高揚期まで人身御供が続いたとされるタルゲリア祭に、アテナイでは二人の醜悪な人物が選ばれてスケープゴートとして町から追放されたという。人身御供や食人肉の習慣には、清めや贖罪の儀式がつきものだったことがこの二つの事例から分かる。

リュカオン父子の神話も、人身御供や食人肉の習性を絶とうとする、清めの物語だったのだろう。上の二つの事例と違う点は、スケープゴートにされる人間が本人か代理人かの違いだけである。リュカオン父子の話には狼がからむ。人身御供を要求する神も狼なら、生け贄を捧げる人間も狼に変えられる。狼は代表的な肉食獣である。人肉を要求するゼウスにリュカイオスという添え名がつけられたのも、人を殺して人肉のスープをふるまったリュカイオス父子がスケープゴートとして狼に変えられたのも、狼の象徴性を考慮に入れればある面で当然なわけだ。

しかし、別の視点から人身御供を考えることもできる。アルカディアの住民は樫の木、植物の信奉者でもあった。ゼウスは「狼のゼウス」であると同時に「緑のゼウス」である。「狼のゼウス」に人身御供をする住民たちは、見返りに「緑のゼウス」から植物の豊穣を期待する。しかし、神のためとはいえ人を殺し、人を食べるのはいずれにしても悪である。だから、その贖罪に住民の誰かが狼になってスケープゴートとして追放される。まして住民の間に悪の意識が強まれば、一介の住民を血祭りにするだけではすまなくなる。最終的には王を人身御供にするか贖罪の狼として追放せざるをえない。最高責任者の王がいなくなれば、おのずから悪習もすたれていく。それは、時代の流れであったろう。

ゼウス・リュカイオスの信仰は、アルカディアで人身御供や食人肉の習慣がすたれていくに連れて自然消滅していったにちがいない。いずれにせよ、デウカリオンの大洪水が大がかりな清めの儀式であったことだけは間違いない。

ローマの狼と建国神話

狼のイメージは、北欧神話では無法者で神々の反逆者、ギリシア神話では人身御供や人肉食とかからむことを見てきたが、ローマの建国神話ではがらりと様子が変る。

ローマを建国したのは、トロイから入植したアエネアスということになっていて、そのいきさつ

ロムルスとレムスに授乳する狼

は、ウェルギリウスの叙事詩『アエネイス』に詳しい。アエネアスから数世代続いた後、アルバ・ロンガの王位継承権が、兄弟のヌミトルとアムリウスの間で争われる。ちなみに、アルバ・ロンガは、ローマがラテン諸都市の覇権を握るまで、中心的位置を占めていたのだ。争いでは、結局、弟のアムリウスが王位についた。アムリウスは、ヌミトルの娘レア・シルウィアが子供を生むのを恐れて、彼女をウェスタの巫女にする。巫女は処女を通すことが義務づけられていたからである。ところが、彼女は妊娠していて、二人の子供を生み落とす。王は不安になって、子供を棄てて来いと召使いに命じる。召使いは、川岸に二人の子供を置き去りにする。岸辺には一本のイチジクの木が生えていた。そこに牝狼がやってくる。牝狼は二人の子供に乳を飲ませ、キツツキも狼を助けて食物を運んだといわれる。シルウィアは、子供たちの父親が軍神マルスであることを打ち明ける。子供たちの名前はロムルスとレムスといった。その後、二人はアムリウスの豚飼いに育てられる。成長するにつれ、二人はめきめきと頭角をあらわすようになる。

　豚飼いの養父が出生の秘密を明かさざるをえない事件が持ち上がる。祖父のヌミトルの牛飼いとアムリウスの牛飼いが喧嘩を始め、ヌミトル側が勝ってレムスは生け捕りにされる。養父は、祖父と孫の対立を解こうとしてヌミトルと二人の子供に事実を打ち明ける。真相を知ったロムルスとレムスは、力を合わせてアムリウスを打ち、ヌミトルをアルバ・ロンガの王位に据える。二人はアルバ・ロンガを出て、ロムルスのほうはパラティヌム丘に、レムスのほうはアウェンティヌス丘に都市建設を企てる。鳥占いでどちらにするか決着をつけることになった。この鳥占いの可否をめぐって二人の間にいさかいが生じる。最後にレムスはロムルス自身かロムルスの味方のひとりに殺されたといわれる。ロムルスはレムスを葬った後、ローマの都市建設に着手する。

以上が、プルタルコス(四六頃―一二〇頃)が述べているローマの建国神話の概要である。ここでは北欧神話やギリシア神話とがらりと変わって、狼が聖獣として扱われている。なぜそうなるのか。

北欧やギリシアでは荒々しい自然の脅威が巨人族や狼に仮託され、辺境に押しやられるように外在化されて描かれていた。その荒々しい自然の力が今度は逆に中心の建国神話に取り込まれ内在化されてよみがえる。建国の英雄は、凡百の人間と違って荒々しい自然に打ち勝つだけの雄々しい力を持たねばならない。そのためには、誕生のときから荒々しい自然を象徴する聖獣に育てられるのが一番よい。牝狼の乳は、非力な人間、弱々しい文明に注入された野生の力を象徴しよう。

キツツキは軍神で農業神マルスの聖鳥である。そのキツツキが夫婦のように狼を助け、牝狼をつつく。シルウィアの処女懐胎は、自然(狼)と神(聖鳥キツツキ、マルス)との聖婚に支えられている。北欧神話のラグナレクのような自然（巨人族、狼）と神々との対立はなく、両者が手を取り合って雄々しい芽を育てようとしている。そこから生まれる子供たちは、イチジクが示しているように豊穣そのものである。イチジクは、ギリシア以来豊穣のシンボルである。

また、この建国神話には、フランスの比較神話学者、デュメジル（一八九八―一九八六）を始め、多くの学者が指摘しているように「聖春」の祭儀が関係している。これはサビニ人の祭儀で、彼らは戦争や飢饉、人口の増加などの非常時に春の初穂を神に捧げ、若者たちは、武装できる年齢に達すると、故郷を離れ、新天地に入植することを義務づけられていた。

飢饉や災禍に悩む古代イタリアで、聖春の祭儀は他の部族にも伝播した。アボリゲネス人は、ウンブリア人との長い戦争に疲れ、雄牛の先導で南西部のカンパニアに入植し、それから定住民を追い出し、雄牛を軍神マルスに捧げた。こうしてサムニウム人が誕生した。また、マルス神の民、サビニ人は、アオゲラ（picus）の先導でピケヌムに移住し、ピケヌム人になった。さらに、メッシナに辿りついたサムニウム人は、マメルス神（マルス神）の名前を取ってマメルティニ人になった。

この場合、雄牛やアオゲラが民を先導しているが、狼を頭に戴く部族も多い。ヒルピニ人の語源は、サビニ語で狼を意味するヒルプス（hirpus）である。ルカニア人の語源は指導者のルキウスから取ったものだが、彼は「狼のアポロン」と名乗っていた。

新天地に入植すれば、どうしても心の支えに自分たちの起源神話が欲しくなる。ローマの建国神話には、二つの入植の話が入っている。前半のトロイア人の入植と後半のアルバを離れて新天地に都市を切り開く兄弟の入植の話である。さらに軍神マルスの介入や狼、キツツキといったトーテム動物の活躍も「聖春」の祭儀との関わりをなるほどそうだと思わせてくれるのである。

中央アジアの狼と建国神話　チンギス・ハーンは蒼き狼の末裔

トルコ・モンゴル民族には狼伝説が多い。中央アジアの狼は、ローマの狼に勝るとも劣らぬ神聖な動物なのだ。チンギス・ハーンの聖性を源流にさかのぼって、『モンゴル秘史』(村上正二訳)では冒頭にこう述べる。

上天からのさだめによって、この世に生まれ出た蒼い狼があった。その妻は白い牝鹿であった。オナン河の源のブルカン岳に住まいして、生まれたバタチカンという名の子があった。

バタチカンから数えて十代目にドブン・メルゲンという人物がいた。妻のアラン・コアは夫の死後、三人の子を生んだ。上の二人の子が不信に思って、母に問いただすと彼女はこう答えたという。夜ごとに光る黄色の人が入ってきて自分の腹をさすり、腹の中にしみ通った。そして、出て行くときは日月の光線に沿って黄色い犬のように出て行ったのだと。こうして生まれた三人の子のうち、末っ子のボドンチャルがボルジギン氏族の始祖になり、チンギス・ハーンは、このボルジギン氏族に属している。

もう少しトルコ・モンゴル民族の狼伝説を列挙してみよう。護雅夫の労作『古代トルコ民族史研究』によれば、突厥王朝の創始者、阿史那氏の始祖神話はこうである。突厥は隣国との戦争に敗れ全滅する。が、一人の少年が湿原に棄てられ、牝狼に育てられる。成長して狼と交わり、狼は懐妊する。隣国の王は、少年を殺そうとして一緒にいた狼も追い回す。狼は山の洞窟に逃げこむ。そこで牝狼は十人の男の子を生む。その一人が阿史那である。

高車の始祖伝説でも単于の娘が天から降った老狼の妻となって子供を生み、国を形成している。さらに、テュルク族には狼頭の神がいたという護雅夫の指摘がある。

このように、トルコ・モンゴル民族の始祖伝説では、狼は天と深い関係がある。この点がローマの建国神話と異なる。「蒼き狼」の蒼い（ボルテ）という言葉は、フィンランド人で、比較神話学の大家、ウノ・ハルヴァ（一八八二―一九四九）によれば、天空神テングリに使われる聖なる形容詞である。アラン・コアの感生神話でも天から降った黄色い犬のような光は、狼と見まがう天上の光である。突厥の牝狼にしてもローマの牝狼と似ているが、単なる授乳を通り超して、人間の子を孕み、その役割は重みを増している。これに狼頭の神まで加えれば、中央アジアの狼は聖獣として一段と高い位置に格上げされている。

チンギス・ハーン

突厥の軍旗には、自分たちの始祖伝説を忘れないように、黄金色の狼頭の絵が描かれていた。突厥の王（ハーン）は、エトゥケン聖山に建てた宮

居の門前にこの狼頭の軍旗を飾っていたという。(『トルコ・モンゴル族の宗教』、ジャン・ポール＝ルー)

古代イタリアで、「聖春」の祭儀を採り入れた諸民族の移植の話には、軍神マルスとトーテム動物がからんでいる。うまく定住すると、トーテム動物は軍神マルスに捧げられる。ヒルピニ人やルカニア人が狼をマルス神に捧げたかどうかは知らないが、狼に先導されていたことだけは確かである。ローマでは、処女懐胎したシルウィアを仮の母胎と考えれば、牝狼が軍神マルスの妻のような役割を演じている。生まれる子供たちが牝狼と軍神マルスに象徴される戦士のような人間に育ってくれればと願っているわけだ。

ルーマニアの生んだ世界的宗教学者、ミルチャ・エリアーデ(一九〇七―一九八六)は、『ダーキア人と狼』のなかで、狼を頭に戴く戦士軍団が、もっと大規模な狼という名の民族へ成長していく過程を検討している。ダーキア人は「ダオイ」(狼)が語源である。スキュティア人もダオイの名を帯びていた。イランにも狼名の遊牧民族がいたという。

こうなると狼は、ヨーロッパから中央アジアまで、戦う聖獣として広く分布していたことになる。そこには緩やかながら、緊密な影響関係があったのかもしれない。ましてチンギス・ハーンは世界に冠たる征服王、偉大なる戦士である。モンゴル人がこの戦う英雄を蒼き狼、天の狼と呼びたくなるのはもっともなことなのである。

卵は宇宙創世の謎を解くシンボル

チベットの卵に始祖伝説を探る

卵が先か鶏が先かという話がある。しかし、宇宙創世神話に関しては、卵のほうが断然先である。それも何の卵か分からないほど、鶏はすっかり影を潜めている。もともと創世神話というのは、家畜の風習が定着する以前の伝説なのだから、当然といえば当然の話である。

チベットでは、卵の起源伝説が古代の祭文や叙事詩に残っている。チベット研究の第一人者スタン（一九一一―　）が採集している大氏族ラン氏の系譜の冒頭はこうである。『ラン・ポティセル』という未公刊の原典から取られたものである。

原初の五大のエキスから一個の卵が作られた。外側の殻から天の神々の白い岩が生まれ、内側の液体からほらがい色の白い湖が形成され、中心の粘液性の部分からあらゆる生物が現れる。卵のこの柔らかい部分は十八の卵になり、中央のひとつがほらがい色の卵になる。

これは手足も感官もない無形の人間であるが、思考力はそなわっている。その誓願によって感覚器官が生じ、彼は立派な若者、イエムンないしサンポ・ブムティ王となる。王妃によって彼は一人の息子をうる。

その後数世代を経ると、神々の世代になり、そのうちの一人オデ・グンゲルが地上に降り立って王朝の祖となる。二世代を経てティンゲが現れ、大国（チベット、シナ、ホル）の先祖たちの時代となる。次いで古い氏族の時代が訪れ、そのひとつがラン氏のはじまりになる。

（『チベットの文化』、山口瑞鳳他訳）

ラン氏はカギュ派の大本山であるデンサティル僧院の支配者である。チベットの国家が最初に結実したヤルルン地方の大氏族で、十四世紀後半から十六世紀まで王家としてチベットに君臨した。

スタンの『チベットの文化』から卵の起源神話をもう少し拾い出してみる。ボン教の作品『ナーガの物語集』に出てくる話である。

原初から白と黒の二条の光が発し、白い光のほうから光り輝く卵が現われ、白い男が生まれる。彼は宇宙を支配し、時間を統括する命令者になる。いわゆる善玉で、太陽と月を分離させ、太陽に熱を吹き込んで世界に幸福をもたらす男である。

黒い光のほうから芥子菜のつぶのような黒い卵が現われ、黒い男が生まれる。彼の名は「黒い地獄」で、悪魔を作り、争いや不和を創造する。

イギリスのチベット学者、スネルグローヴ（一九二〇— ）が引用している祭文でも悪魔は卵から生まれている。

その卵が割れて、卵殻は悪魔の国土となった。外側の卵殻膜は八一の凶兆と三六〇の害悪となった。卵白が地に滴って、四〇四種の病気が生まれた。卵黄は三六〇の魔族になった。
（『チベット文化史』、スネルグローヴ／リチャードソン、奥山直司訳）

また、ある叙事詩によれば、二羽の鳥がいて、その巣に一八個の卵があり、白、黄、青の卵がそれぞれ六つずつあった（世界の三階層、神々の三階層を示す）。中央の六つの卵から人間が生まれる。同時に三柱の鍛冶神も現われる。鍛冶神は、それぞれ天、地、地下の三王国に所属している。人間と三柱の鍛冶神は力を合わせて卵の加工に取りかかる。残念ながら、卵の話は、そこで中絶している。

ボン教の聖典である『十万龍』のクル一族（龍族）も卵から生まれている。チベットの大叙事詩『ケサル物語』に登場する主人公ケサルもある異文ではそうなのだから、チベットには卵の起源伝説が氾濫しているといってよい。

おそらくこうした伝説はインドから伝播したものだろうが、他の国と比べてチベットが最も卵に執着しているところが面白い。カギュ派のタントラ詩人ミラレパ（一〇四〇—一一二三）が歌っているように、岩肌のそそり立つ孤絶した高地が宇宙卵のイメージを育む風土だったのだろうか。

わが身の上に語るべきことはなけれど、われは鳥の王者、荒鷲のその息子。卵の中にありて、わが翼のすべてひらきてありしよりこのかた、幼児期の幾年を巣の中にて過ごし、青春期は巣の戸口を守りて果つ。一度大鷲となりたる今、天の頂きを超え、果てなき空もよろめかず、狭き地上に恐るるぞなき。（『チベットの文化』）

インドの卵＝ブラフマーの卵に見る混沌と梵界

インドの宇宙創世神話は、第一期と第二期に分かれ、哲学的でなかなか複雑である。ブラフマーの卵は、この移行期に登場する。

ブラフマーの卵が誕生するまでの第一期の創世神話を簡単に要約すると、初めにプルシャ（原人＝最高我＝純粋精神）が現われる。同時に未開展の状態にあった自然がプルシャに触発されて開展を始める。開展を促すのは、宇宙を構成する三要素、「ラジャス」（激質）、「サットヴァ」（純質）、「タマス」（暗質）である。

こうしてプルシャは大アートマン（大我）に変容する。大アートマンとは、個人の感情を超えた我のことで、プルシャを継承した純粋精神原理のことである。続いて、大アートマンがアハンカーラ（自我意識）に変わる。アハンカーラとは一種の宇宙我のことで、宇宙の三構成要素から人間の肉体や知覚器官、感覚器官を作り上げていく。

こうしてブラフマーの卵ができあがる。ブラフマーとは、ラジャス、サットヴァ、タマスを内在化させた三神一体の創造主で、根源的な一者である。彼は、非常に長い時間を意味する「マハーカルパ」(大劫)の時代を作りあげる。この時代にプルシャはブラフマーと名乗りはじめる。純粋精神であったプルシャが創造主として根源的かつ具体的に示現したからである。

ブラフマーの卵には世界が宿り、プルシャ=ブラフマーは卵の中心に住んでいたといわれる。だが、この卵は孵化しない。これで第一期の宇宙創世神話は終わる。


第二期の宇宙創世神話は、別の話で始まる。ナーラーヤナが大洋に浮かぶ蓮華の上で目を覚ます。すると、彼はブラフマーになっている。ブラフマーは、イノシシに変身して大洋にもぐり、水底に沈んでいた大地と祭供を立て直す。ブラフマーは、創造活動を開始する。

最初に創るのが「アビドヤー」(無明)である。アビドヤーとは、すべての被造物が生まれ出る母胎のようなものである。アビドヤーから最初に生まれてくるのが植物である。この段階では、宇宙の三構成要素のうち「タマス」(暗質)が優勢なた

ブラフマーの卵

め、静かな植物しかできない。

続いて動物が創られる。しかし、動物もタマスを抱え込んでいるために、悪い方向へ行ってしまう。

ブラフマーは神々を創る。しかし、神々は「サットヴァ」(純質)で創られているから、すっかり満ち足りて、活動らしきことを何ひとつしない。

ブラフマーは人間を創る。行動できる存在を創りたかったのである。ブラフマーは、人間のなかに、タマス、ラジャス(激質＝苦)、サットヴァ(純質＝快)を注入したので、人間は苦しみに耐え、何らかの生産に従事できるだろうと考えたのである。この後、世界が安定すると、天地崩壊が訪れる。

インドの創世神話で独創的なのは、ヨーガの修行と結びついている点である。第二期の人間誕生から第一期のプルシャ誕生までをさかさまに読んでいけば、そのままヨーガ行者の修行段階が分かるようになっている。

仏教用語に直していえば、梵我一如の心境に達すれば、人間は解脱して悟りを開く。梵とは、宇宙の最高原理であるブラフマンのことをいう。創造主ブラフマーは、この最高原理を体現する。

ヨーガ行者の最終目標はプルシャ＝ブラフマーになること、プルシャのような純粋精神にたどり着いて、おのれの我を宇宙の最高我に合一させることである。これが梵我一如である。

それは、神話の世界で言い直せば、宇宙の根源、宇宙の始まりに帰ることである。世界が宿るブラフマーの卵に回帰することである。神話は始まりであり、終わりである。それは、母の懐に抱かれること、子宮の混沌に帰ることである。

どろどろした得体の知れない卵の中身ほど、混沌というものの形状を具体的かつ身近に表したものはない。梵界(ブラフマローカ)は卵の中にある。卵殻に覆われた卵の内部は、母親の胎内のように外部を遮断して温かく、一切衆生が平等の、原初の世界、死後における浄福の世界である。

少し唐突な言い方をすれば、フロイト(一八五六―一九三九)のいう胎内回帰願望を超えて、これを壮大かつ深遠にこれほどみごとにシンボルとして結実させた例を私は知らない。古代のシンボルは、現代の思想を悠々と呑みこんで、いささかもたじろがないのである。

東アジアの卵はトーテム型の宇宙卵と太陽型の宇宙卵

中国の卵は、親鳥がはっきりしているところがチベットやインドと大きく異なる。有娀氏《ゆうじゆうし》には、簡狄《かんてき》と建疵《けんし》という二人の美しい娘がいた。ある日、天界からやってきた玄鳥《げんちよう》が二人の周りを旋回しながらさえずるので、玄鳥を捕まえて箱の中に閉じ込める。

少し経って、箱を開けてみると、鳥は逃げてしまったが、卵が二つ残っている。その一つを簡狄が呑み込むと、身ごもって殷族の始祖である契《せつ》を生んだという。

卵の感生神話を伝える記述がもうひとつある。「天、玄鳥に命じ、降ろして商を生む」(『詩経』)という文章である。殷と商は同じ国だから、上の二つの記述は同じことを言っていると考えてよい。玄鳥は鳳とも燕ともいわれている。
早逝した中国の神話学者、聞一多（ぶんいった）（一八九九―一九四六）は、『中国神話』のなかで「鯀（こん）死し、化して黄龍となる。ここをもって禹出づ」という文章を引用し、鳳は殷民族のトーテムで、竜は夏民族のトーテムだったと推論する。殷の始祖の契は、鳳の卵から生まれ、夏の始祖の禹は、父親の鯀が竜になって昇天し、竜と深いつながりを持っているからである。

古代のいろいろな文献では殷人の後裔である孔子を鳳と呼び、楚の人である老子が竜と呼ばれている。それは孔子を殷人、老子を夏人と呼んでいるのと変わりがない。二人はそれぞれ民族を代表する大思想家だったからこそ、民族を象徴するトーテム名で呼ばれるようになったのだろうという。

鳥がトーテム祖先として敬われる例は、世界中にいくらでもある。北東アジアに住むチュクチ、コリャーク、イテリメンといった民族やアラスカ・インディアンの間ではワタリガラスが創造神として神話のなかで活躍する。これなどはトーテム崇拝の代表例といってよい。

しかし、ワタリガラスが天から降りてくるという点では、玄鳥と同じだが、シベリアでは鳥と人間を結ぶ接点に卵は介在していない。

トーテム崇拝の場合、関心はどうしても鳥のほうに集中する。その鳥が天と地を結ぶ仲介者であろうがなかろうが、結果的に世界の創造は親鳥に帰せられる。だから、卵が本来持っているイメージの神秘性はそれだけ希薄になる。

朝鮮でも、高句麗の始祖の東明王（朱蒙）、新羅の始祖の朴赫居世、伽耶の始祖の金首露は、卵から生まれている。ここでは朱蒙の話だけを取り上げる。

扶余の国に解夫婁（かいふろう）という老王がいたが、後継ぎになる子がいない。ある日、淵のそばを散歩していると、愛馬が急に歩調を緩め、石を見ていなないた。石をどかしてみると、まばゆいばかりの金色をした蛙のような童子が現われた。そこでこの子を金蛙と名づけ、正式の太子にした。解夫婁の死後、金蛙が王位についた。王妃のいなかった金蛙は、河伯の娘の柳花を見そめる。そこに天帝の子と称する男が現われる。男は解慕漱と名乗り、柳花を熊心淵に連れて行き情を交わす。

怒った河伯は、天帝の子であることを証明してみせろと解慕漱に迫る。二人は神術を競うことになった。河伯は、ものの見ごとに解慕漱に敗れる。

河伯は、解慕漱を天帝の子と認め、婚礼の宴を設けるが、花婿が酔った隙に花嫁を逃がしてしまう。怒った金蛙王が花嫁の柳花を離宮の一室に閉じ込める。

すると、日の光が娘を照らし、避ける彼女を追い求めた。娘は孕み、五升も入るような大きな卵を産み落とす。この卵から生まれたのが朱蒙である。朱蒙は成人すると弓の名人になり、生地を離れて沸流水のほとりに高句麗を建国する。

解が古代朝鮮語で日を意味することは定説になっている。天帝の子である解慕漱も扶余の国の老王解夫婁も太陽族である。柳花は、太陽族の解慕漱と情を交わすだけではない。日の光に追い求められて卵を産み落としている。

卵から生まれた朱蒙も太陽族の解夫婁の養子金蛙に育てられている。金蛙も石の下から現われたときには金色に輝いていたのだから、太陽族と認められて、実子のいない解夫妻の養子になったのだろう。水の娘、柳花の生んだ卵が太陽を象徴していることがだめを押されるように示されている。

柳花の卵は、日と水が合体した結晶である。その結晶を石の下から現われる日と地の融合した金蛙が育てる。だから、この卵は日と水と地から創られていることが分かる。つまり、五行(木、火、土、金、水)の内、木を除いた四大が卵の創成にからみ、天帝の子が降臨することで卵の由来に確証を与えようとしている。

宇宙の根源を卵にした場合、その卵がどこから来たのかを問うとき、親鳥にしたくなければ、天と五大に頼らざるをえまい。アジアでは主にチベットと朝鮮がそうだが、卵を太陽の象徴としたところが朝鮮神話の特徴である。この太陽信仰は日本にも波及し、アマテラスの誕生に影響を与えることになる。

ヨーロッパの卵は月型の宇宙卵から海の宇宙卵へ

ギリシアにも卵の神話がある。オルフェウス物語によれば、世界の大初は夜(ニュクス)で、その闇を巨大な鳥が舞っていた。この鳥が卵を産み、そこからエロスが生まれ、卵の殻からウラノス(天)とガイア(地)が現われたという。

喜劇作家のアリストファネス(前四四五頃—前三八五頃)が『鳥』のなかでこの説を踏襲してい

ゼウスが白鳥に姿を変えレダに言い寄る

る。しかし、ギリシアの詩人ヘシオドスの『神統記』は、この説を採用していないので、卵の起源説がギリシアで定着していたとは必ずしも言い難い。

別の神話では、ゼウスはニュクス（夜）の娘ネメシスに惚れ、彼女を追い回す。ネメシスは鳥に身を変えて逃げ回る。最後にゼウスのものとなって卵を生む。その卵から生まれたのが絶世の美女ヘレネである。

この卵は月から落ちたものという説もある。ネ

レダの卵をアポロンの神託に捧げる

メシスが月の女神のニンフだからである。

別の説では、ゼウスが白鳥に姿を変えて交わったのはレダとで、彼女が卵を生むと、その卵からヘレネ、カストル、ポリュデウケスが生まれた。このため、レダは女神ネメシスの神格を与えられたともいう。

この場合、卵は月を象徴しているといってもいいのではないか。どの説を見ても、月の女神のニンフ、ネメシスがからんでいるだけではない。ギリシアの水瓶に描かれたカストルとポリュデウケスの絵にもその痕跡が残っているからである。二人はディオスクロイと呼ばれた仲の良い一卵性双生児で、スパルタの共同統治王たちの守護神である。

スパルタの聖所には「レウキッポスの娘たち」と呼ばれる巫女がいた。娘たちは月の女神アルテミスに仕え、月の名前を与えられて、レダの卵を聖所に飾っていた。スパルタの共同統治王たちは、この巫女と結婚することで王になれた。

水瓶の絵には月神セレネの戦車に付き添ったディオス

クロイが描かれている。双子の聖王ディオスクロイは、春と夏の月神アルテミスを妻にめとり、聖王の後継者は、秋と冬の月神アテナを妻に迎える。この故事から卵が月を表していることは明らかだろう。

ケルトでドルイド僧が珍重したのは「海蛇の卵」である。卵の起源を天界の主や太陽、月のような惑星に求めたわけではなく、地下世界の動物である蛇としたところがユニークで面白い。卵の起源を問う場合、神にしようが惑星や五大や混沌にしようが、絶対的な原初というものは存在しない。だから、どこかでその民族がこれと納得できる原初の神話を創り上げなければならない。それならなぜケルトでは蛇の卵だったのか。

卵は雌の動物が生む女性原理の代表的なものである。蛇は男根の象徴、生命力のシンボルである。その蛇が男性原理を卵のなかに注入する。男女の原理を融合させるのは海である。海の泡から生まれたアフロディテや世界の初めに水しかなかったと述べる『創世記』からも明らかなように、世界の創造には必ず水がからむ。水は柔軟にどこにでも入りこみ、あらゆる潜在力を秘めた生命の源なのである。

ケルト神話では、インドの原人プルシャや、中国の天帝や、ギリシアのゼウスといった、擬人化された神を介入させて宇宙の起源を説明するようなことはしていない。人間臭さのまったくない物質（海、卵）と動物（蛇）で処理しようとしている。これがケルトの特徴である。

それも天と地を結ぶ鳥ではなく、地と海、地と冥界を結ぶ蛇を介在させたところが独創的である。これによってケルトの卵は、天から潜在力を付与される上昇のイメージから海や地下から潜在力を吸収する下降のイメージへと結ばれる像が逆転することになる。

もっとも、蛇と卵と水の組み合わせはケルトに限ったことではない。マリヤ・ギンブタス（一九二一―　）によれば、西ウクライナから出土した古典ククテニ文化（前四〇〇〇年紀中葉）の壺には弧線が卵を包み込み、その卵に蛇が巻きついている絵が描かれているという。

弧線は水を表している（『古ヨーロッパの神々』、鶴岡真弓訳）。これは、ヨーロッパの古層の世界で、世界の創造を蛇と卵と水の組み合わせで説明することがかなり一般化していたことを示している。

しかし、ギリシアやケルトの卵は、そこからすべてが生まれ出るわけではない。誕生の仕方は他にもいろいろあって、宇宙創世が卵だけに集中しているわけではない。西洋の卵は、東洋の卵、とくにインドのブラフマーの卵に、スケールの壮大さという点で大きく水を開けられる。

フィンランドの叙事詩『カレワラ』にも卵の神話がある。イルマタルは大気の娘であったが、あるとき大海原に落ちて波の間を漂う。波に愛撫されて、彼女が受胎したのが英雄ワイナモイネンである。

ところが子供は七百年たっても胎内から出ようとしない。彼女が悲嘆に暮れていると、一匹の鷲が飛んできて、イルマタルの膝に巣を作り、卵を生む。温めていた卵が海に落ち、割れた卵の上の部分から天、下の部分から大地、黄身から太陽、白味から月、斑点のついた破片から星、黒い破片から雲が現われる。

『カレワラ』では、卵の創世神話が惑星の誕生に集中しているところがダイナミックである。これも大気の娘が宇宙の始祖になっていることとおそらく無縁ではないだろう。

フィンランドでは四大のうち大気と水が創造にからむ。そして、人間の誕生を卵から切り離して特権化している。普通に考えれば、人間が卵から孵るはずはないのだから、これは、シンボルとしての卵の限界を古代人が無意識に察知して、そうしたのかもしれない。

発生のシンボルとしての卵

発生の根源というのは、どこまでいっても神秘のヴェールに包まれている。その神秘をどこかで具体的な言葉や形に置き換えなければならない。言葉や形が象徴というものを抱え込まざるをえないのはそのためである。象徴性を受け入れることで、言葉や形の等身大の意味は、無限に肥大化する。

老子は「道」という言葉で目に見えない宇宙の法理を示そうとした。キリスト教は、神の概念で発生の根源を処理できると考えた。しかし、キリスト教を老子にそって解釈すれば、神もまた万物と同じように「名ある存在」であって、「道」は、それ以前の「名なき存在」である。キリスト教の神には、宇宙の法理を表す「道」の概念が含まれているではないかと反論されればそれまでだが、神を名なき無の存在と定義すればキリスト教徒は怒るだろう。

インドの「ブラフマーの卵」は、宇宙が発生する以前の「混沌」である。神々も人間も万物もこ

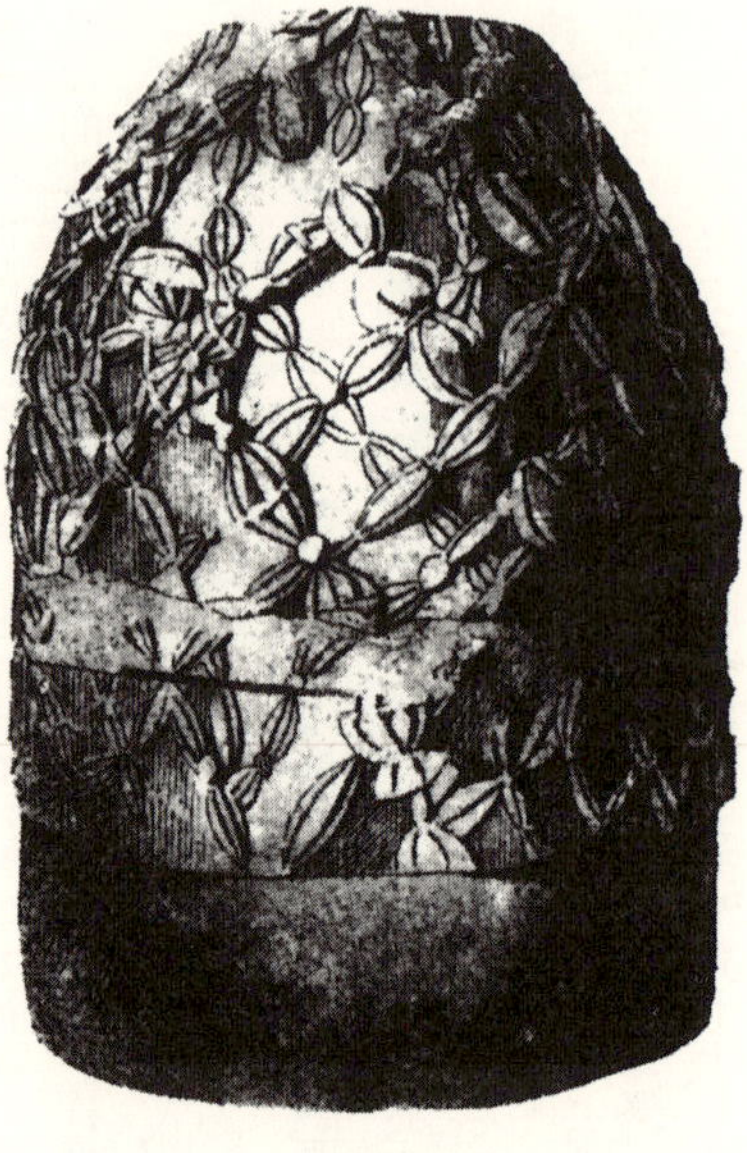
オムパロス

の卵から生まれる。また、ブラフマーの卵は、神々や人間や万物が帰る梵界である。梵界（ブラフマローカ）は宗教のいらない浄福の世界である。

第二期宇宙創世神話の初めにイノシシに身を変えたブラフマーが、水底から大地と祭供を真っ先に引き上げたように、梵界と俗界を区別するキー・ワードは祭供である。俗界では俗を追い払う祭供、宗教がどうしても必要だと神話は語っているわけだ。

確かに、発生の根源を言葉や概念でなく、形に表して言ってみろといわれれば、卵はすぐ思いつくイメージのひとつである。錬金術の炉は卵型に造らなければいけなかった。デルフォイ神殿の下から発見されたオムパロス（世界のへそ）という霊石も卵型をしていた。

神殿の下から出てきた以上、オムパロスは発生の根源を表すだけでなく、世界の中心であることを示している。卵から誕生する始祖伝説が世界中に多いのも、オムパロスを作り出したギリシア人と考え方は同じだろう。始祖はオムパロス（世界の卵）から生まれて、世界の中心にいなければいけない。

ブラフマーの卵は、発生の根源である混沌だけでなく、神々や人間や万物が帰る梵界までも表している。卵は森羅万象を生み、森羅万象を呑み込む。卵のイメージを神秘的な誕生の世界に限定せず、死後の回帰する世界にまで拡大したのはインドだけだろう。

ブラフマーの卵は壮大極まりない。この卵が宇宙のシンボルでないとしたら、一体何を表しているのか。

鳥に託された天への憧憬

鳥と蛇

『創世記』によれば、神は、鳥と魚を五日目に、家畜と這うものと地の獣を六日目に、人間を七日目に創っている。這うものとは蛇のことだから、鳥は蛇より先輩格になるわけだ。

地から舞い上がる鳥と、地を這う蛇は、シンボルの世界では対照的な動物だ。鳥は空間を浮遊し、蛇は大地にへばりつく。鳥は天に向かって上昇し、蛇は地下に向かって下降する。翼を持った鳥は空間を軽やかに移動し、鱗でおおわれた蛇は鈍重にとぐろを巻いて動かない。

マヤ・アステカの人々は、この対照的な動物である鳥と蛇を合体させてケツァルコアトルという神を創った。ケツァルコアトルとは、偉大な鳥の蛇のことである。初代は神話上の神で、その後、歴代の神官たちの王が、創始者の名を継承して、ケツァルコアトルと名乗るようになった。

中央アメリカの森林には、今でもケツァル（和名＝カザリキヌバネドリ）という、緑の羽を持った珍しい鳥が生息しており、グアテマラの国旗にはその絵が描かれている。ケツァルは、グアテマラの国鳥なのだ。先日、テレビでその生態を特集した番組が放映されたが、雄の全長は一メートルを超え、長い飾り羽をなびかせ、緑の羽に光を浴びて密林のなかを飛ぶ姿はとても優雅だった。

コアトルというのは、ナワ語で蛇を意味するが、蛇を意味するマヤ語のコと水を意味するナワ語のアトルとの合成語でもある（『マヤ・アステカの神話』、ニコルソン）。もしかしたら、ケツァルの長い飾り羽が古代のマヤ・アステカ人には蛇のように映ったのかもしれない。

ケツァルコアトルは、水と地を這う蛇と鳥から創られた神なのである。そして、マヤ・アステカの人々にケツァルコアトルの緑の羽は、翡翠の色と受けとめられていた。

古代社会で、翡翠はとくに珍重される貴石だった。例えば、中国で道教の最高神は玉皇大帝である。玉皇とは翡翠のことである。中央アメリカでは、翡翠は「魂、精神、心、あるいは人の中核」を象徴した。（『世界シンボル大事典』、大修館書店）

となれば、ケツァルコアトルとは、象徴的にいえば、人の魂を中心にして、地上から鳥を通して天界へ向かってどこまでも上昇し、蛇を通して地下に向かってどこまでも下降する存在、言い換えれば、水（雨、地下水）を通して天界、地界、冥界の三界を横断し、包み込む宇宙的な存在であることが分かる。

ケツァルコアトルには、コアトリクエという母神がいた。コアトリクエは月神で、ケツァルコア

左上＝アステカの神ケツァルコアトル
左下＝インディオを襲う羽のある蛇ケツァルコアトル
右上＝カザリキヌバネドリ（志村英雄撮影）

トルはウイツィロポチトリと同一視されて太陽神とされることもあるが、それはともかく、この処女の月神が息子を孕んだのは蛇の丘（コアテペック）で、羽を集めてそれを胸に当てたところケツァルコアトルが生まれたのである。ケツァルコアトルは、生まれる時点でも鳥と蛇に深く関係していたことが分かる。

ケツァルコアトルは、マヤ・アステカ人の主食であるトウモロコシの発明者であった。暦を作り、人の運命を予言し、法を制定する神だった。宇宙の理法を統括し、時間を支配し、地に潤いをもたらす神だったのである。

これは、天界、地界、冥界の三界を包み込むケツァルコアトルの宇宙的な語源とも内容的にピタリと合う。宇宙を統括することが鳥と蛇によって語源から見てもその役割から見ても象徴的に表現されていたわけだ。

聖書の鳥

それでは鳥と蛇が分離すると、イメージの世界ではどうなるか。キリスト教の文化圏、とくに聖書にその良い例がある。キリスト教の主要な概念のひとつに原罪という考え方がある。

アダムとエヴァは、知恵の木から実を取って、永遠にエデンの園から追放された。二人は蛇に唆されて禁断の木の実を食べてしまった。人類はそのときから原罪を背負うことになった。

原罪を人類に背負わせた張本人は蛇である。蛇は悪の代表的な動物になった。地を這う動物、地下にこもってじっと脱皮を待つ生き物が冥界や地獄と関連づけられ、悪の根源とされたのだ。人間もまた鳥から見れば、地を這う生き物である。地を這う蛇が悪の根源なら、地を這う人間が原罪を背負うのは当然なのだ。逆に言えば、人間は原罪の重いくびきを逃れようとして鳥を夢見た。

人間が地を這うようになったのは、天地が分離したためであって、天地の融合したところがエデンの園だった。しかし、それは木の実を食べて以来、失楽の園になった。

人間は天を夢見て鳥になろうとした。鳥は善の代表的な動物になった。鳥と蛇はキリスト教の善悪二元論によって峻別されるようになる。鳥は神の動物、蛇は悪魔の動物になった。これは鳥と蛇を合体させてケツァルコアトルという宇宙の神を創ったマヤ・アステカ人とはえらい違いである。

だから、神の代理人として天地を往来する天使には翼が生えている。預言者イザヤが幻に見た天使のセラピムは六つの翼を持って、主の座る玉座の側に侍っている。

また、旧約聖書の神、ヤハウェがモーセに命じて作らせた契約の櫃の上には「贖いの座」が設けられており、その両端に付けられた一対の天使像（ケルビム）は、「顔を購いの座に向けて向かい合い、翼を広げてそれを覆っている」。（『出エジプト記』）

モーセは、この櫃のなかにヤハウェと契約を交わした十戒の掟の板を納める。櫃の上部を鳥のように翼を広げた天使像で飾ったのは、天地の交流を、つまり神と人間との契約を確かなものにしたいためだろう。

「贖いの座」を設けたのは、契約がたとえ破られても、破った罪を贖うことで契約を永続させたいからだろう。契約を守ろうが破ろうが、天地を結ぶ翼は象徴的に重要な役割を果たしているのだ。

さらに、『雅歌』の乙女は、神をまるで自分の恋人のように見立ててこう呼びかける。

恋人よ、あなたは美しい。
あなたは美しく、その目は鳩のよう。（一、一五）

神は乙女に答えてこう応じる。

恋しい人は言います。
「恋人よ、美しいひとよ
　さあ、立って出ておいで。
ごらん、冬は去り、雨の季節は終った。
花は地に咲きいで、小鳥の歌うときが来た。
この里にも山鳩の声が聞こえる。（二、一〇—一二）

おまえがわたしを鳩のようだと言ったのだから、わたしもおまえを山鳩と呼ぼう。春がきたのだから、おまえもわたしも鳩になって、愛する恋人たちのように共にさえずろうではないか。神は乙女にそう語りかけているのである。

神と人間が真の交流をするには、人間が天に昇って神になりたい、神が地に降って人間になろう

ノアの箱船からハトを放つ

オリーヴをくわえるハト

などとは思わず、互いが鳥のように自由になって、天地の間でのびやかに情を結ぼう。『雅歌』はそうわれわれに語りかけているように見える。

『雅歌』では神も人間も鳩になったが、『マタイによる福音書』では聖霊もまた鳩になる。イエスがバプテスマのヨハネから洗礼を受ける場面である。聖者ヨハネの噂を聞きつけてエルサレムとユダヤ全土からぞくぞくと人々がヨルダン川で洗礼を受けようと集まってくる。イエスもヨルダン川に現れて、ヨハネから洗礼を受けようとする。

だが、ヨハネは「わたしこそあなたから洗礼を受けるはずなのに」といって応じない。イエスがさらに懇願すると、ヨハネはイエスの言われる通りにした。

　イエスは洗礼を受けると、すぐ水の中から上がられた。そのとき、天がイエスに向かっ

て開いた。イエスは、神の霊が鳩のように御自分の上に降って来るのを御覧になった。(三、一六)

鳩の評判が良いのはそれなりに分かるが、現代では分が悪いカラスも負けてはいない。ノアの箱船の場面を見よう。

四十日たって、ノアは自分が造った箱舟の窓を開き、烏を放した。烏は飛び立ったが、地上の水が乾くのを待って、出たり入ったりした。(『創世記』八、六—七)

ノアは、その後、鳩を二度放ち、鳩がオリーブの若葉をくちばしにくわえてきたので、地から水が引いたことを知るのである。

もちろん、聖書ではいろいろな鳥がいろいろな場面に出てくる。ここではその代表的なものを引用したにすぎない。いずれにせよ、鳥は天使の翼に使われたり、聖霊になったり、洪水から人類を救うのに一役買っているわけだから、蛇と違って、破格の待遇を受けていたことだけは間違いない。

中国の鳥

中国には五帝の神々がいた。五帝とは五方の神で、東方は太昊《たいこう》、南方は炎帝、西方は少昊《よしうこう）、北方は顓頊（せんぎょく）、中央は黄帝である。中央と東西南北の方位をこの五帝が治めていたわけだ。

さらに五帝には別名があって色まで付く。東方は青帝、南方は赤帝、西方は白帝、北方は黒帝である。だから、中国では色の次元でいうと、中央に位置する黄色が東西南北に配置された青白赤黒より断然重みのある色ということになる。

白帝である少昊は、晩年、故郷に帰って西方を治めたが、最初は東方で鳥の王国を築いた。少昊は百鳥の王である。この鳥の王国ですべての役人を管理していたのが鳳凰、四季を管理していたのが燕子、伯労、鵪雀（あんじゃく）、錦鶏、教育を任されていたのが鶻鴣（ぼっこ）、兵の管理は鷲鳥、建築の管理は布谷鳥、雉は工芸、鳩は修繕をそれぞれ管理していた。

晩年、少昊は西方へ移ったが、鳥の王国まで造ったたかどうかは分からない。しかし、『山海経』「西山経」には「長留山に白帝少昊が住む…鳥はみな文様ある首」とあるから、鳥を従えていたことは確かだろう。

鳳凰というのは、中国では鳥の王様で、じつにシンボリックな鳥である。『本草綱目』によれば、鳳凰の形状は「前は鴻、後は麟、頷（あご）は燕、嘴は鶏、首は蛇、尾は魚……竜の文様を持ち、背は亀、羽は五菜を備えている。高さは四、五尺で四海を飛び回り、天下に道徳が行き渡っていれば姿を見せる」。鳴けば五音に適い、飛べば群鳥が従ったという。

鳳凰にまつわる仙人の話はいろいろある。王子喬（おうしきょう）という仙人は笙（しょう）を吹くのが得意で、鳳凰の鳴き声のような音色を出した。ある日、山に昇ってそのまま消えた。三十年後、自分を探し

王子喬

蕭史と弄玉

に来た恒良に、家族の者に伝えるようにといって山頂で会える約束の場所を指定した。その日、王子喬は白鶴に乗って現われ、言葉を交わす間もなく消えたという。(『列仙伝』)

また、蕭史《しょうし》という仙人は蕭を吹くのが得意で孔雀や白鶴を庭に呼び寄せることができた。秦の君主穆公《ぼくこう》は娘の弄玉《ろうぎょく》を蕭史にめあわせ、蕭を習わせた。蕭史は弄玉に毎日鳳の鳴き方を蕭で練習させた。

弄玉は、数年たつと鳳そっくりの音色が出せるようになった。すると鳳凰がやって来て、屋根に止まるようになった。穆公は、二人のために鳳台を造ってやった。夫婦になっていた二人は、鳳台に登ったまま数年間、下りてこなかった。そして、ある朝、鳳凰とともに天上に飛び去ったという。(『列仙伝』)

『列仙伝』では、鳳凰は笛の得意な徳の高い仙人を天上に連れて行く霊魂導師のような役割を演じている。しかし、普通は、世の中が天下泰平でそれを祝

禺彊

句芒

讙頭国

う吉兆の鳥として現われ、乱世のときに姿を消すのがこの鳥である。

『論語』にも「鳳よ、鳳よ、何ぞ徳の衰えたる」という言葉が見える。鳳凰を孔子に見立てて、乱世に生まれた孔子の出現が時宜を得ないのを徳の衰えと嘆いているのである。

少昊が治める鳥の国では、すべての役人を管理している鳳凰はまつりごと（政）にたけた総理大臣のようなものだろう。中国の代々の君主が治世の安泰を願って、祭事に鳳凰を利用したのは当然のことなのである。

『山海経』には少昊の鳥の王国だけでなく、鳥に関係したいろいろな国が出てくる。例えば、羽民の国では、その民はみな羽毛を生やし、卵民の国では、その民はみな卵を生む（「大荒南経」）。讙頭《かんとう》の国ではその民は人面で翼があり、鳥の嘴をしている（「海外南経」）。孟鳥の国では、その民は人頭鳥身で、羽毛の文様は赤、黄、青である。（「海内西経」）

国に限らず、人面鳥身の、怪神、怪人、怪鳥を『山海経』から拾い出せば、少昊の子で木神の句芒《こうぼう》、黄帝の子で風神の禺彊《ぐうきょう》などきりがない。

鳥は木に止まり、風を切って空を飛ぶのだから、木神や風神が人面鳥身でもなるほどそうかと思うだけだが、『山海経』の摩訶不思議な世界と少しでも付き合って見ると、古代人のシンボリックな想像力の豊かさをいやというほど見せつけられる。

数年前に世田谷美術館で催された三星堆《さんせいたい》遺跡の美術展にはたくさんの人面鳥身像が展示されていた。除朝龍は、『三星堆・中国古代文明の謎』(大修館書店)のなかでこうした人面鳥身像に代表される蜀国の文明を『山海経』の記述と結びつけ、この奇書の史実性を検証して面白かった。

『山海経』には、「塩長の国があり、人がいて鳥首を持ち、名は鳥氏という」とあり、除朝龍はこの鳥氏の国を中国中部、長江中流部の四川省に栄えた蜀国と結びつけている。

しかし、考証のほうは考古学者にまかせるとして、シャマニズムを信奉した古代社会では、トーテムの鳥を国や民族の頭に立てるのは一般的な現象だろう。ローマ以前にイタリアで活躍した古代のピケヌム人は、アオゲラ (picus) を民族の頭に立て、自分たちの民族名まで鳥から借用している。

それに、シャマンが鳥の衣装を身につけることは、シベリアなどでよく見られる現象でもある(『シャマニズム』、エリアーデ)。鳥の衣装を身につければ、天界との交流が容易になると考えたのだろう。となれば、人面鳥身像をたくさん作って、天界に想いを馳せるのは、シャマンが鳥の衣装を着るようなもので、奇異でも何でもない。

鳥の王国を築いた少昊が晩年、東方から西方へ移ったというのは、象徴的に考えれば、なかなか味のある遷居だ。

日が昇る東方は、暁であり、早朝に鳥がさえずる春であり、青春の方位である。日が落ちる西方は、闇の入口であり、黄昏に鳥が霊魂導師になる冬であり、晩年の方位である。文献学ではなぜ遷都したのかは分からないようだが、こういうものは想像力をたくましくしたほうが神話は面白くなる。

西方でたくさんの鳥を従えた晩年の少昊が陣頭指揮を執って、おびただしい人間の死霊を冥界に連れて行く姿がどうしても思い浮かんでしまうのである。鳥が霊魂導師の代表的な動物だからである。

アラブの巨鳥

メソポタミアの神話にアンズー鳥という巨鳥がいる。嵐の鳥で、ライオンの頭を持った大鷲と考えられていた。この巨鳥は、聖書や中国の鳥と違って、評判のほうはあまりよろしくない。アンズー鳥は、シュメール・アッカドの最高神エンリルから至上権の護符を盗み取る。おかげで世界の機能が麻痺してしまう。

そこでエアがアンズー鳥を仕留めようと、若い武勇の神ニンギルスを差し向ける。エアは、メソポタミア神話で、アヌ、エンリルに継ぐ文化英雄的な知恵の神である。ところがニンギルスの弓と矢は、アンズー鳥の発した呪文のためにアシ原のアシと鳥の羽に変えられ、使い物にならなくなってしまう。

エアはニンギルスに知恵を授ける。アンズー鳥の攻撃をかわせるように風神を送りこむから、巨鳥が風にあおられて目を回している間に巨鳥の羽を切り取るのだと。ニンギルスはその通りにする。羽を切り取られたアンズー鳥は、声も出ず、呪文も吐けない。アンズー鳥はニンギルスの弓矢の餌食になる。こうして世界に秩序が回復される。(『世界神話大事典』、大修館書店)

アンズー鳥は、ここでは世界の秩序の擾乱者として扱われている。また、魔術にたけた鳥ともみなされている。

イメージやシンボルの次元でいうと、鳥が神や天界から見放されたらどうなるかということをこの神話は示唆している。われわれは空を舞う鳥のことを考えるとき、ごく当たり前のように空の鳥、天の鳥と思いこんでしまう。この場合の鳥は鳥そのものではなくて、空や天に付属した動物である。われわれは鳥のむこうに空を見、さらにそのむこうに天を想う。

しかし、鳥を天から切り離して地から見たとき、鳥は単なる空を浮遊する動物にすぎなくなる。大地には人間の秩序が確立している。天界にも神々の秩序が確立している。大地と天界は、同じ秩序によって手を結ぶ。しかし、鳥は人間や神々の秩序から弾き出された放浪の禽獣にすぎなくなる。

空をさすらう鳥は、天と地に定住する神々や人間にとって余所者である。余所者の鳥は天にも地にも所属できない不吉な嵐を呼ぶ猛禽になる。嵐は風神によってしか止められない。得体の知れない余所者は、秩序の側から見れば、どこかしら神秘的な存在である。この神秘性が魔術を呼び寄せる。

アンズー鳥は魔術にたけた鳥になり、この魔術によって秩序を脅かす不吉な鳥とみなされるようになる。アンズー鳥が最高神エンリルから護符を盗み取ったというのは、そういうことだろう。

神々の世界は、人間の世界を映し出したものだから、天界の秩序を掻き乱すことは、この世の秩序を擾乱することと同じである。羽を切り取られたアンズー鳥は、鳥の機能を失い、同時に呪文も吐けず、魔術も失せて、秩序の側に服さざるをえなくなる。

しかし、中近東の人々は、無法の鳥だけを創り出したわけではない。巨鳥にかけては豊富で、ルフ鳥、フマー、スィームルグなど、人間に恵みをもたらす巨鳥も創造しているからだ。

『千夜一夜物語』ではルフ鳥にシンドバードを乗せて冒険物語を創り出している。ルフ鳥がどのくらい大きな鳥だったか『千夜一夜物語』から引用してみよう。卵を皆で割っているところに怒った親鳥のルフ鳥が現われる場面である。

みなの衆はわしの言うことなどにとんと耳をかさずに、相変わらず卵をひっぱたいておりました。するとどうでしょう。とつぜんあたりが真っ暗になって、まるで大空一面に雲がかかったかのように、お天道さまの姿もかき消されてしまいました……

雲かと思ったのはじつは中空に舞っているルフ鳥で、太陽の光をさえぎったのもその翼だったのです……見れば山から持ってきた大きな丸石を鷲摑みにしています……その岩石をわしらの頭上に落としました。するとこれがあいにくと船尾にあたってめちゃくちゃにこわれ、船は人や荷を乗せたまま沈み、海の藻屑となったのです。（大場正史訳）

ペルシアが生んだ大詩人、サアディーの『薔薇園』（一二五七年）には、フマーという鳥が出てくる。幸せを呼ぶ鳥で、フマーの影を浴びた人は王者になるといわれていた。邦訳ではこの幻の鳥を鳳凰と訳しているから、中国の鳳凰と同じようにフマーは吉兆の鳥、これに対してミミズクは禍の鳥なのだ。

フマー（鳳凰）がこの世の中からすっかりいなくなっても、誰一人ミミズクの翼の下に庇護を求める者はいない。

フマーは骨を食べて生き物を悩まさぬ、されば すべての鳥にまさって尊い。（蒲生礼一訳）

中世イランではフマーは生き物を食べない尊い鳥だが、スィームルグも負けず劣らず利口な鳥だ。フェルドゥーシー（九三四?—一〇二五）の『王書』は、ペルシア建国の叙事詩だが、そのなかで、スィームルグは人間のように口をきく。それだけでなく、エルブルズ山に捨てられた世界の勇者サームの子を育て、人間の話し方はもちろん、未来の勇者にふさわしいすべての英知を子供に授ける。鳥が老賢者や乳母の役割を果たしているのだ。

サームは捨てた子を取り戻しに山に登る。引き渡す直前に鳥がサームの子に語りかける言葉を引用してみよう。

おお、この巣、この住処で苛酷な生を私たちと共にしてきたお前よ、私はお前を乳母のように育てた。私はお前にとって母、お前の幸福の源です……お前の父は世の英雄、勇者サーム、いかなる高貴な人々より優れた人物。その彼がこの山に子を捜しにきた。そして家に戻れば栄光がお前を待ちうけている。（岡田恵美子訳）

若者はこう答える。

さてはあなたは、私と共にいることに疲れたのですね。私にとって、あなたの巣は輝く王座、あなたの両翼は栄えある冠なのに！私がもっとも感謝するのは、創造主のつぎにはあなた。（岡田恵美子訳）

人間は、残念ながらいつまで経っても地を這う存在である。地を這う存在が大地から大空を飛ぶ鳥を見れば、そこに見果てぬ夢を託し、想像力を限りなく伸ばしていくのは当然だろう。そこから鳥は天界の動物になったり、巨鳥に化けたり、死霊を運ぶ霊魂導師に様変わりしたり、さては鳥の王国まで創られたりする。

現代は気球を造り、飛行機を飛ばし、宇宙遊泳までできるようになったが、こうした近代の数々の発明も古代人が鳥に託した想像力の延長線にあるのである。

手足のない蛇が変幻自在な意味をもつ

蛇のなす一本の線は三界を分ける

世界中の神話で蛇ほど重宝がられた動物はいない。蛇の登場しない神話は、見つけ出すほうが難しいのではないか。原初の時代から、人は身近な動物である蛇に対して愛憎こもごもの複雑な感情を抱き、そこから現代人には思いも寄らない多様なイメージを織り上げてきた。

その要因は、蛇の姿形がきわめて単純明快だからだろう。蛇は一本の線である。線はどうにでも加工できる。一本の線は、蛇がその口で自分の尾を噛めば円になる。ウロボロスの誕生である。円環状のウロボロスは、完成、永遠回帰を示す。

一本の線を縦にすれば棒になる。棒は木と重ね合わされて、その木をどこまでも伸ばせば、巨大

ウロボロスの二様

な宇宙樹ができあがる。棒を木ではなく、そのまま動物にしておけば天地をつなぐ竜になる。動物を捨てて、天と地をつなぐことだけを念ずれば、虹になる。棒は、また男性原理の象徴だろう。

一本の線をそのまま横にしておけば、永遠に地を這う天とは無縁の悪賢い動物になる。天だの神だのキリスト教的な一神教の概念を振り払って、多神教の世界に戻れば、土と一体化した大地の主になる。横に寝て、大地に同化した姿態は、また女性原理の象徴だろう。

蛇は冬眠する。だから、一本の線は地上から地下に下る。蛇は冥界の主でもあるのだ。それだけではない。蛇は川や海の中を自在に泳ぐ水性動物でもある。蛇は水の主にもなるのだ。

蛇は脱皮する。脱皮して生まれ変わり、新しく再生する。これは、人間生活のリズム、時間の宇宙的な周期、春夏秋冬の季節の循環に呼応するものだろう。人も植物も動物も冬になれば、活力を失って、大なり小なり蛇のような冬眠状態を味わう。春が訪れれば、冬眠状態から抜け出して新芽は活力を取り戻す。

一本の線を加工しただけで、これだけ多彩なイメージができあがる。

神話や宗教の世界では、宇宙を三界に分ける。天、地、冥界（＝地下）の三界、でなければ、地と冥界をひとつに考えて、天、地、海の三界という分類方法である。

蛇はどういう分類方法を取ろうと、この三界のいずれの世界にも絡む。一本の線はどこまでも柔軟に伸長する。その結果、蛇は三界のどの世界にも顔を出し、単純な線は幅広くイメージを増幅させて、複雑で重層的な象徴体系を作り上げることになる。

三界を構成する基本要素は五大、東洋風にいえば五行だろう。宇宙は突き詰めていえば、この五行に還元できる。少なくとも古代の人々はそう考えてきた。

蛇は水性動物として「水」とつながる。大地を這ったり地下で冬眠することで「土」の主になる。竜になって天に駆け昇ることで「大気」のなかを遊泳する。宇宙樹に変質することで「木」に化ける。口から火を吐いて「火」の造物主（デミウルゴス）になる。これだけ五大と関わりを持っているのだから、蛇が宇宙の基本的、根源的な動物にならないはずはないのである。

北欧神話のヘビは宇宙樹に化ける

世界の神話から蛇のこうした多彩なイメージを具体的に追ってみよう。

北欧神話にミズガルズという大蛇が登場する。この大蛇は、巨人族のロキとアングルボザとの間に生まれた。巨人族のこのカップルは、ミズガルズ蛇以外にフェンリル狼とヘルという黄泉の国の怪物を産んでいる。

「狼」の章で触れたように、北欧神話の最終章は神々と巨人族との死闘、ラグナレク（神々の黄昏）で幕が引かれる。ロキは、巨人族の先頭に立って、神々を窮地に追い込む。このラグナレクの戦いにロキの三人の息子が加わる。

主神オーディンは狼に食い殺される。軍神トールはミズガルズ蛇と相打ちになる。ロキもヘイムダルと戦って相打ちになる。ラグナレクの戦いでは神話のなかで主役を演じたすべての神々と巨人たちが死に絶える。生き残れたのはオーディンとトールの幼い神々の子供たちだけである。

これだけ見ると、巨人族の一員として神々と戦うミズガルズ蛇は、どう転んでも悪玉に映る。ところがイメージに逆転が起きる。

ミズガルズ蛇は大洋に住んでいる。大洋は丸い大地である人間世界ミズガルズを取り囲んでいる。人間世界の上方には神々の居住地アースガルズがあり、下方には黄泉の国ヘルがある。大洋の外側には巨人族の国ヨトゥンヘイムが広がる。

アースガルズの中心では主神オーディンがヴァルホルの館に住み、そこから万物を見下ろしている。人間世界（ミズガルズ）と神々の世界（アースガルズ）を結びつけているのはビフロストの橋である。

上に述べたすべての世界とつながっているのがユグドラジルという大樹である。大地に生えるユ

ユグドラジルの宇宙樹とウルズの泉を守る運命の三女神

グドラジルの大木は、その頂が天に達し、三本の根はアース神の住むアースガルズ、巨人の国のヨトゥンヘイム、さらに人間世界のミズガルズの下、ニヴルヘイムまで伸びている。

ニヴルヘイムの根の下にはフヴェルゲルミという泉があって、そこでは竜が、ユグドラジルの大樹、トネリコの根を齧っている。巨人族の根の下にもミーミルの泉があって、この泉には知恵と知識が隠されている。

北欧神話学の権威者で、パリ第六大学教授のレジス・ボワイエによれば、ユグドラジルは、大陸ゲルマニアではイルミンスールと呼ばれていた。イルミンスールとはイルミンの柱という意味で、イルミンはイェルムンとつながる。

そして、イェルムンガンドは、『ギュルヴィたぶらかし』に登場する大蛇で、ミズガルズ蛇の別名である。ユグドラジルの宇宙樹はまぎれもない大蛇だったのである。

ミズガルズ蛇は大洋に住んでいた。大洋は人間世界を取り囲んでいる。ミズガルズはとてつもない大蛇だから、円環状の大洋そのものが大蛇に思えてくる。いや、古代の北欧人はそう考えていたのだ。

そうなると、ミズガルズ蛇は、人間世界を取り囲むウロボロスということになる。ウロボロスの内側には人間、外側には巨人族が住む。文化と野性、既知と未知の世界の境界線に水と蛇が円環状に広がっているのだ。

さらにミズガルズ蛇は、陸に上がって棒状のユグドラジルの宇宙樹になり、天と人間界を垂直につなぐ。レジス・ボワイエによれば、ビフロストの橋が世界の柱という意味なのだから、大蛇のイェルムンガンド（＝ミズガルズ）は、イルミンの柱として「世界の柱」ビフロストの橋と重なってくる。

それだけではない。蛇は棒状の木からしなやかな三つの根になって地下にどこまでも伸び、三つの世界とつながって、最後にミーミルの知恵の泉に辿り着く。蛇は、この泉から知恵を吸い上げる。最高神オーディンも自分の片目をミーミルに差し出して知恵を授かった。知恵者という点で蛇は最高神と肩を並べる。少なくとも北欧神話を深読みすれば、そういうことになる。

蛇に唆されるアダムとエバ

キリスト教の蛇退治　聖書から中世ヨーロッパへ

聖書も「野の生き物のうちで最も賢いのは蛇である」と言っている。この蛇がエバをそそのかして、禁断の木の実に手を出させる。人間の始祖であるアダムとエバは、神が禁じた知恵の木の実を食べたことで、この世の天上世界であるエデンの園から永遠に追放される。ニュアンスに多少のずれはあるにせよ、聖書が北欧神話と同じように知恵の源を木と蛇に置いているのが面白い。

キリスト教とグノーシス派とでは、この蛇の解釈をめぐって大きな違いが出た。キリスト教は、人間を誘惑した悪の元凶として蛇を断罪する。人間は蛇に唆されたおかげで、原罪を永遠に背負うことになった。

しかし、グノーシス主義を標榜したナアセン派は、むしろ知恵の木から果実を取らせて、人間に知恵を授けた功労者として蛇を積極的に評価する。ナアセンとは蛇という意味である。

『創世記』の蛇は、良くいえば知恵に長け、悪くいえばずる賢い。聖書には『創世記』以外にいろいろな蛇が出てくる。その代表が大蛇のレビヤタンやラハブである。

その日、主は厳しく、大きく、強い剣をもって、逃げる蛇レビヤタン、曲がりくねる蛇レビヤタンを罰し、海にいる竜を殺される。（『イザヤ書』二七、一）

原始の海の面に円を描いて、光と暗黒との境とされる……神は御力をもって海を制し、英知をもってラハブを打たれた。（『ヨブ記』二六、一〇―一二）

レビヤタンにせよラハブにせよ、聖書の大蛇は混沌や暗黒のシンボルとして神と対決する。『ヨブ記』は光と暗黒という言葉を使っているが、「鳥」の章でも触れた通り、これを動物に引きつけていえば、鳥が光を、蛇が暗黒を体現する善悪二元論の構造は聖書では一貫して守られている。大空を飛ぶ鳥は、天にかぎりなく近づき、地を這う蛇はかぎりなく地獄に下りていく。そして、神は暗黒の主である蛇を討って、この世から混沌を排除する。レビヤタンは頭を打ち砕かれ、神によって「砂漠の民の食糧」(『詩篇』七四、一四)にされる。

こうした蛇退治の話は、キリスト教の時代になっても衰えない。蛇または竜を退治するのは、聖書ではヤハウェであったが、中世ヨーロッパでは聖人がヤハウェに執って代る。その代表者が聖ゲオルギウスである。

ヤコブ・デ・ウォラギネ(一二三〇頃―一二九八)が集成した、キリスト教神話文学の『黄金伝説』によれば、ゲオルギウス(Georgius)という名は「聖なる」(gerar)と「戦い」(gyon)からできていて、「聖なる戦士」という意味である。ゲオルギウスは、カッパドキアの出身で、竜退治の話はこう進む。

リビュアの町シレナの湖に毒を持った竜が棲みつき、町に悪疫を蔓延させていた。竜をなだめるために、毎日人間一人と羊一頭を湖に捧げることになった。貴賤の区別なく犠牲者をくじで選ぶことになり、王の娘が竜の餌食にされることになった。

王は悲しみ、娘の延命を計ったが、悪疫で町は滅びますという町民の突き上げに、王女は竜の棲む湖に送り出されることになった。

たまたま湖畔を聖ゲオルギウスが馬で通りかかった。王女の話を聞いたゲオルギウスは、「キリストの御名においてわたしがお助けします」と言って、竜めがけて馬を走らせた。そして長い槍を竜に突き立てると竜は倒れ、おとなしくなった。するとゲオルギウスは、竜の首に腰帯を投げかけなさいと言った。王女は言われるままに竜の首を自分の腰帯でつなぎ町に連れていった。住民が怖がって皆逃げ出そうとするので、聖ゲオルギウスは、安心なさい、洗礼を受ければ竜を殺してあげますと言った。まっさきに王が洗礼を受け、全町民もこれにならった。

聖ゲオルギウスの竜退治

　この話は、キリスト教の隆盛にともなってカッパドキアから東欧、さらにヨーロッパ全土に広く伝播した。グルジアはフランス語でGéorgieというが、これは聖ゲオルギウスから取った国名である。英語のジョージ、フランス語のジョルジュ、ドイツ語のゲオルクといったヨーロッパのありふれた名前もこの聖人から生まれた個人名である。ゲオルギウスがいかに人気のあった聖人だったかがこれで分かる。

ヨーガと仏教の悟りを開く蛇

キリスト教は、善悪二元論で蛇を悪や混沌の化身として描いたが、アジアに行くと蛇のイメージは、もっとはるかに好転して多彩になる。

インドの神話・宗教にはいろいろな蛇が登場する。ざっと拾い出しただけでも、シェーシャ、アナンタ、ヴァースキ、クンダリニー、ヴリトラなどがいる。もっとも、アナンタとヴァースキはシェーシャの別名なので、合わせて一匹の蛇と考えてよい。

インドの宇宙創成神話では、ヴィシュヌ神がアナンタ蛇の上で身を横たえ眠っている。アナンタ蛇は、宇宙の乳海でとぐろを巻いている。もともとアナンタとは「無限」という意味で、この蛇は宇宙開闢の原動力と考えられている。ヴィシュヌ神は、この「無限」の上で大洋に揺られ、宇宙開闢の夢を見る。

インドの最高神で創造主はブラフマーである。しかし、宇宙を創造する以前のブラフマーは、「至高のプルシャ」ともヴィシュヌともシヴァ（＝ルドラ）とも呼ばれた三神一体の創造主である。

プルシャは、「ラジャス」（激質）から創られているから活発である。ヴィシュヌは「サットヴァ」（純質）から創られているから純粋精神そのもの、宇宙を庇護する賢明な神である。シヴァ（＝ルドラ）は、「タマス」（暗質）から創られているから、破壊的である（ビヤルドー）。

ブラフマーは、「ラジャス」、「サットヴァ」、「タマス」という宇宙の三要素を総合した創造主と考えてよい。逆にいえば、宇宙はこの三要素によって構成されている。

だから、アナンタ蛇の上で夢想するヴィシュヌは、ヴィシュヌが「サットヴァ」(純質)から創られている以上、純粋に宇宙の創造を思念して夢を見ていることになる。ルドラのように、決して宇宙を破壊しようとは考えていないのだ。

東南アジアには禅定に入った仏陀がとぐろを巻いたアナンタ蛇の上で座禅を組んでいる仏像が多数ある。数年前に上野で開かれたアンコール・ワットの美術展でもこうした仏像がたくさん出展されていた。蛇の上で瞑想にふける仏教のこの座法は、おそらく大洋で蛇に乗って世界の創造を夢見たヒンズー教のヴィシュヌ神話と無縁ではあるまい。

ヨーガでは行者が解脱にいたる心の経緯がとても具体的に図示されている。そこにクンダリニーという蛇が絡む。その図を示すと、人間の体の内部には七つのチャクラがある。チャクラというのは「法輪」という意味で、車輪型のエーテル状の渦巻きが七つ、身体のなかにあると考えてくれればよい。

七つのチャクラと体の位置を列挙すると、「根のチャクラ」(脊椎の底部)、「脾臓のチャクラ」(脾臓の上方)、「臍のチャクラ」(臍部の上方)、「心臓のチャクラ」(心臓の上方)、「咽喉のチャクラ」(咽喉の前部)、「眉間のチャクラ」(両眼の間)、「王冠のチャクラ」(頭頂)となる。七つのチャクラは精妙な脈管でつながっている。

蛇のクンダリニーは、最初、脊椎の底部にある「根のチャクラ」でとぐろを巻いて眠っている。

脊椎の底部は、座れば大地に触れる。クンダリニーは、大地と通底して、地下のマグマ、灼熱のエネルギーを吸い上げる。「無限」の意味を持つアナンタ蛇は、宇宙開闢の原動力を担った。クンダリニーも大地の主である蛇として地下から無限の滋養を吸収する。

こうしてクンダリニーは七つのチャクラを脈管を伝って上昇していく。クンダリニーがそれぞれのチャクラに辿り着くごとに、それまで萎れていたチャクラは、水を与えられた花弁のように開花する。頭頂に達した蛇は、頭孔（ブラフマランダー）を突き抜けて、宇宙の創造主ブラフマーのいる梵界（ブラフマローカ）に達する。これがヨーガ行者の解脱である。解脱は蛇の神秘的な呪力を借りて成就するのである。

仏教では蛇の呪力は捨て去られ、梵我一如というもっと洗練された言葉で解脱が説明されている。個人の本体である「我」（アートマン）が厳しい修行を通じて宇宙の根本原理としての梵（ブラフマン）、つまり宇宙我と合一する。これが梵我一如であり、悟り、解脱である。

それはブラフマー（梵天）のいる梵界（ブラフマローカ）に帰ること、生身の人間が持っている煩悩や我欲を捨て去って、純粋精神に辿り着き、「不死」を得ることである。

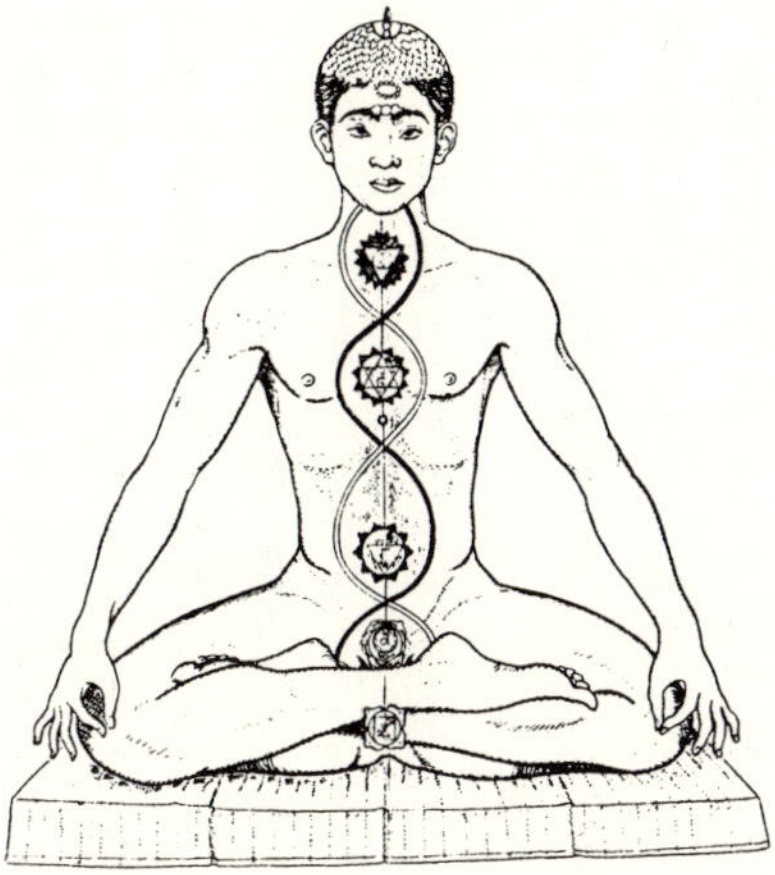

チャクラを上昇するクンダリニー蛇

仏陀が悟りを開いたのは、菩提樹の下で瞑想をしていたときである。もっと詳しく言うと、ピッパラ樹、ニグローダ樹、ムチャリンダ樹の下と次々に巨木の下で修行を繰り返していたときに悟り、つまり菩提を得たといわれている。

ここには明らかに樹木信仰があるのだが、これらの樹木が天と地をつなぐ宇宙樹として想定されていることに注目してもらいたい。また、ヨーガのクンダリニーも天と地を結ぶ蛇として宇宙樹のように想定されていることに注意してほしい。

人間は地を這う動物である。これが悲しいかな、限りある人間の宿命、条件なのである。しかし、地を這い続けていたのではいつまでたっても悟りは開けない。

悟りが個人の「我」を宇宙の「我」に融合させることなら、地を這う人間が天とつながって悟りを得るには、自分自身を棒にすること、その棒をどこまでも伸長させて天に達する宇宙樹、菩提樹にさせる以外にない。

蛇を一本の棒に見立てて限りなく伸ばせば天に届く宇宙樹になる。ヨーガのクンダリニーとは、仏教の菩提樹となんら変りない、天地を結ぶ階梯のシンボルなのである。

それは、クンダリニーが七つのチャクラのそれぞれに辿り着くたびに、チャクラが花のように開花することでもわかる。蛇は宇宙樹として天に達する菩提樹、でなければ菩提樹の茎なのである。

だからこそ、仏陀は、菩提樹の下で悟りを開いた。また、ヨーガ行者は植物のような無私で不動の座法を採ることで生臭い我欲を殺し、上昇する内なるクンダリニーにひたすら瞑想の焦点を合わせようとするのだろう。

悟りは不死を得ることだが、乳海攪拌の神話でも蛇はアムリタという不老長生の霊水を創り出すのに一役買っている。神々と魔神たちが綱になったヴァースキ蛇の両端を引き合い、回転させながら乳海を攪拌すると、そこからアムリタと豊穣の女神であるシュリー（吉祥天女）が生まれるからである。

ヴァースキ蛇が不死の妙薬を作るのに貢献したということは、クンダリニー蛇がヨーガ行者の解脱を助けて、不死を得させることとそれほどの違いはないのである。

このことは、ヴェーダの祭式で供物として献じられたソーマという神酒にも当てはまる。ソーマというのは、もともとインド北方の山岳地帯で育った野性植物の名前である。この植物の茎を砕いて汁を搾り出し、その汁を濾過したのがソーマと呼ばれた神酒である。ソーマを飲むと、高揚した恍惚感に見舞われるといわれた。

蛇のシェーシャは、サンスクリット語で「残り物」という意味だが、これはもちろん供物の「残り物」のことである。インドではこの「残り物」をヴェーダの祭式を執り行う上層階級のブラーフマナ（祭官）だけが口にできた。

この蛇のシェーシャが神酒のソーマと同一視されるようになった。おそらく蛇も神酒も供物であったこと、またソーマの茎が蛇と似ているところから同じように扱われることになったのかもしれない。

いずれにせよ、神酒のソーマもアムリタ（甘露）と変らず祭供として人間の「不死」や「解脱」

に貢献するのだから、古代のインド人は、ソーマと一体化した蛇の神秘的な呪力をよほど信じていたにちがいない。

カンボジアの建国神話と『雨月物語』に見る蛇女

蛇とソーマが同じものであることを端的に示しているのがカンボジアの建国神話である。古代カンボジアにソマーという大地の娘がいた。ソマーは、カンボジア王ナーガの娘で、蛇のナーガ王は、大地の主だった。だから、ソマーはナーギー、つまり蛇姫である。

ソマーは海岸でインドから来たバラモン僧のカウンディンヤかプラ・トン王子と出会って結婚し、二人は王朝の始祖になる。ソマーは、インドの神酒ソーマの最後の母音を伸ばして女性化したものだといわれている。そして、『リグ・ヴェーダ』以降、ソーマはインドでは月神とみなされていた。

カンボジア王朝のこの始祖伝説は一見単純な物語に映るが、ここにはとても豊かな象徴体系の連鎖が盛り込まれている。「月―水（雨または海）―蛇―女―大地―豊穣」という連鎖である。さらに月と太陽の結婚という神話の原型まで見て取れる。十三世紀後半、元の使者としてカンボジア（真臘）を訪れた周達観は、『真臘風土記』のなかでこう書いている。

内中（宮殿）には多く奇処があると聞くが、見張りがはなはだ厳しくて、見ることができないのである。その宮殿の金塔には、国主が夜になるとその下に臥す。土地の人はみな言う。塔の中に九頭の蛇の精霊がいて、これこそ一国の土地の主である。女の姿になって、毎日夜になるとあらわれる。

国主はそこでまずこれと同寝《ねとも》して交わり、その間はたとえ妻であっても決して中に入らない。二鼓（二回の時報）で、塔から出て、はじめて妻妾と同睡することができる。

もしこの蛇精がある夜にあらわれなければ、その時は番王（カンボジア王）の死期が至ったのである。もし番王が一夜でも塔に行かなければ、その時は必ず災禍を受ける。（和田久徳訳）

カンボジア王が蛇の精霊と添い寝をすることで、始祖の蛇姫ソマーと象徴的に結婚する。歴代のカンボジア王はスーリヤヴァルマンと名乗っている。スーリヤは太陽、スーリヤヴァルマンは太陽の一族という意味である。

ソマーは月神だから、この結婚は、単なる先祖帰りではなく、太陽と月との結婚という宇宙的な神話を再現し、儀礼化したものである。宇宙の神話を儀礼を通して繰り返し再現することで、宇宙の秩序と神秘を知り、それによって限りない宇宙の豊穣に目を開き、豊かな国土になるよう国務に励む。これが国王たるものの責務だと神話の再現は訴えかけているようである。

蛇

「月―水―蛇―女―大地―豊穣」という象徴的な連鎖は、上田秋成（一七三四―一八〇九）の『雨月物語』にも現われる。すでに題名の雨月という言葉に月と水との連鎖が読み取れる。『雨月物語』巻之四は「蛇性の淫」という話である。

紀の国三輪が崎に大宅の竹助という人がいて漁業で財を成した。男の子が二人いたが、長男の太郎は生業に励むのに、次男の豊雄のほうは都風を好み、学問はあっても生活力がまるでない。

九月のある日、豊雄は大雨で海郎が屋に立ち寄る。そこへ二十歳に足らぬ美女が雨宿りに入って来る。住まいを尋ねると、新宮のあたりで真女児(まなこ)の家はどこと尋ねてくれればわかるという。豊雄は傘を貸し与えて別れるが、女のことが忘れられず、夢にまで見る。

言われた通り、新宮に真女児の家を訪ねてみると、立派な門構えの大きな家である。几帳、壁代の絵などを見ても、とても並みの人の住まいとは思えない。豊雄はそこで御馳走を振る舞われ、真女児から前夫の愛玩していたものだといって、金銀で飾った古代の太刀を貰う。

家に太刀を持ち帰った豊雄は、家中の者から見咎められる。無用者の豊雄には、買うはおろか貰えるはずもない立派な代物である。

そうこうするうちに、大宮司から国の守に太刀が盗まれたという訴えがあった。都の大臣殿が大宮司に献呈したものだという。豊雄に嫌疑がかけられる。

国司の武士たちがやって来て、豊雄を捕らえ新宮の真女児の家まで連れて行かれるが、家は朽ち果てとても人の住める場所ではない。奥まで入って見ると、女が一人座っている。捕らえようとした途端、地が裂けるほど雷が鳴り響き、立ってはいられない。見ると、女は消えている。物の怪のなせるわざということで、罪は軽くなったが、豊雄は牢につながれる。

刑を終えた豊雄は実家に戻らず、姉の嫁いだ商家の世話になる。そこへ不意に真女児が訪ねて来る。涙ながらに真女児が言うには、豊雄が牢につながれることを知って悲しさが募り、人に頼んで家を荒れた様子に作り直した。雷の件は鳴神さまのなせるわざ。その後、難波のほうに逃れて住んでいた。太刀を盗むなど女にできるはずはなく、前夫の良からぬ心がさせたこと。

豊雄はすっかり同情する。真女児は、誠心誠意姉夫婦にも対したので、とうとう婚儀を取り結ぶ運びになる。

夫婦になった二人は、姉夫婦の勧めで吉野へ桜見物に出かける。吉野川の宮滝のところで一人の老人に出会う。老人は二人を見て、「あやし。この邪神、など人をまどわす」とつぶやくと、真女児は驚いて滝に飛び込む。すると、水は大空に湧き上がり、雲はみるみるうちに黒雲に変り、大雨がにわかに降って来る。

豊雄はすごすごと実家に帰る。父母も長男夫婦も物の怪はしつこいから、豊雄を別の女と結婚させるに限ると、富子という女と娶わせる。

初夜は無事に過ぎたが、二日の夜、新婦と酒を酌み交わしながら雑談しているとその声はまさしく真女児の声。

ほとほと怖くなった豊雄は、物の怪を退治するにはどうしたらよいか法師に相談する。袈裟を被せればすむことと助言をもらう。

袈裟をもらって家に帰り、寝屋で新婦に被せると、富子は苦しがって悶絶してしまう。袈裟を取ってみると、富子が伏したその上で白い蛇がとぐろを巻いていたという。

『雨月物語』では「水」が重要なモチーフになっている。豊雄の実家は漁業で財をなした富豪の家、蛇女との出会いは海郎が屋で大雨の降る日である。その蛇女に傘を貸すことで二人の縁は続く。そして、蛇女は結婚前と結婚後に二度消えるが、消えるときはいつも雷がなり、大雨が降る。しかも、二度目に消えた場所は滝の中である。

「水―蛇―女」の連鎖が執拗に繰り返され、この連鎖が『雨月物語』という題名が示唆する「月」で焦点を結ぶ。『雨月物語』に単なる物語や民話を超えた根源的な神話を感じるのは、カンボジアの建国神話と変りなく、そこに「月―水―蛇―女」という神話的な連鎖が一貫して流れているためだろう。

この連鎖は、蛇が棒として垂直的になるか水平的になるかで変わって来る。蛇が垂直的になれば、男性原理が強くなり、「天（太陽）―蛇（宇宙樹）―地下（大地）」の構造がさまざまなヴァリエーションで展開されることになる。

この場合、蛇（宇宙樹）が天（太陽）を目指せば、宗教色が色濃く出て、最高善、救済、解脱といった問題が主要テーマになる。地下へ限りなく下りていけば、悪、堕落、冥界、地獄、他界（例えば、巨人族の国）といった問題が前面に出てくる。北欧神話、キリスト教、ヨーガ、仏教などがこの範疇に入る。

蛇が水平的になれば、女性原理が強くなり、「月―水―蛇―女―大地―豊穣」の構造が濃厚に漂い始める。カンボジアの建国神話、『雨月物語』などがこの範疇に入る。『雨月物語』がすぐれているのは、こうした神話の構造がじつに濃密で映像性に富み、典型的に描きこまれて揺るぎない作品に仕上がっているためである。名作の名作たる所以である。

中国の蛇は天地に、ヴェトナムの蛇は海底に追いやられ、竜の王国をなす

『雨月物語』のなかに、「かれ（蛇）が性は淫なる物にて、牛とつるみては麟を生み、馬とあいては竜馬を生む」という言葉が出てくる。これは蛇と竜の違いを考える場合にかなり示唆的な言葉であるように思える。中国でも、王充の『論衡』「竜虚篇」に「世俗、竜の象を画くに馬頭蛇尾なり」とあるからである。

東洋の竜に馬の要素が付加されたのは、地を這う蛇だけでは天地を結ぶ動物としてあまりにのろく、物足りなかったせいかもしれない。天まで駆け上るには飛竜、つまり蛇の神秘的な呪力に馬の速さが加わった竜でなければ、神話的な宇宙のシンボルにもなるまい。

西欧のドラゴンに足が生えているのも、蛇のもって生まれたのろさに速さを付加して威圧感を増幅させたかったからだろう。

事実、数年前に開かれた中国・三星堆の美術展では、新しく出土した聖樹が出展され、この宇宙樹に、天から地に下る竜が絡みついていた。

樹から離れても、竜は天に昇り、地に下る。黄帝は竜に乗って昇天した。『山海経』には竜に乗った神々がたくさん出てくる。禹はもちろん、火神の祝融や、東方の神の句芒も竜に乗っている。竜は神々の乗り物なのだ。

それだけでなく、『列仙伝』には、馬の医者、馬師皇《ばしこう》のところへ竜が訪れて、病気を治してもらうユーモラスな話さえある。竜はその返礼に師皇を背負って昇天した。

しかし、それ以上に中国神話で興味を引くのは、蛇身の神々が多いことだろう。三皇五帝の一人伏羲については『山海経』に「雷沢のなかに雷神あり。竜神で人頭、その腹をたたく」(「海内東経」)とある。また、女媧についても王逸が「女媧は人の頭に蛇の体で、一日に七十回化す」と語っている。

中国の神話学者、聞一多《ぶんいった》(一八九九―一九四六)は、『伏羲考』のなかで、中国は竜の国だと述べている。その理由を聞は、中国神話の宇宙創成説に求めている。

中国の神話を扱った書物(『後漢書』、『楚辞』、『山海経』など)や造形芸術には、双竜を描いたものがじつに多い。この双竜は、人首蛇身の二皇、伏羲と女媧であると聞は言う。

女媧は、天地開闢のときに黄土で人を造ったが、激務であったため、黄土のなかで組紐を引き回して人を造った(『風俗通義』)。また、天を支える四柱が崩れたとき、五色の石で蒼天を補修し、亀の足で四柱を立て直した(『淮南子』)。

伏羲は雷神で、八卦を画し、建木を伝って自由に天地を往来した東方の天帝である。女媧と伏羲は兄妹であった。この兄妹が双竜となって、交尾している図像がじつに多いのだという。

世界各地の宇宙創成神話には、兄弟が夫婦になって子孫を増やす例が少なくない。唐代末期には、すでにこの兄弟夫婦説が庶民の間で語り継がれていたと、中国神話学の第一人者、袁珂(一九一六―　)は述べる。女媧が黄土で人を造ったにせよ、兄弟が夫婦になって人類を繁栄させたにせよ、女媧と伏羲が古代中国の天地開闢の神々であることは間違いない。

聞一多は、この男女の創造神に禹も加える。禹の妻は塗山氏だが、『史記』「夏本紀」に「塗山氏、名は女媧」とある。これがふたつ。次に禹が竜関の洞窟で伏羲から八卦の図をもらったという『拾遺記』の記述。これがひとつ。前者からすると、禹と女媧は夫婦で、禹と伏羲は同一の神ということになる。後者からすると、伏羲は禹に大事な八卦の図をあげたのだから、元来この二神は同じ一家のものということになる。しかも、女媧を加えたこの三神はいずれも蛇身である。

ここから、聞一多は、宇宙開闢の三柱の創造神が蛇神であったからには、竜が古代中国のトーテムだったと結論を下す。もっとも伏羲も女媧も出自は苗族である。苗族の祖神がどうして古代中国のトーテムになったかは、イメージ論としては煩瑣になるのでここでは問わない。

伏羲と女媧

問題は、竜が創造神になって天地を夫婦で支配したということである。竜がトーテムとして大手をふって中国全土を席捲していた以上、神話に限らずいろいろな場面で竜の図像と出会うのもなるほどと納得できるのである。

中国では天地に竜の王国が生まれたが、ヴェトナムでは海底に竜の王国ができた。海を支配したのは竜王である。代わりに天地を席捲したのは玉皇上帝である。玉皇上帝は中国道教の最高神である。中国の影響が圧倒的であっただけに、神話の世界でも竜は陸から海へ追いやられた格好だが、反面、竜や蛇の象徴体系が一層陰影を増して、重層的になったといえる。

蛇の垂直的な象徴体系をもう一度思い出していただきたい。「天―蛇―大地（地下）」という男性原理の象徴体系である。

中国では、蛇（竜）が民族のトーテムとして祭り上げられたために、蛇（竜）のイメージが肥大化し、その結果、天にも地にも竜の王国ができた。少なくとも、中国の創造神が蛇神である以上、そう解釈できる。

同じ垂直的な象徴体系で考えた場合、中国とインド・ヨーロッパ圏との大きな違いは、中国の蛇（竜）に女性原理（女媧）が導入され、蛇（竜）が双竜になったことである。

インド・ヨーロッパ圏には、細かい分野は別にして、神話・宗教の主流で蛇に性別はない。蛇は蛇だから、円環的なウロボロスになるか、ユグドラジルやクンダリニーに代表される垂直的な構造を採るしかない。そのため、どうしても男性原理の色合いが強くなる。

中国は、『易経』でも分かるように、陰陽思想が根強く、男性原理と女性原理があい助け合って世界は成立していると考える国だから、それが神話に反映されて竜（蛇）は双竜になったのかもしれない。蛇（竜）が夫婦で人を造り、その子孫が繁栄していくとなれば、それは国の構造である。中国の天地に竜の王国が生まれたといったのは、そういう意味である。

ヴェトナムでは、竜の王国が海に追いやられる。追いやられると蛇の象徴体系はどうなるか。垂直的な「天―蛇―大地（地下）」の構図から「大地」が消えて、「蛇―水（海）」の連鎖ができあがる。神話ではおおむね大地を支配するものは天界を支配する。つまり、天界はこの世を反映したものであって、天と地は通底している。そうなると、「天」も消えて、連鎖の構図は「蛇―水（海）」だけになる。

ということは、陸上（天、大地）と海上（水）との間に断絶が生じたということである。断絶が生じれば、そこに禁忌が発生する。つまり、陸から海へ行こうと海から陸へ上がろうと、二つの国を横断しようとするものには、必ず禁忌が立ちふさがることになる。

この場合、陸のほうが海より強いから、陸地から海底の王国まで冒険しようとするものは女より男になる確率が当然高くなろう。冥界の王ハデスがペルセフォネを拉致したように、権力を持った竜王が陸の女を拉致でもしないかぎり、わざわざ男よりひ弱な女が海底まで冒険するはずもないからである。

ヴェトナムでは、漁師が亀に会い、亀に導かれるままに海底の王国を訪ねる話がある。浦島太郎のヴェトナム版である。漁師は、水の王国で見たことを陸に上がってもらしてはいけないと、亀に約束させられているが、帰ってからそれを妻に話したために、血を吐いて死んでしまう。乙姫にもらった玉手箱を開いたために老人になるだけの浦島太郎より、漁師が死んでしまうヴェトナムのほうが、禁忌の度合いは心持ち強い。しかし、いずれの話も、陸の王国と海の王国との横断と分離が主要なテーマで、蛇性は物語から脱落している。

竜王の娘が陸に上がって人間と結婚する話も、ヴェトナムにはある。ジャイ・ハイという男が、船頭から亀を買って命を救ってやる。男が留守にするたびに、亀の甲羅から美しい娘が現われ、食事の支度をする。

ジャイ・ハイが秘密を見破り、ある日亀の甲羅を盗んでしまう。女は竜王の娘であることを打ち明ける。こうして二人は水の王国へ行って結婚する。男はそこで学問に励み、陸に戻って博士になるという話である。

確かにここでは、『雨月物語』のように、連鎖の構図が「蛇―水（海）―女」と広がる。しかし、女がたとえ秘密を告白せざるをえなくなったにせよ、竜王の娘として王権で保護され、二人が水の王国で結婚する以上、話は楽天的でつまらない。

『雨月物語』では、蛇女の真女児が、一人で陸にあがって男と結婚するから蛇性が増す。しかも、物語の舞台は陸上で展開されるので、人間世界で孤立した真女児は蛇性を募らせ、結婚生活も禁忌を超えられず破綻せざるをえない。

蛇女の真女児を守ってやれるのは雨と月だけである。連鎖の構図が「月―水―蛇―女」とさらに広がり、蛇の神秘、蛇の神話力が一層深まることになる。蛇の神話力が物語を傑作へ導いたとすれば、地を這う生き物も捨てたものではない。

■ 魚

神々は魚の姿をとって豊穣をもたらす

魚はキリストのシンボル

キリストは、シンボルの世界ではよく魚にたとえられる。どうしてなのだろう。神と魚のアンバランスな組み合わせが面白いのでちょっと調べてみたい気が起きる。

この組み合わせが定着したのは、どうやらローマ時代のことらしい。まず錨の話から始めよう。錨はギリシア時代には海洋生活のシンボルとみなされていた。硬貨の裏などにはアレクサンドリアやアンティオキアといった古代湾岸都市のエンブレムに錨が彫られたものがある。

錨が宗教色を帯び始めたのはローマ時代になってからである。遠洋を終えて、港にたどり着けば、船乗りならほっと胸をなで下ろすようにして錨を降ろす。キリスト教など考えなくても、錨のイメージが安堵の感情と背中合わせにつながっていたのは当然だろう。

これがローマ時代になるとメシア思想と結びつく。いわゆるキリスト再臨、神の国の到来という考え方である。キリスト教の終末論におびえていたローマ人にとって、キリストがよみがえり、天上の楽園のような神の国を創ってくれるというメシア思想は、一切の不安感から解放されて港に錨を降ろす心境と重なったろう。

いつ死が襲いかかるかもしれない船上の生活は、世界の終わりを予告する終末論に脅かされた状態に近い。また、陸地に一歩足を踏み入れることは、神の国に迎え入れられたような幸せな気持ちにさせられたにちがいないのだ。

しかし、ローマ時代のカタコンベに錨が描かれているのはなぜなのだろう。それも、十字架らしく見せかけて、十字架と見抜かれては困るような明らかに錨と分かる無骨な絵が多いのだ。少し洒落た絵になると、棕櫚（シュロ）の枝葉を装飾的に添えたり、鳩を錨の上に止まらせたり、錨のそばで魚を泳がせた図柄になっている。

棕櫚の木とオリーヴの木は、聖書にもよく出てくる代表的なヨーロッパの樹木で、棕櫚の木はオリーヴとちがって常緑だから、昔から若さと勝利のシンボルに使われた。

オアシスのそばに繁茂するのも棕櫚の木が多いから、砂漠を走破した者にはこの木が勝利の木に見えたのだろう。棕櫚の枝葉を装飾に使ったのは、どうやらキリスト教の秘められた勝利を謳いあげようとしてのことらしい。

鳩は無垢と美徳の象徴だし、ギリシア時代から死霊のシンボルと考えられていたのだから、十字架に見立てられた錨の上に止まらせるのに、これほどふさわしい鳥はいない。

錨のそばに魚を泳がせる構図は、海を連想させるから素直に分かる。しかし、その素直さが曲者で、故意に海を連想させて弾圧を回避し、錨が十字架、魚がキリストであることを隠そうとしているのだ。

歴史的に見れば、コンスタンティヌス帝（二八〇頃―三三七頃）がキリスト教信教自由令をローマに敷いたのはようやく三一三年になってからである。さらに、テオドシウス帝（三四六―三九五）のキリスト教国教化令によってローマがキリスト教を国教として受け入れたのは三九三年のことである。それまでのローマでは、キリスト教徒と分かればただちに重罪に処せられた。

地下のカタコンベにこもった隠れキリシタンが錨と魚の絵の前で祈りを捧げている姿が思い浮かぶ。

それなら、なぜキリストは魚なのだろう。ギリシア語で魚のことをイクトゥス（Ichtus＝ΙΧΘΥΣ）という。イエス・キリストはギリシア語でIesous Xristos、その頭文字を取ってＩＸで表された。

ＩＸは魚を意味するイクトゥスの頭文字と同じである。この頭文字を介してキリストが魚になったいわれが分かる。もっとも、キリストはギリシア語のΧΡΙΣΤΟΣ（＝Xristos）の頭文字を取ってＸＰの略語でも使われた。

このＩＸとＸＰがローマ時代、クリスマに使われた。クリスマとは、ＩＸまたはＸＰのギリシア

左上・中・右＝魚と錨・十字架　左下＝XとPで表わされるクリスマ

文字を組み合わせて、キリストの名を表したシンボル図像のことをいう。

IとX、XとPを組み合わせて円のなかに書き込めば、六幅の車輪の図像ができあがる。このクリスマ図像がローマで圧倒的な人気を誇るようになったのは、コンスタンティヌス帝がXPのクリスマを軍旗に採用してからである。

これでキリストが魚であることがすっかり定着するようになった。以後、碑文や壺、彩色ガラスや彫刻などにキリストを象徴した魚の図像がおびただしく現れるようになる。

聖書の魚はキリストのシンボル

しかし、ギリシア語の略語が一致しただけでは、これほどキリストと魚を同一視する発想は定着しなかったような気がする。『ルカによる福音書』五章には復活したイエスがペテロを最初の弟子にする有名なくだりがある。

ペテロの職業は漁夫だった。イエスはゲネサレ湖畔からペテロの船に乗り込み、沖へ向かって漕ぎ出させる。不漁が続いて漁師たちがすっかり意気消沈していたのである。

イエスは網をおろして漁をしなさいとペテロに薦める。ペテロは半信半疑で漁を始める。すると網が破れそうなほど、おびただしい魚がかかる。ペテロは仲間に加勢を頼む。船が沈みそうなほどの大漁を目の当たりにしたペテロは、イエスにひれ伏して言う。

主よ、わたしから離れてください。わたしは罪深い者なのです。（五、八）

すると、イエスは答える。

恐れることはない。今から後あなたは人間をとる漁師になる。（五、一〇）

陸にあがったペテロは、一切を捨ててイエスに従うことになる。

しかし、この話の象徴性をどんなに拡大解釈しても、ペテロが「人を漁（すなど）る者」、つまり漁夫王にはなっても、キリストは魚にはならない。漁夫王は救い主の使者だし、魚は改悛した信徒たち、キリストはあくまで救い主である。ただし、布教のシンボルとして魚が効果的に使われていることはやはり注目しておいてよい。

また、同じ『ルカによる福音書』二四章には十字架に付けられてから三日後によみがえったイエスが亡霊のように墓を抜け出して使徒たちのところへ行き、一緒に食卓について最初に口にするのが焼いた魚の一切れであることが語られている。「最後の晩餐」の絵に魚がよく食卓に並べられているのは、『ルカ』のこの故事が下敷きになっているのである。

『マタイによる福音書』一四章にあるパンの奇跡の話でも魚が一役かっている。自分に付いて来る信心深い群集にイエスは食物を分けてやりなさいと弟子たちに命じる。ところが手持ちのパンは五つ、魚は二匹しかない。イエスはこのわずかな食物を祝福して、群集に分け与える。「みんなの者は食べて満腹した……その数はおおよそ五〇〇〇人であった」という。

聖餐という言葉がある。同じ信仰を持った人たちと一つの食卓を囲んで霊的な交わりをするのが聖餐である。英語でも仏語でもこれをコミュニオン（communion）というが、この言葉は「聖餐」や「霊的な交わり」の意味で使われるだけではない。教会のミサで行われる聖体拝領にもこの言葉が当てられる。

イエスが弟子たちとする「最後の晩餐」もよみがえった直後に口にする魚の一切れも聖餐なのである。弟子たちと霊的な交わりをしているからである。同じように信心深い群集に分かち与えるパンの奇跡の話も食べる者が少数か多数かの違いはあるにせよ、霊的な交わりをしているから聖餐なのである。

教会のミサの聖体拝領では司祭が赤ブドウ酒にパンの薄片（ホスチア）を浸して、信徒の口に入れる。赤ブドウ酒はキリストの血、パンはキリストの肉を表している。聖体拝領も司祭と信徒が霊的な交わりをする聖餐である。しかし、聖体拝領の聖餐には魚が落ちている。ここで触れた他の聖餐ではすべて魚がメニューの一品に加えられているのにである。

キリストの肉を表すのに現代の聖体拝領ではパンが代表してシンボルになっているが、魚もこれに加えていいのではないか。聖書のなかの聖餐の話をいろいろ拾って読んでみると、どうもそんな気がする。魚は明らかに聖餐のなかでパンと並んでキリストの肉になっているのである。

となれば、ローマ時代にキリストが魚で表されたとしても、何ら不思議はない。クリスマ図像ではギリシア語の略語からキリストと魚が同一視された。しかし、もっと深いところで神と魚を同一視して当然とする風潮があったのではないか。聖書の聖餐のくだりを読んでいると、そんな気がして仕方がないのである。

メソポタミアの怪魚オアンネス

キリスト教では魚はイエス・キリストと同一視されたが、メソポタミアでも魚の評判はなかなか良い。紀元前三〇〇年頃にギリシア語で『バビロニア誌』を著したベロッソス（前三四〇―前二七〇頃）は、バビロンの神官を務めた人だが、彼はオアンネスという怪魚のことをこんな風に書いている。

バビロニアでは、多くの人々が異国からやって来てカルデアに定住し、そこで彼らは家畜のような粗野な生活を送っていた。最初の年に…紅海から摩訶不思議な怪物が現れて、湖岸をうろつき回った。オアンネスという怪物だった。全身は魚のようで、頭の下にはもう一つ別の頭が付いており、人間の足に似ていた。

この生き物は何一つ食物を口にせず、人間に混じって生活し、彼らに文字や学問、それにありとあらゆる技術、例えば町の建設やら神殿の造営、さらに法律や幾何学を伝授した。また穀物の栽培や果物の作り方も教えた。要するに、文明生活の手の内をすべて人間に教えた。だから、その後、目新しいものなどもう人間にはなくなってしまったのである。日が沈む頃、怪物のオアンネスは、水の中で何日か過ごそうと海に潜った。水陸両生の怪物だったからである。その後、似たような別の生き物が現れた。

オアンネスは、全部で七匹いたとベロッソスはその後で書き留めている。フランスのメソポタミア考古学者、ジャン・ボテロは、この七匹のオアンネスを『エラの神話』に出て来る「七匹のアプカッル」という聖なる鯉に結びつけている。

ルーヴル美術館には、魚人間のアプカッルを描いた彫板が残っている。アプカッルがアッシリアに木材を運ぶ遠征隊を指揮している絵である。

ボテロによれば、アプカッルは、アッシリア時代に「ウンマーヌ」という称号を与えられていたという。アッカド語で「ウンマーヌ」といえば、ひとかどの重要人物を指し、賢者や文人、また、それぞれの職業で熟達した専門家などの総称だったらしい（『世界神話大事典』）。

オアンネス

こうなると、ウンマーヌとオアンネスとの役割はまったく変わらない。オアンネスは怪魚だが、「文字や学問、それにありとあらゆる技術」、つまり文明生活に必要なものをすべて人間に教えている。

これに対してウンマーヌは人間だが、人間社会のなかでひとかどの重要人物、つまり王とまではいかないが、王を補佐する宰相や賢人や文人で、明らかに文明推進の役割を担っている。オアンネスは、世界中どこの神話にもよく顔を出す文化英雄なのである。

ベロッソスでは怪魚にされたオアンネスも他の文献では、うろこがきらきら光る聖なる鯉なのだから、人間に変身しない魚だけの次元に限定しても、イメージの世界では光輝で栄光に包まれた怪魚と考えられていたことは確かだろう。

人間の始祖アダムも魚であった

ところがこの怪魚は人間に変身している。メソポタミア文学に『アダパ物語』という作品がある。アダパは、エアを守護神とする抜きん出た賢者なのだが、アダパはあだ名で、本当の名はウアンナ、つまりオアンネスだということがセロイコス朝の文献から分かったとボテロは報告している。

アダパはエリドゥ神殿を管理していた。あるとき彼は漁に出る。ところが南風にあおられて漂流し、そのために南風の翼を折ってしまう。七日の間、南風が吹かないので、神々の王のアヌが怒ってアダパを連れて来いと厳命する。

そこでアダパの守護神であるエアが知恵を授ける。アヌのところへ行ったら御馳走を振る舞われるだろうが、何が出て来ても絶対に口にするな。そうすればアヌは神々の料理を出さざるをえなくなる。それを食べれば不死が得られるというのである。

ところがアヌはエアの策略を察知して、始めからアダパに神々の料理を振る舞う。アダパは食べない。このためアダパは永遠の生命を与えられなかった。

これが『アダパ物語』の概要である。人間であるアダパは、アヌとエアという二柱の神々の対立に巻き込まれ、翻弄される。守護神のエアは、アダパを神々の一員に加えようとする。神々の料理を食べさせて、不死を与えようとするのだから、結果的にはそういうことになる。

しかし、神々の王であるアヌは、これを許さない。エアの策略はアヌに見透かされ、アダパは死すべき人間の条件を受け入れなければならない。これが『アダパ物語』の教訓なのだが、裏を返せば、アダパが人間のなかでも抜きん出た賢者でなければ、神々の一員に加えようなどという魂胆を守護神のエアが画策するはずはない。

聖書の創世記に登場するアダムの祖型は、賢者アダパだといわれている。音声から考えても、アダムとアダパはじつに近いし、メソポタミアの文化が聖書に与えた影響は予想以上に大きいので、この説はかなり信憑性がある。

禁断のこの実を食べたおかげで神の国であるエデンの園から追放され、原罪という人間の条件を受け入れざるをえなかったアダムは、神々の料理を食べなかったおかげで同じように人間に甘んじなければならなかったアダパと内容からいってもどうしてもダブってくるのだ。

そうなると、賢者アダパが元を正せば魚なのだから、聖書のアダムも遠くさかのぼれば魚ということになる。つまり、魚は西欧文明のなかで神（キリスト）と人間（アダム）の双方に多大な貢献をしていることになるわけだ。


それなら、どうしてただの魚がオアンネスという怪魚になり、アダパという賢者になったのか。それどころかこの賢者を神にさせようという物語まで創らせたのか。よほど魚が当時のメソポタミア人にとって有り難いものでなければ、こうはならない。ただ単に魚は人間のかけがえのない食糧、豊穣をもたらすものといっただけでは済まない問題だろう。

地図を見ると、今でこそ昔のエリドゥ市はペルシア湾から少し奥まったところに位置しているが、当時この都市国家はチグリス・ユーフラテスの河口にあって、ペルシア湾ともつながっていた。エリドゥ市は水の都だったのである。そして、アダパの守護神で、エリドゥ市の神殿にまつられていたエアの元の意味は「水の中の住居」である（ボテロ）。

エリドゥ神殿を管理していたアダパが水と深い関係を持っていたことがこれでお分かりいただけたろう。事実、『アダパ物語』には、アダパがエリドゥ市のために漁に行ったことがくどいほど出て来る。

エリドゥ市が水の都なら、太古の時代とはいえ単なる漁だけではおさまらない。木材運搬の指揮を取るアプカッルの絵（ルーヴル美術館）を見れば、貿易港であったことが分かる。

貿易港なら、神殿や家の造営に使う木材に限らず、ベロッソスがオアンネスに仮託して述べている「文字や学問、それにありとあらゆる技術」がどっと入って来たにちがいない。チグリス・ユーフラテスの河口にあったエリドゥ市が文明生活に必要な海外のすべてのものを自国の繁栄に役立てただけでなく、これを内陸深く伝えたのは明らかだろう。

こうなれば、魚が文化英雄のシンボルになっても少しもおかしくない。海中を自在に泳ぐ魚はメソポタミア人には、文明を推進し、自国に繁栄をもたらす怪魚とまで映ったのだ。怪魚のオアンネスは、それだけではおさまらず、人間のなかでも抜きん出た賢者アダパとして人々の敬愛を一身に集めた。

魚で賢者のアダパは神にこそ成りそこねたが、隣のキリスト教文化圏では、ローマ時代に魚が神のシンボルになって人気を集めている。メソポタミアとヨーロッパの文化圏では、シンボルが生まれる民衆の深層心理で共通の土壌があったのかもしれない。

インドの魚は聖者を救う

メソポタミアでは魚が賢者になったが、インドでは魚が賢者を救う話がある。そして、この魚はヴィシュヌ神の化身でやはり神なのである。

『シャタパタ・ブラーフマナ』によると、朝のみそぎに賢者のマヌが使う水のなかに一匹の魚が入っていた。この小魚は大きな魚に食べられそうだから助けて下さいとマヌに助けを求めた。その代わり、大洪水が起きたときには必ず命を救うとマヌに訴えたのである。

マヌは、水の入った壺にいれて小魚を飼うことにした。ところが小魚はどんどん大きくなる。そこで池に、続いて湖に放したが、それでも大きくなる。そこでマヌは、とうとう海に放してやることにした。

すると、魚はこう予言して消えたのである。七日後に大洪水が押し寄せる。そのときのために船を用意し、あらゆる種と七人の聖仙をその船に乗せなさいというのである。

言われた通り船に乗り込むと、はたして七日目に大洪水が起こった。予言通り魚が現われ、船に近づいてくる魚を見ると、大きな角を生やしている。マヌはその角を船に縛りつけた。魚はそのまま船を引いて北の山（ヒマラヤ）まで運んだ。マヌはそこで船から降りて、水の引くのを待った。その間、マヌを除いて、人類がことごとく洪水のために滅びた。

洪水が引くと、たった一人取り残されたマヌは、祭儀と苦行を行って子孫繁栄のために神々に祈りを捧げた。

一年たつと、一人の女が水中から現われ、ミトラとヴァルナの両神に「自分はマヌの娘です」と名乗りをあげた。女はマヌとも会った。「おまえは誰か」とマヌは尋ねた。「わたしはあなたの娘です」と女は同じ答えを繰り返した。こうして、二人は一緒に住み、絶えず苦行を続けた。それから、娘はマヌの子孫を生み、この子孫が地上を満たすようになった。

マヌは「人間」の意で、人類の始祖である。また、魚はサンスクリット語で「マツヤ」といい、ここに登場する「マツヤ」は『シャタパタ・ブラーフマナ』以外に、叙事詩『マハーバーラタ』や

『マツヤ・プラーナ』にも顔を出して別の異文を作り上げているが、それらの異文はここでは問わない。

マツヤは、ヴィシュヌ神の化身（アヴァターラ）である。ヴィシュヌは、全部で二二種の化身をしたといわれる。ヴィシュヌ神がこのように何度も化身を繰り返すのは、『バガヴァッド・ギーター』で説かれているように善を守り、悪を滅ぼし、この世に正義（ダルマ）を打ち立てるためである。

ヴィシュヌは、「山」の章でも述べる通り、天と地をつなぐ創造神である。地に潤いをもたらすために天の恩典を地に運ぶ。これがヴィシュヌの神としての役割なのである。もちろん、ここで化身するヴィシュヌは、仏陀のような大聖人でもなければ、クリシュナやラーマのような聖王でもなく、ただの魚（マツヤ）である。

ヴィシュヌは、魚以外に亀、猪、獅子といったいろいろな動物に化ける。亀に化けたときには、マンダラ山を背負って海中にもぐり、乳海を掻き回す受軸となって、世界創造に貢献した。猪になったときには、大地を自分の牙で支え、魔族から大地を守った。獅子に変身したときには、魔族のヒラニヤカシプを退治するためだった。

ヴィシュヌが魚（マツヤ）に化身した理由は、もうこれでお分かりだろう。人類の始祖であるマヌを洪水から救い、マヌの子孫を地上に満たすためだったのである。ヴィシュヌが魚にならなければ、人類は大洪水に押し流されて絶滅したにちがいないのだ。

中国の魚は仙人を昇天させる

インドでは、魚が人間を救ったが、中国では魚が人間を昇天させている。『列仙伝』によれば、子英という人は、水に入り魚を捕らえるのがうまかった。あるとき赤い鯉を捕まえ、持ち帰って池に放した。

一年たつと、魚は長さが一丈を超え、角を生やし翼を持った。不思議に思い、魚にわけを尋ねると、「わしはおまえを迎えにきたのだ。背中に上れ。おまえと一緒に天に昇れば、大雨が降ろう」。

そう言われた子英は魚の背中に乗り、そのまま天にかけのぼっていった。毎年、子英は自分の家に帰り、妻子と会っていたが、魚はそのたびに迎えにやってきた。このようなことが七〇年続いた。そこで呉中の人々は神魚を作り、子英の祠を立てるようになったという。

神魚に角が生え、大きくなるところなどはインドのマツヤ（魚）とそっくりだし、大雨が降ると予測するところも洪水を予言したマツヤと似ている。登場人物も賢者と仙人でそれほどの違いはない。もしかしたら、この神魚はインドのマツヤの影響を受けているのかもしれない。

いずれにせよ、どこの古代社会でも魚が想像以上に重要視されていたことだけは確かだろう。魚が豊穣をもたらすもの、地に潤いをもたらす生き物でなければ、こうも珍重されるはずはなかったのである。

子英

古代人が川によせる祈りは恵みへの願い

長江と黄河

世界の大河といえば、中国の黄河・長江、インドのインダス川・ガンジス川、エジプトのナイル川、その他いろいろある。ここでは大河をめぐる神話とシンボルについて取り上げてみる。

中国の大河には必ず川の神がいる。黄河の河伯（かはく）、長江・漢水の江妃の二女、洛水の宓妃（ふくひ）、湘水の湘君・湘夫人などである。河伯を除けば、すべて女神、それも飛び切りの美女であるところがいい。

江妃の二女の話は『列仙伝』のなかにある。二女が江漢（長江・漢水）のほとりを歩いていたとき、鄭交甫（ていこうほ）に出会った。交甫は女神と気づかず二女に惚れてしまう。「わしはここで下りて、

上左＝河伯，上中＝江妃の二女，上右＝湘君と湘夫人，下＝洛水の宓妃

女が腰に付けている玉をもらって見せる」。下僕にそう言うと、交甫は下僕が止めるのも聞かずに馬車から降りてしまう。二女と軽い挨拶を交わした交甫は、勇んでこう切り込む。

橘《たちばな》と柚《ゆず》は似た者同志。私はこれを箱に盛り、漢水の流れにのせて贈り物にします。また、あなたの傍に付き添って、キノコを採って食べましょう。ですから、一途な気持ちを察して、あなたの玉をどうか下さい。

二女は答える。

橘と柚は似た者同志。私はこれを箱に盛り、漢水の流れにのせて贈り物にしましょう。私もあなたの傍に付き添って、キノコを採って食べましょう。

そう言うと、二女は手ずから玉を解いて交甫に与えた。交甫は喜び、玉を懐にしまい込んだ。数十歩歩いてから、玉を確かめてみると、懐に玉がない。二女のほうを振り返ってみると、忽然と姿を消していた。『詩経』に「漢に遊女あり。求むべからず」とあるのは、このことを言っているのである。

『列仙伝』のような男と女神とのやりとりではないが、これに類した、川のほとりでの男女の交流は『詩経』に多い。例えば、「漢広」という詩ではこうである。

南に高い木はあれど、陰に休もうすべもない、

漢のほとりに娘はおれど、ちょいと言い寄るすべもない、
漢は広いよ、泳いでゆけぬ、江は永いよ、筏でゆけぬ、
茂るこの藪、いばらを刈って、あの子が嫁にゆくならば、
馬に秣《まぐさ》をやろうもの、漢は広いよ、泳いでゆけぬ
江は永いよ、筏でゆけぬ……　（目加田誠訳）

場所は同じ長江と漢水の合流地点である。古代中国では、二つの川の合流する場所は聖地と考えられ、しばしばこの地で祭礼が催され、結婚適齢期の若い男女が集まった。若い男女は、かけあいで恋愛歌の合戦を行い、踊りを競った。歌合戦では異なる共同体の男女が個人個人で対峙し、二人が意気投合すれば、結婚の約束が交わされた。『列仙伝』における男と女神のやりとりには、こうした求愛と返礼の風習が反映されている。祭礼では、普通、花摘みが行われたようだが、『列仙伝』では、男も女神もキノコ採りで一致し、互いを橘と柚に見立てて応じ合っている。花もキノコも橘も柚も、強い香気を持つ植物という点では同じだろう。

フランスのすぐれた中国学者であった、マルセル・グラネ（一八八四―一九四〇）の『中国古代の祭礼と歌謡』は、『詩経』の詩篇「国風」が諸国の民謡、恋愛歌などを集めたもので、その多くは春秋の祭礼に未婚の男女が唱和した歌であることを論証した古典的な名著である。

グラネはそのなかで、香気ある花は清めや毒消しに役立ち、恋愛や魔除けのシンボルとして出産

や受胎を保証するものだったと言っている。『列仙伝』では、愛する男女に見立てられた橘と柚が共に強い香気を放ち、その香気によって互いを認め合い、引き付け合って、最後に二人が固く結ばれるシンボルの役割を演じている。

もちろん、通常の祭礼では女神が求愛の対象になることはないだろう。しかし、「川のほとりに娘はおれど、ちょいと言い寄るすべもない」、そんな高嶺の花の乙女もいる。川向こうの娘のところまでは、漢水は広すぎ、長江は永すぎて泳いで行くこともできなければ、筏で行くこともできない。引用された『詩経』の詩篇では、川渡りが求愛を成就させる通過儀礼、婚礼のシンボルとして巧みに詠われている。川渡りが三途の川のように死出のシンボルとして使われているのとはまさに対照的である。高嶺の花の娘ならまだしも、それが女神、仙女となれば、たとえ川渡りに成功したところでどうにもならない。「漢に遊女あり。求むべからず」なのである。

黄河の河伯は洛水の宓妃と結婚している。宓妃の美しさは、屈原（前三四〇―前二七八）などの詩人たちが絶賛しているから、それ以上付け加えることはない。河伯のほうは水のように風流な神という風評がある一方で、その権勢を皮肉った悪評もある。悪評のほうを取り上げて見よう。古代人が川をどういうふうに考えていたかがはっきりするからである。

袁珂によれば、河伯は好色だったので、戦国時代、魏では河伯が妻をめとるのを模した風習があったという。祭りが近づくと、権力を握る三老が意中の娘を選び出す。祭りの当日、娘は数人の男に河心までかつがれ、流される。娘を乗せた寝台はだんだん水中に沈んでいく。

こうした悪習を断ったのが、魏に派遣された西門豹という県令だった。西門豹は娘を選んだら、必ず知らせるように三老に伝えた。選び出された娘を見た西門豹は、器量が悪いので日を改めて美しい娘を送るからそのことを河伯に伝えてくれといって、老巫女を河に投げ込んだ。巫女は娘を選ぶ任務を負わされていたのである。ところが老巫女は戻ってこない。そこで若い巫女を三人次々と河に投げ込んだが、やはり戻って来ない。そこでとうとう三老まで投げ込んだ。こうして悪習が絶たれたという（『中国の神話伝説』、袁珂）。

ここには明らかに人身御供の悪習が語られている。河伯はなぜ祭礼ごとに美しい娘を要求したのか。娘を寝台に乗せて水中に沈めたのは、河伯の怒りを静めるためだったという。河伯が怒れば、川は氾濫し、大洪水が起きるかもしれない。そこまではいい。しかし、それだけではないだろう。やはり、水に対する古代人の畏敬の念が通り一遍のものではなかったことをこの神話は語っている。

魯の国では、川岸で雨乞いの儀式が行われていた。陳の国の祭礼でも、舞踏の合唱隊が雨乞いのために川渡りをしたという。鄭の国の祭礼では、川を渡るときに、人々は龍の模倣をして渡ったという。龍は雨の主である（グラネ）。

こうした諸国の祭礼には、『列仙伝』や『詩経』にあるような、若い男女の恋愛歌の合戦、舞踏、花摘みが付き物だったという。川岸での雨乞いの儀式が、未婚の男女の見合いの儀式と結びついているのである。そして川渡りが雨を呼び寄せる象徴的な儀式になっているだけでなく、未婚の男女を結びつけるシンボルにもなっているのである。これは明らかに農村社会における豊穣の儀式以外の何物でもない。人々は雨を乞うことで大地の実りを期待し、同時に未婚の男女を結びつけることで多産を願ったのである。

五穀豊穣と子孫繁栄の儀式が、雨乞いを通じて、同じ祭礼のなかで同時に進行していたことは、やはり注目すべきだろう。ここから人身御供の悪習が生まれるのに、それほど時間はかからない。つまり、人々が雨乞いをする神は、川の主、河伯である。しかし、河伯は好色で次々に妻を望んでいるのだから、五穀豊穣のために次々に妻を送り込んでやればよい。この世だけが子孫繁栄をしていいはずはない。美しい娘たちをどんどん川の主に送ってやれば、この世の五穀豊穣だけでなく、あの世の子孫繁栄にもつながろう。

この世もあの世も子孫繁栄ということになれば、この世だけの子孫繁栄の儀式にうしろめたさはなくなり、大手を振って未婚の男女を結びつけることができるようになる。人身御供の儀式の始まりである。しかし、こうした悪習が長続きするはずはない。悪習を絶つにはどうしても西門豹のような人物の登場が必要だったのである。

神話は歴史を反映している。川の神話はとくに現実的で、政治色が映し出される。古代の農村社会で、川を支配することは絶大な権力を手中にしたことを意味している。

灌漑の実権を握り、五穀豊穣と子孫繁栄の祭礼を取り仕切る三老は、農民の目から見れば河伯のようなものだろう。三老が河伯になり代って農民の美しい娘たちを次々に要求することだってないわけではなかったろう。

そうした悲しい現実が、神話に昇華したと推理することもできないわけではない。河伯が一時的に娘を要求することはあったにしても、人身御供を実質的に享受していたのは三老のほうだったのかもしれない。

ガンジス川

ガンジス川の左岸に、ベナレスという聖地がある。インドの人々が川で沐浴する姿はテレビでもよく放映される馴染みの光景だが、ベナレスの祭礼には毎年数十万の人々が押し寄せてガンジス川で沐浴する。

インドの聖河といえば、ガンジス、サラスヴァティー、ヤムナーの三つの大河があるが、ここでは主にガンジス川を取り上げる。ガンジス川の女神はガンガーである。人々はなぜガンジス川を聖河と称え、こぞってこの河で沐浴するのか。

『ラーマーヤナ』のなかにその答えがある。この叙事詩の主人公ラーマは、ダシャラタ王の王子で、ヴィシュヌ神の化身である。ダシャラタ王は、ガンジス河の北にあるコーサラ国を治めていた。コーサラ国の首都はアヨーディヤーである。

ラーマは、首都の王宮で、聖仙のヴィシュヴァーミトラからさまざまな教育を受ける。そのひとつに首都アヨーディヤーにまつわる神話・伝承がある。ヴィシュヴァーミトラは、ガンジス川が天から降下した由来を王子に語ってきかせる。

その昔、アヨーディヤーを治めていたのはサガラという王だった。サガラ王には二人の王妃がいた。一方の王妃には王家を興す一人息子、他方の王妃には六万人の息子たちがいた。

ベナレスのガンジス川（原田由美子撮影）

あるとき、サガラ王は馬祀祭を催すことにしたが、犠牲の馬が逃げてしまう。王は全土を探しても見つからなければ、大地を掘ってでも見つけて来いと息子たちに命ずる。

六万人の息子たちは、東西南北の大地を掘り尽くし、ようやく北方の下界にカピラ仙の姿を認める。聖仙のそばで犠牲の馬が草を食んでいたのである。息子たちは、馬を盗んだのはおまえだといってカピラ仙に打ちかかる。苦行によって無限の威力を修得していた聖仙は、六万人の息子たちを灰の塊に変えてしまう。

三万年の間王国を統治していたサガラ王が死ぬと、王家を興すといわれた一人息子のアンシュマットが王に選ばれる。偉大な王であったが、王位を息子のディリーパに譲って、ヒマヴァット山（ヒマラヤ）の山頂で三万二〇〇〇年のあいだ厳しい苦行を修める。六万人の異母兄弟の遺灰をどうすれば供養できるか瞑想したかったからである。

ディリーパ王も、三万年の間、苦行し王国を統治した後、息子のバギラータに王位を譲る。バギラータ王も一〇〇〇年間苦行を続ける。腕を上に上げて立ったまま、「五火の苦行」を続けたという。宇宙神のブラフマーが、この苦行に感心して現われ、恩寵を求めよとバギラータ王に語りかける。

王は六万人の遺灰がガンガーの水で清められますようにと懇願する。ブラフマー神は、大地はガンガー女神の降下を支えきれない。支えられるのはシヴァ神だけだと答える。シヴァ神は神々のなかでも最もすぐれた苦行者である。

ブラフマー神が立ち去った後、王はシヴァ神に祈りを捧げる。シヴァ神はこの祈りを聞き届け、天から落ちてくるガンガーの大急流を頭髪で受けとめる。ガンガーの流れは、長い間、束ねた髪の環から出られず、その中をぐるぐる回っていた。

それから、シヴァ神は、ガンガーの流れを放つと、七つの川となって大地に流れ出る。こうしてサガラ王の六万人の息子たちの遺灰は、ガンガーの流れに清められて天に赴き、神のように天にとどまることになったという。

ここで語られている神話は、アヨーディヤーを初めに治めた歴代の王たちの苦行である。天界からガンジス川が降下したのは、始祖王たちの長く厳しい苦行のおかげだったのだと、聖仙のヴィシ

シヴァ神

ュヴァーミトラは、アョーディャーの王位継承者であるラーマに教えようとしている。

しかも、苦行者たちが修行する期間は、王位に就いていた期間と同じように、いずれも天文学的な長さである。始祖王たちがこのような長く厳しい苦行を繰り返さなければ、ブラフマー神が現われることもなかったろうし、ヒマラヤ山頂で苦行を続けるヨーガ行者のシヴァ神が頭髪で大急流を受けとめることもなかったろう。

ガンジス川は、北方のヒマラヤ山脈を源流にして、インドの大地を潤す。サガラ王の神話には、この事実がさりげなく盛り込まれている。サガラ王の六万人の息子たちが北方の大地を掘り進めて下界に通じる道を探り当てたのも、この事実に近づけようとする伏線だろう。シヴァ神が神話に登場するのも、ヒマラヤ山頂で孤高の修行をしているからである。

ラーマは、聖仙のヴィシュヴァーミトラが諄々と説いて聞かせるサガラ王の物語を重く受けとめる。あるいは後になってたびたび反芻せざるをえなくなる。

この後に訪れるチトラ・クータ山での厳しい苦行を体験しなければ、ラーマもまた始祖王たちに匹敵するようなアョーディャーの聖王になれないからである。

ラーマは、第一位の王位継承者であったが、王位を異母兄弟のバラタに譲り、自ら進んで山頂での苦行の生活を選び取る。後に聖王となって地に潤いをもたらすためには、苦行は避けて通れない道なのである。ラーマはヴィシュヌ神の化身であり、ヴィシュヌ神は地に潤いをもたらす神である。

インドの神話では、ガンジス川はヴィシュヌ神の大きな足指から流れ出ているといわれている。

インドの大地を潤すガンジス川の恩典が、古代の人々には地に潤いをもたらすヴィシュヌ神の役割のひとつと思えたのだろう。

となれば、苦行を終えたラーマは、聖王として、大地を潤すガンジス川の役割を果たさなければならないわけだ。聖仙のヴィシュヴァーミトラが、少年時代のラーマに、天から降下したガンジス川の由来を、長々と説いて聞かせた理由はこれだったのである。

女神ガンガーは、ガンジス川の流れのように雄大で静かな恵み深い母神、「幸福を授け、解脱をもたらす母」（『インド・アート』、ツィンマー）といわれている。

ナイル川

ナイル川上流に住むディンカ族、アヌアク族、シルック族は、出自がほとんど同じとみなされているところから、まとめてナイル系諸民族といわれている。彼らは、基本的には遊牧民族だが、どの民族も農業、漁業、牧畜を兼業にしている。

ここでは、ナイル系諸民族の神話を取り上げ、遊牧民族が川をどう考えていたのか神話を通して見てみよう。そこから、中国やインドのような農耕民族とは違った、遊牧民族の異質の考え方が、おのずから浮き彫りにされてくるからである。

ナイル川にまつわる話としては、ディンカ族に「銛（もり）の主」という神話がある。

部族にやもめの老婆がいたが、この老婆には子供がなく、ナイル川のほとりで涙にくれていた。

哀れに思った川の神が、川に入って腰巻きを取れば性器のなかにさざ波を送り込んでやると告げる。言われた通りにすると、老婆は妊娠し、男の子を生んだ。男の子はアイウェル・ロンガーと名づけられた。

ロンガーは、幼いうちからめざましい力を発揮するようになり、大旱魃のときには、古株から水を湧き出させた。ところが母方の系族は、物心もつかないうちにロンガーを捨ててしまう。ロンガーはそのまま姿を消し、母方の部族の何名かが、ロンガーの後を追った。

彼らは川のほとりでロンガーに追いついた。ところがロンガーはナイル川をすんなり渡ってしまう。彼らも川を渡ろうとしたが、向こう岸からロンガーが銛で彼らの頭をつつくので、渡れない。しかし、その中のひとりが棒に牛の仙骨を付け、ロンガーの目の前に差し出した。おかげで骨を持っていた男は、川から出られた。男はロンガーと戦い、勝利を収める。

こうしてロンガーと折り合いがつくと、男は系族の全員を集めて、神聖な銛を分配し、神々に祈願するのに、どうやって銛を使えばよいかを教えてあげた。こうして、ロンガーと、彼を追いかけた男たちは、ディンカ族の司祭クラン（親族）の始祖になった（『世界神話大事典』、大修館書店）。

この神話は、牧畜民族にとって、川渡りがいかに死活の問題だったかを語っている。アイウェル・ロンガーは、老婆とさざ波から生まれたナイル川の精霊である。だから、どんなときでも川をすんなり渡ることができる。

しかし、人間や放牧牛となると、そうはいかない。渡りたくても、銛の主である川の精霊が邪魔をして渡らせてくれないのである。これは、もちろん川の精霊が邪魔をしているわけではなく、自然現象の厳しさを語っているわけだ。それでも放牧牛を連れて草の繁る向こう岸まで渡らなければ、こちら側の草を食べ尽くした放牧牛は死んでしまう。

男が棒に牛の仙骨を付け、ロンガーの目の前に差し出したのは、放牧牛が川を渡れるよう川の精霊に祈っているのである。牛の仙骨は放牧牛のシンボルである。しかし、精霊はいつも邪魔をするわけではない。救いの手も差し伸べる。牧人たちと戦ってわざと負けてやるのだ。負けてやらなければ、牧人たちは川を渡れないからだ。

川を無事に渡れたおかげで、川の精霊のシンボルである銛は神聖なものになる。そして、この銛を所有するものが、司祭クランの始祖になって、以後、代々この司祭クランの後裔が川を支配し、部族を統括するようになる。

中国では、川渡りは、雨を呼び寄せる象徴的な儀式か、未婚の男女を結びつけるシンボルとしての役割を演じていた。その背景には、大地の豊穣と女性の多産を願う、農村社会の祈りがこめられていた。豊穣の祭礼や物語には、どこかしらはめをはずしたディオニュソス的な雰囲気が漂う。

しかし、牧畜民族の川渡りは、もう少し直線的で禁欲的である。余計なものを削ぎ落として、神話は川渡りの話だけに集中している。川渡りは、川の精霊と牧人との戦いに終始する。精霊が勝つか、あるいは放牧牛のために精霊が牧人に勝ちを譲ってやるかのどちらかだけである。精霊が勝てば、放牧牛は川で溺れて牧人は糊口を絶たれる。「川の精霊が自然の厳しさを人間に教えた」で神話は終わる。

神話の筋書きはこれだけで余分なものはないから、そこで話を閉じれば、結果的に人は途絶え、人が途絶えれば神話も滅びる。川の精霊は、牧人に勝ちを譲るしかないのだ。放牧牛を無事に渡らせ、勝利を収めた牧人は、こうして牧畜社会で特権的な地位を占めるようになる。

しかし、川の精霊が勝とうが負けようが、精霊が人間に対して生殺与奪の権限を有していることに変わりはない。川渡りは、それだけ死活の問題なのである。

アヌアク族の起源神話では、川の精霊が人間の娘と結ばれる。子供たちが川で釣りをして遊んでいると、川の精霊が現われ、釣りの仕方を教えてあげる。子供たちから話を聞いた大人たちが川にやってきて精霊をつかまえ、村に連れて帰る。精霊は首長の娘に引き合わされて結ばれる。娘は妊娠する。精霊は、家畜を連れて川に戻る。帰り際に精霊は、子供にあげるのだといって、真珠の首飾りを妻に託す。男の子が生まれ、この子が貴族クラン（親族）の始祖になる（『世界神話大事典』、大修館書店）。

ディンカ族では、川の精霊と戦って勝利を収めた牧人が司祭クランになったが、アヌアク族では、川の精霊が部族の娘と結婚して子供を生み、貴族クランを生み出す。川の精霊の血を引く血統が強調されているわけだ。

シルック族になると、さらに血統が強調され、王族だけが川と深い関係を持つようになる。初代の王のニイカングは、神が川のなかで創った牝牛の後裔である。母は人間に身をやつしたワニである。歴代の王は、王位に就くとニイカングに転生する。

いずれにせよ、どの部族でも、ナイル川が圧倒的な威力を持っていたことだけは間違いない。

山は天と地を結ぶ梯子のごとく

踊る山・歌う山　聖書の修辞学

一九世紀フランスの歴史家、ジュール・ミシュレ（一七九八—一八七四）の『山』を読んでいると、彼が「歴史の父」と呼ばれていただけになおさらのこと、「歴史」というものが悠久不変の自然にすっぽり呑み込まれて、その場その場の一回性のものに思えてくるから不思議である。ミシュレは、その他にも『鳥』だの『虫』だの『海』だの一連のナチュラル・ヒストリーを書いているから、なかなかどうして大変シンボリックな歴史家なのである。

彼はアルプスに登って、まじかにモン・ブランを見たときの光景を「氷の大外皮とフードに身を固めた巨大な白い修道士」（大野一道訳）のようと書き留めている。他を寄せつけない山の凜とした威容に「歴史」を超えた「宗教」を感じ、自然の象徴性に打たれているのだ。「巨大な白い修道士」のようなモン・ブランが、この歴史家に悪臭の漂う俗世の歴史を一瞬忘れさせ、悠久不変の象徴的な言葉を語りかけてきたのだろう。

山が原初の象徴性をたたえて揺るぎないのは、天と地をつなぐ特権的な出会いの空間だからである。

それだけではない。山は大地の隆起したもの、清く荒れた大気が吹きつけ、大河をつくり、木々を茂らせ、鉱物を孕み、溶岩を隠し、太陽と月の光をまじかに浴びる場所、つまり、五行どころか、万物を構成する日曜から土曜までの七つの基本要素をたっぷり貯蔵した場所なのである。人間が太古の昔から山に魅せられたのも故なしとしない。

聖書には、モリア山、シオン山、ホレブ山、タボル山、シナイ山、ヘルモン山と由緒ある山がいろいろ出てくる。山をめぐる聖書の記述を象徴的に見ていくと、山が万物の創造主である神の視点からその所有物、生き物のように描かれていることにまず引きつけられる。

シオン山のモーセ

例えば、『イザヤ書』では、「山々を秤にかけ、丘を天秤にかける者があろうか」（四〇、一二）と語られる。神が自在に山や丘をはかりにかけているわけである。

また『詩篇』では、「山々は雄羊のように、丘は群れの羊のように踊った」(一一四、四)とか、「タボル山とヘルモン山は、御名を喜び歌います」(八九、一三)とかと謳われる。神を祝福して山や小山が人間のように歌い踊っているわけである。

高地と低地　聖書における山のシンボリズム

一方、『イザヤ書』ではこう述べられる。

主の山に登り、ヤコブの神の家に行こう。……主の教えはシオンから、御言葉はエルサレムから出る。(二、三)。

山頂は天と地の接点にある。人は神との出会いを求めて山に登る。民を率いてエジプトを出立したモーセは、シオン山でヤハウェと契約を結び、律法を得た。この契約によって、イスラエル民族はヤハウェの選ばれた民族になった。聖書では、このくだりはこう語られている。

モーセが神のもとに登って行くと、山から主は彼に語りかけて言われた。……イスラエルの人々に告げなさい。……今もしわたしの声に聞き従い、わたしの契約を守るならば、あなたたちはすべての民の間にあってわたしの宝になる。世界はすべてわたしのものである。あなたた

息子イサクを生け贄にするアブラハム

ちは、わたしにとって祭司の王国、聖なる国民となる。（『出エジプト記』一九、三―六）。

また、アブラハムは、モリア山で最愛の一人息子イサクを人身御供としてヤハウェに捧げた。だが、ヤハウェは神を信じるアブラハムのひたむきな信仰ゆえにイサクの命を救った。

神が命じられた場所に着くと、アブラハムはそこに祭壇を築き、薪を並べ、息子イサクを縛って祭壇の薪の上に載せた。そしてアブラハムは、手を伸ばして刃物を取り、息子を屠ろうとした。

そのとき、天から主の御使いが「アブラハム、アブラハム」と呼びかけた。彼が「はい」と答えると、御使いは言った。「その子に手を下すな。何もしてはならない。あなたが神を畏れる者であることが、今、分かったからだ。あなたは自分の独り子である息子すら、わたしにささげることを惜しまなかった」。

アブラハムは目を凝らして見回した。すると、後ろの木の繁みに一匹の雄羊が角をとられていた。アブラハムは行って

その雄羊を捕まえ、息子の代わりに焼き尽くす献げ物としてささげた。（『創世記』二二、九―一三）

ソロモンは、エルサレムにあるこのモリア山に主の家を建てはじめた。主の家とは壮大なエルサレム神殿のことである。モリア山は「父ダビデの前に主が現れた場所」（『歴代誌下』三、一）だからである。ダビデとソロモンはイスラエル民族がもっとも繁栄した時代の王たちである。エルサレム神殿の記述は聖書では次のようになっている。

神殿建築のためにソロモンが据えた基礎は、次のような規模のものであった。奥行きは古い尺度に従って六十アンマ、間口は二十アンマ。前廊は、奥行きが神殿の間口と同じ二十アンマ。高さは百二十アンマ。彼は純金で内部を覆った。この大いなる神殿に糸杉材をはり付け、それを上質の金で覆い、その上になつめやしと網目模様の浮き彫りを施し、宝石で神殿を美しく飾った。……

彼は、至聖所の中に二体のケルビムを鋳物で造り、それを金で覆った。……

彼は神殿の前に二本の柱を作った。……右の柱をヤキン、左の柱をボアズと名付けた。（『歴代誌下』三、三―一七）

一般に聖書では、シオンというのは、エルサレム全市ないし神殿のある山を指している。だから、モリア山もこのシオンのなかに含まれる。そして、終わりの日には律法が生まれ、主の言葉が発せられる由緒あるこのシオンの山に、「見よ、小羊がシオンの山に立っており、十四万四千の人々が小羊と共におり……彼らは女にふれて身を汚したことのない者である」。(『黙示録』一四、一)

小羊はここではキリストを象徴している。世界からシオン山をめざして登った純潔の者たちだけが、キリストとともに生き残れるといっているのである。

見よ、主の日が来る。……主は全地の王となられる。全地は…平地のように変わる。しかしエルサレムは高くなって……その中には人が住み、もはやのろいはなく、エルサレムは安らかに立つ。(『ゼカリア書』一四、一)

終わりの日に続いて主の日が訪れる。その日、エルサレムは高くなり、全市がシオン山のようになる。『黙示録』と『ゼカリア書』を重ねて読めば、高くなったその場所に、純潔の者だけが群れ集い、安らかに生き残る。聖書では、高地と平地の象徴性が対照的に描き分けられているわけである。

それなら、聖書では、平地はどのような象徴的意味を持っているのか。『創世記』のロトの話にその意味が端的に表現されている。ヤハウェはロトに向かってこう語りかける。

命がけで逃れよ。後ろを振り返ってはいけない。低地のどこにもとどまるな。山へ逃げなさい。さもないと、滅びることになる。(一九、一七)

ロトはアブラハムの弟である。二人はヤハウェから故郷を離れ、別の地にイスラエル民族の礎を築きなさいと言われる。

兄弟は言われた通り父の家を離れ、アブラハムはカナンの地に、ロトはヨルダンの低地に居を定める。ロトは、低地の町々に住み、神の天幕をソドムに移した。

ところが、「ソドムの住民は邪悪で、主に対して多くの罪を犯していた」(一三、一三)。そこで、神は、ロトとその妻を山に逃し、ソドムとゴモラの上に硫黄と火を降らせて、「これらの町と低地一帯を、町の全住民、地の草木もろとも滅ぼした」(一九、二五)。しかし、ロトの妻はうしろを振り返ったので塩の柱にさせられる。

低地には、ソドムとゴモラの町が象徴しているように、悪が充満している。低地は、神の視点、純潔の者たちの眼から見れば、振り返ってはいけない罪人たちの不浄な場所なのである。ロトの妻は、後ろ髪を引かれるように、自分が一時住んだ町をなつかしみ、一瞥しただけで塩の柱にさせられた。悪の誘惑に負けたと思われたのである。

もちろん、平野だからといってことごとく悪の巣窟になるとはかぎらない。しかし、イスラエルの王国は、四方を多神教の農業国に囲まれている。そこからバールなど偶像礼拝の神々が入り込む。一神教は多神教の脅威にさらされ続けた。それが旧約聖書に記されているユダヤ民族史の内容である。

しかし、そうした史実を度外視しても、平野は一般社会の空間、良俗と悪習が入り乱れた多数者の世界である。魂の高潔を追い求める宗教は、そうした雑居状態を好まない。

聖書では高地と低地が精神の高さ、低さと重なり合う。人は精神の高みを求めて山をめざす。アブラハムがモリア山に登るのは、神を信じ続けているからである。そこに一点の曇りも入り込む余地はない。

最愛の息子を殺すことは、アブラハムにとって最大の痛苦である。その痛苦をはるかに超えた精神の高さを持続させたまま、山に登れるかと、神はアブラハムに問うている。

アブラハムは黙々と山に登る。呪詛もなければ傲慢さもない。妙にへりくだった気持ちもない。アブラハムは、息子を焼き殺す燔祭の薪を淡々と準備し、いつもしているように息子を従えて山に登る。神に対するあふれるほどの愛があるからである。

これほど信じ切っているのにどうして身悶えする必要があるのか。神に対する全幅の信頼を前にしては、最大の痛苦、最大の試練さえ日常的になる。だから、神はイサクを救ったのである。これほど曇りない精神の高さが証明されたからには、どんな苦しみ、どんな試練も雲の下の出来事である。アブラハムは山頂で「巨大な白い修道士」のように清らかな大気を吸い込む。それは神の息吹である。

しかし、低地から見れば、それは孤立無援の単独者の息吹である。凡俗の人間に息子を殺すアブラハムの試練は耐えられるものではない。耐えられるはずがないから、凡俗の人間がたまたまそうした試練に遭えば、神は定石通り、土壇場の逆転もなく息子を殺すのである。精神の高さ、神への愛が足りないからである。アブラハムの物語は低地に生きる我々にそう警告を発している。

しかし、アブラハムやモーセのような、とりわけすぐれた単独者、予言者だけが山頂をきわめ、神と出会えたとしても、山をめざすそれほどすぐれていない高潔な人々も大勢いる。

『黙示録』はその数を具体的に十四万四〇〇〇人といっている。神殿はこうした人々のためにある。ソロモンは、そのためにシオン山にエルサレム神殿を造った。

山頂の神殿は神を呼び寄せる。人々も呼び寄せる。神殿は単独者のものではない。集団のものである。

たとえ神が降臨しなくても、人々は神を求めて神殿に集まる。神と出会えるのはアブラハムやモーセのような単独者だけである。しかし、女を知らない十四万四〇〇〇人の純潔の人々には小羊が付き添ってくれる。小羊は、キリストの象徴であり、象徴でしかない。

神殿は象徴で充満した空間である。単独者に象徴は必要ない。実際に神とめぐり合えるからである。象徴は集団のためのものである。集団を束ねる王（ソロモン）が神殿を造ったというのは当然といえば当然なのだが、思えば象徴的な出来事である。ここには単独者の宗教から少数者の宗教、あえていえば集団の宗教、政治的宗教への移行がある。そこから低地への下降が始まる。政治は多数者を束ねる低地の生業だからである。

晩年、ソロモンは多数の異国の女を愛し、妻の数は七百人、妾の数は三百人に達したといわれる。聖書では、イエロボアムがダビデ王朝に反旗をひるがえした理由を、ソロモンのこの堕落に帰している。

以後、イスラエル民族はユダ王国とイスラエル王国に二分され、最後まで統一を見ないまま離散する。山頂に神殿を造ったソロモンですら、低地への失墜を免れることができなかった。

しかし、神を求める者には低地にいようと、ヤハウェはこう呼びかける。「立って、平野に出て行きなさい。そこでわたしはあなたに語る」(『エゼキエル書』、三、二二)。

山頂、谷、低地が垂直的に精神の高低を暗示しているのだ。心に神を秘めた者は、梯子を登るように低地から谷、谷から山頂と高所をめざす。そして、めざせばめざすほど、いつかどこかで神は呼びかけるだけでなく、語りかけてくれる。

しかし、神を忘れた者は、たとえ山頂に神殿を造ろうと、低地に降る。これが聖書の語っている山のシンボリズムである。

インドの山を叙事詩『ラーマーヤナ』の世界に見る

『ラーマーヤナ』は、『マハーバーラタ』と並んでインドの二大叙事詩に数えられている。この二つの叙事詩は、東南アジア全域に流布したが、その影響力はヨーロッパ全域に流布したギリシアの二大叙事詩『イリアス』と『オデュッセイア』に匹敵する。

世界の三大宗教である、キリスト教、イスラム教、仏教を除いて、世界にこれほど根づいた物語は、ギリシアとインドの四つの叙事詩をおいて他にないのではないか。

『ラーマーヤナ』で、主人公のラーマと妻のシーターが登るチトラ・クータ山への道行きは、この叙事詩の山場になっている。この山は、「数多くの聖仙たちがそこで百年の間苦行をし、その功徳によってシヴァ神に連れられて天上界に昇った」(岩本祐訳)聖山である。

ラーマはコーサラ国の王ダシャラタの長子である。王には四人の子供がいた。長い間、王には世継ぎがいなかったので、不憫に思ったヴィシュヌ神が人間に生まれ変わった。その化身がラーマである。

成長したラーマはジャナカ王の娘シーターと結婚する。シーターは普通の娘ではなく、王が耕作していたときに田から出てきた大地の娘である。

老いた王は、ラーマを王位継承者と定め、即位の準備をととのえる。ところがカイケーイ妃が実子のバラタを王位にすえるように進言する。

王は困ったが、それを見たラーマは、異母兄弟のバラタに王位を譲り、チトラ・クータ山で十四年間修行することを決意する。その間、バラタを怨まず、父と母に仕えて自分を待っているように妻のシーターを諭すのである。

ところがシータは同行するといってきかない。山の厳しい生活を語ってもだめなのである。ラーマは妻との追放生活を決意する。


二人が登ったチトラ・クータ山頂の光景は美しい。珍しい花々が咲き乱れ、木の実や果実が豊富で、鳥が舞い、孔雀が鳴き、象や鹿が群れ集い、蜜蜂が集めた蜜がどの木にもぶらさがっている。まるで天上の楽園を想わせるような風光明媚な光景である。

著者のヴァールミーキ(前三世紀頃)は、この西方浄土のような光景を通して夫婦の精神の高さと愛の高さを同時に謳いあげようとしているかに見える。

山頂は天と地の融合するところと前に書いたが、ラーマは天（ヴィシュヌ神）の化身、シーターは地の娘である。天と地が夫婦となって融合したこのカップルほど山頂にふさわしい人物たちはいない。二人は苦行僧のような生活を山頂で始める。

山での十四年にわたる長い追放生活は、ラーマが聖王になるための通過儀礼である。しかし、たとえ苦しくとも、山頂は天の啓示を受けやすい。ラーマは、大地の娘とともにそれをたっぷり吸収し、地に降って地を統べる。二人の出自からいって、天の教えを地に伝える役割をこの夫婦ほど理想的に果たせる人物はいそうにないからだ。

普通なら、山頂のイメージは、聖書の世界が明らかにしているように精神の高さだけを禁欲的に訴えかけるものだ。山頂はその場合、人を寄せつけない荒涼とした風景になるのが自然だろう。

しかし、『ラーマーヤナ』では二人の清貧生活だけでなく、純粋な愛を称えるように山頂の風景は花々の咲き匂う天上の楽園である。ヴァールミーキの筆力は、山頂のシンボリズムを愛の高さにまで拡大して揺るがない。それが我々をすなおな感動へ誘うのである。

ヴィシュヌ

すぐれたイメージというのは単純明快なものだ。複雑さを内包しながら、力強く単純に我々に訴えかけるもの、それが時代の荒波をくぐりぬける。

例えば、主人公のラーマとシーターの夫婦は、天(ヴィシュヌ神)の化身、大地の娘という二人の生まれからして宇宙軸としての山のイメージそのままである。山は宇宙の軸として天と地を結びつける。『ラーマーヤナ』では、二人が登るチトラ・クータ山が具体的な宇宙軸になっている。しかし、ラーマとシーターの愛が純粋で深く高いものでなければ、天と地は分かれ、夫婦に血肉化された宇宙軸のイメージは寸断される。そうなれば、山頂の花々が咲き乱れる必要もない。楽園の風景は夫婦の絆を高らかに讃える必然の風景なのである。

宇宙軸としての山のイメージは、アジアでもっとも広く見られる概念である。スメール山やマンダラ山は、インドの代表的な宇宙山である。

とくにスメール山は、仏教を通じて東南アジア全域に伝播し、日本にまで伝えられている。須弥山はサンスクリット語のスメールを日本語に音写したものだし、妙高山はその漢訳である。スメール山は天頂と地底を貫き、山を中心として水平・垂直の両方向に三千世界が広がる。人間が住む瞻部洲《せんぶしゅう》というところはその一世界にすぎない。

インドにはヴィシュヌ神がマンダラ山を棒にして乳海を掻き回す有名な創世神話がある。この乳海から生まれたのが、不死の飲料アムリタ(甘露)と、豊穣の女神シュリー、それに世界の宝である。『ラーマーヤナ』では、山に登る前のラーマに、聖仙のヴィシュヴァーミトラがこの乳海攪拌の神話を諄々と説いて聞かせる。

また、『リグ・ヴェーダ』では、ヴィシュヌは天・空・地を三歩で闊歩した、と書かれている。ヴィシュヌ神は天と地をつなぐ創造神である。そのために彼はさまざまな姿に化身して地に潤いをもたらす。仏陀も、ラーマも、『マハーバーラタ』の主人公クリシュナも、ヴィシュヌ神の化身なのである。

ラーマは、山頂の生活を終えたら、聖王として地に潤いをもたらさなければならない。ヴィシュヌ自身が乳海をマンダラ山で掻き回して豊穣を生み出したように、ラーマもチトラ・クータ山を棒のように使って、大地を乳海のように豊穣にさせなければならない。

そのためには、チトラ・クータ山が折れるようではどうにもならない。ラーマとシーターの愛は、生身の宇宙軸そのものである。山から降りても愛が強靱で、本物の山に代わる愛の宇宙軸を棒のように使って聖王のまつりごとにらつ腕が振るえなければ、天の恩恵も大地に届かない。その意味で、チトラ・クータ山は二人の愛を象徴しているといっても過言ではないのである。

中国の山

中国の不周山も宇宙軸である。『淮南子』「天文訓」にはこうある。

昔、共工《きょうこう》は顓頊《せんぎょく》と帝位を争い、怒って不周山に触れた。天柱は折れ、地維（地をつなぐ綱）は絶ち切れた。そのため天は西北に傾き、日月星辰も移った。

太陽、月、星の運行は、不周山が崩れたことから始まったといわれる。海洋が作られたのも不周山の崩壊で大地に穴が開き、そこに河川が流れ込んだためということになっている。天地をつないで天を支えるのが天柱だから、それが崩れればこのくらいの異変は起きるだろう。

　これを補修したのが女媧である。『淮南子』「覧冥訓」には、女媧が五色の石を練って蒼天を補い、亀の足を断って四極（四隅の柱）を立て、黒龍（水の精）を殺して中国を水禍から救ったとある。

顓頊

『淮南子』「墬形訓（ちけいくん）」には崑崙伝説も載っている。崑崙山は、西の最果ての仙境にある宇宙山だった。どんな山か見てみよう。

　崑崙山のなかほどには九層の城楼があり、その高さは一万一千里百十四歩二尺六寸あった。

　この城楼の上には東西南北に玉樹、不死樹、碧樹などいろいろな巨木が生えている。四面には四十の門があり、門と門の間隔は四里ある。崑崙山の野菜畑には黄水（黄河）が注ぎ、黄河は三周して水源に戻る。崑崙山の東北から発した黄河は、渤海に流れ込む。さらに、赤水、弱水、洋水も崑崙山を水源にしている。

崑崙山をその倍登ったところに、涼風という山があり、この山に登ると不死を得る。またその倍の高さのところに県圃という山があって、この山に登ると霊を得て、風雨を自在に操れる。さらにその倍を登ると、上天に達して神霊を得る。ここが太帝（天帝）の居といわれているところである。

『淮南子』はさらに続けて、有名な三本の宇宙樹の描写に入る。扶木（扶桑の木）は陽州にあって日の出の場所、建木は都広にあって諸帝（神々）が上り下りする巨木、若木は建木の西にあって、そのこずえには十の太陽がかかり、地上を照らしている。

『淮南子』の崑崙伝説の記述はこれで終わる。この記述によれば、崑崙山は九層の城楼でできているばかりか、山の構造も崑崙山という本山の上に、涼風、県圃という二つの山が垂直に三段連なって天に達していることがわかる。

また、建木によって神々が天地を往来するだけでなく、若木には十の太陽が果実のようになっているというのだから、『淮南子』の記述は、崑崙山の宇宙山としての特徴をよほど強調したかったのだろう。

このように、天に達する崑崙山は別格として、普通の山でさえ登れば天に近くなるわけだから、仙道を追求する仙人たちが名山に籠もって瞑想にふけったのは当然だろう。『抱朴子』は仙道の心得をこう述べる。

必ず名山に入り、百日間斉戒し、五辛（ニラ、ラッキョウ、ネギ、ニンニク、ハジカミ）や生魚を絶ち、俗人と顔を合わせぬようにすること。そうしてこそ大薬を作ることができる。薬を作って、できあがったら、はじめて精進落としをしてよい。(本田済訳)

仙道の経典によれば、思いをこらし、仙薬を合成するのに適した山は、泰山、華山、恒山、嵩山、少室山、長山、終南山、女几山(以下山の名が十五ほど続くが省略)……これらの山の主はすべて正しい神であり、ここにはときとして地仙の人が住んでいる。山上にはすべて芝草(霊芝。仙薬の材料)が生えている。ただ薬を作るだけでなく、大戦争や大難を避けるにも適している。

もし道をわきまえた人がここに登れば、山神は必ず助けて福を与えてくれ、薬も必ず成るであろう。(前同)

実際、山と縁のある仙人は数多い。『列仙伝』の冒頭は赤松子の話だが、この仙人は崑崙山に登る。引用してみよう。

赤松子というのは、神農のころの雨師であった。水玉を服用して、これを神農にも教え、火の中に入ってみずから焼くことができた。しばしば崑崙山に赴き、いつも西王母の石室の中に宿り、風雨につれて山を上下した。炎帝の末の娘が追ってきて、これまた仙人になることができ、二人とも姿を消した。高辛の時代になって再び雨師となった。今の雨師というのはこれに基づいている。(沢田瑞穂訳)

崑崙山の最上層にそびえる県圃（山）に入れば、霊を得て風雨を自在に操れる。赤松子が崑崙山を選んだのは、雨師として風雨の操作に熟達したかったからだろう。

しかし、崑崙山は仙境にある架空の神山である。『抱朴子』が名山の筆頭に挙げている泰山は、実際にある山東省の聖山である。

古代中国では、伏羲以来七十二代にわたって、歴代の君主が泰山で封禅の式を行った。漢和辞典によれば、「封」とは、土を盛り壇を造って天を祭ること、「禅」とは地をならして山川を祭ること。歴代の君主は、封禅の式をすることでこの世（大地）のつつがない統治を天に向かって祈願したのである。

『列仙伝』には、稷丘君という道士が、泰山へ封禅の式のために巡幸した武帝（前漢の第七代皇帝）を助ける話が出て来る。稷丘君は、泰山の麓で道術に励む仙人だった。武帝は、この仙人のために泰山に祠を建て、祭きの維持に当たらせたという。泰山は、封禅の式で有名なだけでなく、実際に仙道を志す者が修行を積む名山だったのである。

赤松子

『列子』でも山が仙人の住む場所であることが語られている。有名な蓬萊山に言及しているので引用してみよう。

渤海の東の方、何億万里とも計り知れないほど遥か遠い彼方に大きな谷があります……その大きな谷の中に五つの山があって、第一は岱輿山、第二は員嶠山、第三は方壺山、第四は瀛州山、第五は蓬萊山といいます。

これらの山々は高さも周囲も三万里もあり、その頂上の平地は九千里、それぞれの山と山の間は七万里も離れているが、隣り合わせになっています。

その山の上にある宮殿はいずれも黄金や宝石で造られ、そこに棲む鳥獣はみな真っ白で、また美しい珠玉の樹が生い茂っていて、その樹の花や果実はいずれもはなはだ美味で、その果実を食べると、誰でも年もとらず死ぬこともありません。

その山に住んでいる人はみな仙人の類で、昼となく夜となく、遠い山から山へと空中を飛んでいったり来たりする者が数え切れぬほど大勢います。そして、この五つの島山の根元は一つにつながってはいないので、いつも潮や波のまにまに浮きつ沈みつ、しばらくもじっとそびえたっていないのです。（「湯問第五」、小林勝人訳）

『列子』二章には、その他に真人が住む「河州のような島」の描写も出て来る。上に引用した五つの山も海上に浮かぶ島山である。あまりぐらぐらするので、仙人たちが天帝に直訴し、おかげで北極の神の禺彊が十五匹の大亀に五つの島山を支えさせて不動になったことがその後で語られている。

だから、仙人の住む五つの島山も、真人が住む「河州のような島」も、太古の神話上の島山なのだ。秦の始皇帝（前二五九―前二一〇）や前漢の武帝（前一五八―前一八七）は、こうした神話の島山へ、不老不死を求めて、遠征隊を送った。

　とくに武帝は、神仙思想に目がなく、煉丹の術にたけた仙人の李少君を寵愛した。李少君は、服用すれば昇仙できる神丹を作り、武帝に奉った。『神仙伝』には、李少君が病死したとき、「少君は不死のはず。わざと仙化したにちがいない」と慨嘆した武帝の寵愛ぶりが記述されている。

　蓬萊山を含む五つの山は、不老不死を得て、天に昇っていける神山だった。だからこそ、始皇帝や武帝は、莫大な資金をかけて遠征隊を送ったのだろう。

　張騫（?—前一一四）も天河を求めて、黄河の水源へ長旅をしたが、天河は見つからなかった。天河とは天の川のことである。

　不老不死を求めて長旅をする者も、仙道を志して名山で修行を積む者も、目的はひとつ、昇天ということだろう。人が崑崙山や蓬萊山といった神話上の山を夢想し、それどころか、架空の山にすぎない場所へ実際に長途の旅に出るのは、現実の山より神話の山のほうが、天に昇りやすい、不老不死を得やすいと考えていたからだろう。古代人にとって、神話は現代人には想像もつかないほど生身の物語だったのである。

洞窟は三界が交わる聖なる場所

聖なる洞窟

洞窟は、どこかしら神秘的に見えるから、聖所にされる場合が多い。考古学者に言わせると、民間信仰の対象にされた洞窟を見分ける基準は、それなりにあるという。奉納物が出たり、遺灰の堆積があったり、湧き水が出たり、古代都市に近く旧道とつながっている石灰質の幻想的な場所なら、フィールド・ワークをしてみる値打ちがあるという（『世界神話大事典』、大修館書店）。

湧き水は、どこでも霊験あらたかな清めの水に使われた。例えば、妊婦が崇拝していたギリシアのエイレイテュイアという女神は、いろいろな洞窟にまつられていたが、そこの湧き水を飲むとお産が軽くなるといわれていた。

日本にも、籠もり明神をまつった水分（みくまり）神社が、吉野や葛城の水源地にある。稲作に命の水をもたらす、水源地の洞窟が山岳信仰の対象にされたのである。

ベツレヘムの洞窟でイエスが生まれる

洞窟で生け贄の雄牛を殺すミスラ

イエスとゼウスが生まれた洞窟

イエスは、一般にベツレヘムの馬小屋で生まれたことになっている。しかし、外典の『ヤコブ書』では、マリアが洞窟で生んだとされている。ギリシアの最高神ゼウスも、ディクテ山の洞窟で生まれている。

ディクテ山は、イデ山と並ぶギリシアの聖山で、山頂には聖所があった。ゼウスは、生まれた後もこの洞窟でニンフたちに育てられている。母親のレアがニンフたちにそう命じたのである。ゼウスは、成人した後も雄牛に化けて、ディクテ山の洞窟でエウロペを孕ませたりしている。

ニンフの洞窟

ホメロスの『オデュッセイア』第十三巻には、ニンフの洞窟を描写したこんなくだりがある。

入り江の入口に一本の長い葉のオリーヴの木があり、その近くにネイアデスと呼ばれるニンフたちの聖なる気持ちのよいほの暗い洞窟があった……またその中にはたえず清水が湧き出ている。二つの入口があって、一方は北に向き、人間が下りて行く道、一方は南に向き、神々のもので、人間はそこからは決して入らず、不死の神々の道である。(高津春繁訳)

これは、山頂ではなく、海辺の洞窟である。ギリシアでは、洞窟が水の精のニンフの住まいと考えられていたことがこれで分かる。洞窟は、ニンフを介して、神々と人間が交流する場だったのである。ニンフは、聖と俗の中間的な存在であり、洞窟も両者の中間的な空間ということになれば、ニンフが洞窟を住まいとするのは当然なわけである。

洞窟は子宮のシンボル

しかし、時代や地域に違いはあれ、神々、とくに最高神が洞窟で生まれる現象をどう考えたらよいのだろう。洞窟は、地下とつながっているから、普通、洞窟での信仰は地下神をまつったものが多い。

そして、天界、地上、冥界と、三界の広がりのなかで洞窟を考えた場合、それが山頂にあろうと、平地にあろうと、海辺にあろうと、位置の高低とは関係なく、古代人がこの卵形をした岩屋を、宇宙にぽっかり浮かぶ子宮のように感じても不思議はない。

ホメロス流にいえば、神々が天界から下りてくる道、人間が入っていく道、それに冥界に下りていくこの三本の道は、洞窟を子宮にたとえると、子宮に通じているへその緒のようなものだろう。洞窟は、天界、地上、冥界の、三界が交流する神秘的な空間、宇宙に浮かぶ卵、世界の中心だったのである。だから、イエスやゼウスのような最高神が、宇宙の中心にある卵形の洞窟で誕生するのもなるほどと納得できるのである。

イスラム教の洞窟

『コーラン』にも、洞窟での神秘的な体験を語った章がある。「洞窟」と題された十七章である。この章には、七人の若者が登場する。イスラム神秘主義者は、彼らのことをハディル、または緑の男と呼んでいる。

この若者たちが、多神教を奉ずる同胞たちときっぱり縁を切って、洞窟に避難し、深い眠りに落ちる。目を覚ましてみると、数時間か一日程度の眠りと思っていたものが、何と三〇九年間も眠っていたというのである。

ユングは、この挿話に詳細な解釈を加えている。この長い眠りは、若者たちが不死を獲得したことを意味するし、七という数字は、神聖な数なので、彼らが神であることを暗示している。

彼らは、眠っているうちに変容し、それによって永遠の若さを獲得した。ここで語られているのは秘儀なのだという。洞窟は、生まれ変われる秘密の空間であって、ここに避難すれば、卵のように暖められて新しく再生できるというのである（『個性化とマンダラ』、林道善訳）。

「洞窟で眠る七人の若者たち」の話は短い挿話なので、これに続く二つの法話を合わせて読まないと、その変容過程はなかなか分からない。二つの法話には、モーセとドゥルカーナイン（＝アレクサンダー大王）が登場し、この二人の偉人がハディルから真理の道を示される。だから、緑の男がアラーの化身で、たえず若返る「神の僕」であることが分かる。

ちなみに、緑色は、イスラムの旗の色であるし、イスラム教徒にとっては「救い」のエンブレムで、神の僕のマントの色である（『世界シンボル大事典』、大修館書店）。

砂漠の多いアラブの世界で、オアシスの緑地帯が旅人を若返らせてくれる救いの場所に映ったのは当然のことだろう。だから、私に言わせれば、『コーラン』のこの挿話は、砂漠を長いことさすらっていた信心深い旅人が、やっとのことでオアシスとめぐりあい、水をたっぷり飲んでから、しみじみと緑の木々に見とれ、オアシスのそばの洞窟でぐっすり寝込んですっかり若返り、つくづく神のありがた味を知って作り上げた夢物語とも受け取れるのである。

緑色のマントを羽織ったハディルとは、木々の茂みに洞窟を隠し、満々と水をたたえたオアシスのことであり、だからこそ、この神の僕は、緑の男と呼ばれるようになったのではないか。

イスラム世界の民間信仰では、ハディルは、人間に救いの手を差し伸べる身近な助言者、神の僕として今なお親近感をもって尊敬されているとのことである。

いずれにせよ、洞窟は、キリスト教ではマリアが処女懐胎する神秘の子宮、ギリシア神話ではゼウスを孕んだり、ゼウスが孕ませたりする聖なる孵卵器、イスラム教ではただの若者を深い眠りによって神の僕に変容させる錬金術の炉なのである。

ローマの洞窟　冥界への入口

洞窟が冥界とつながっていることを端的に表現した作品に、ウェルギリウス（前七〇―前一九）の叙事詩『アエネイス』がある。この作品の第六巻は、主人公アエネアスの冥界下りの話に割かれている。

クーマエ（現在のナポリに近い）の岸辺にたどり着いたアエネアス一行は、その足でアポロンの巫女シビュッラのいる洞窟を訪ねる。そこにはアポロンの神殿もあって、神殿の扉には、半人半牛の怪物ミノタウロスと一緒に、クレタ島のラビュリントス（迷宮）も描かれている。

アエネアスは、巫女のシビュッラから、冥界下りをしようと思うなら、その前に冥界に捧げる金葉の小枝を手に入れておかなければできないことを教えられる。森に入ったアエネアスは、二羽の鳩から金枝のありかを知らされ、これをもぎ取ると、シビュッラの案内で地下の世界に降りていく。

三途の川、アケロン川を川守のカロンに脅されながら渡り終えたアエネアスは、冥界のありのままの様子をつぶさに目撃する。そこには地下の番犬ケルベロスがいる。狂乱の恋に走った女たちや無辜の罪で死んだ者たちがいる。トロイ戦争で命を落とした戦友たちとも再会する。最後に冥界の王プルトの宮殿にたどり着き、最愛の父アンキセスの亡霊とめぐり合う。

ウェルギリウスが叙事詩を書いた動機には、当時のローマで国家の起源に対する関心が高まりを見せたことが背景にあったといわれている。叙事詩の前半では、ホメロスの『オデュッセイア』にならって、主人公がトロイを脱出して、イタリアに到着するまでの放浪の旅が描かれている。

後半では、『イリアス』にならって、イタリア女性との結婚をめぐって主人公が原住民と繰り広げた戦いの経緯が記されている。ウェルギリウスは、ホメロスの文学的な遺産を踏襲しただけでなく、植民の話を書くことで、ギリシアを丸ごとローマに接ぎ木し、国家の起源に対する問いに答えようとしたのである。

シビュッラの洞窟も、神殿の扉に描かれたクレタ島の迷宮を、明らかに意識したものである。迷宮の絵にすっかり見とれているアエネアスの一行に、アポロン神の乗り移ったざんばら髪のシビュッラが、入るのは簡単だが出るのは大難事、と告げる。

洞窟は、象徴的にいえば迷宮と同じように冥界への入口である。そして、たとえ出るのが大難事であっても、アエネアスが冥界下りを決行するのは、亡き父とめぐり合いたいためである。冥界下りは、この時、弔いの意味を帯び始める。

迷宮ラビュリントス

洞窟は、死者を埋葬する墓所である。死者の充満する闇の世界である。しかし、闇夜を潜り抜けて、亡き父とめぐり合えば、最愛の父は、息子に国家建設の秘策を伝授するのだから、この冥界下りは、通過儀礼の意味も担う。秘策を伝授された以上、アエネアスは、どうしても新しい国家を作り上げるために出口を探り当て、この世に戻らなければならないからである。

それは、アリアドネの糸を巻きつけて迷宮に下ったテセウスが、人身牛頭の怪物ミノタウロスを退治してアテナイの王になった経緯と同じである。

二人の冥界下りに違いがあるとすれば、アエネアスの場合はどちらかといえば葬礼に力点が置かれているのに対して、テセウスの場合は通過儀礼の色合いが強いことだろう。いずれにせよ、洞窟の出口にたどり着けるのは、最初にシビュッラが脅しているように、類まれな英雄だけである。

プラトンのイデアと洞窟

ところで、プラトン（前四二七—前三四七）は、善のイデアにたどり着く認識への道を、洞窟の比喩にたとえて次のように言う。

> 地下にある洞窟状の住まいのなかにいる人間たちを思い描いてもらおう。光明のあるほうへ向かって、長い奥行きをもった入口が洞窟の幅いっぱいに開いている。
>
> 人間たちはこの住まいのなかで、子供のときからずっと手足も首も縛られたままでいるので、そこから動くこともできないし、また前のほうばかり見ていることになって、縛めのために、頭をうしろへめぐらすことはできないのだ。（『国家』七巻、藤沢令夫訳）

『国家』七巻は、人間の本性を、教育と無教育に関連させて語った章である。プラトンにとって、光の射す洞窟の出口は、善のイデアである。光をめざして上方の出口へ登っていくことは、魂が上昇していくことと同じである。

しかし、イデアは太陽のようにまばゆいので、薄闇のなかで目を少しずつ光に慣らしながら登っていかなければならない。通常の人間は、暗闇のなかで手足も首も縛られた囚人同然の状態にある。プラトンは、この世を洞窟にたとえ、世の人々の迷妄を洞窟の暗闇になぞらえている。

我々が迷宮に惹かれ、想像力を掻きたてられるのは、一寸先も分からない人生に迷宮のイメージを重ね合わせているためだろう。プラトンの言うように、この世の人々が、洞窟の住人、暗闇の囚人なら、アエネアスが会う冥界の亡霊たちは、我々自身、いやそれどころか、ラビュリントスの奥所に住んでいる半人半牛の怪物、ミノタウロスそのものが我々自身ということになる。

我々は、獣のように無知であり、暗闇に目をふさがれて、テセウスやアエネアスのように出口にたどり着くことはおろか、ぎらぎらと太陽のように照りつける善のイデアさえ仰ぎ見ることができない。

ミノタウロスは、限りない迷妄のシンボルであって、我々人間は、いつなんどき迷宮の奥所に引きずり込まれ、ミノタウロスに食い殺されてミノタウロスの肉の一部になるか分からない。

ギリシアの迷宮

ミノタウロスは、クレタ王ミノスの妻パシパエが、白い雄牛と交わって生まれた怪物である。ミノスは、この醜聞を隠すために、怪物を閉じ込める迷宮の建築を依頼しようと、名匠ダイダロスを探し求める。

ミノスは、ダイダロスを追ってシチリア島まで行き、巻き貝に糸を通した者に褒美を与えると宣伝してダイダロスをおびき寄せる。ダイダロスは、一本の糸を蟻に縛りつけ、巻き貝の先端に穴を開けて、蟻をそこに滑り込ませた。

蟻は、渦巻きのように曲がりくねった巻き貝の迷路を潜り抜けて、みごとに貝殻の出口にたどり着いたという。これが迷宮を建設する前段に当たる、巻き貝の伝説である。

象徴的にいえば、この伝説のなかで、巻き貝は、すでに迷宮のシンボルとして仮想されている。ダイダロスが巻き貝に糸を通して褒美をもらうのは、テセウスがアリアドネの糸を巻きつけて迷宮下りに成功するのと同じだからである。

迷宮は、巻き貝のように暗く螺旋状に曲がりくねっている。巻き貝の出口から触角を出しては引っ込めるカタツムリは、暗い産道を通り抜けてこの世に出てくる胎児の頭のようである。満ちたり欠けたりする月相のようである。

あるいはフロイトが言うように、迷宮の絡み合った通路は腸、アリアドネの糸はへその緒であって、迷宮伝説は肛門からの誕生を表現していると言い直してもよい。

一本の線で作られた螺旋は、産道のようでもあり、腸のようでもある。それは、中心に向かって収斂しながら、同時に周辺に向かって無限定に伸びていく波線である。螺旋は中心を孕みながら、無限を凝縮した宇宙の象徴、人生の縮図である。開きながら閉じ、誕生しながら死に、永続しながら変化する生命の象徴である。

迷宮と舞踊

ダイダロスは、アリアドネのために舞踊場を、クノッソスに作ったといわれている。ホメロスは、そこで踊る若い男女を、「ちょうど陶器工が座ったままで、手にしっかりついた轆轤にさわって、うまく回転するか、試しに廻してみるときのよう」(『イリアス』第十八巻、呉茂一訳)と表現している。

ハンガリーの神話学者、ケレーニイ(一八九七―一九七三)は、この舞踊は、ゲラノス、つまり「鶴の踊り」という舞いで、踊り手たちが一本の綱を握って、最初は死の方向である左側に進行し、最後は逆に生の方向である右側に向かう踊りなのだと説明している。(『迷宮と神話』、種村李弘他訳)。

これは、ギリシアに限らず、ユダヤ教、イスラム教、仏教、ヒンズー教など世界各地の宗教儀式に見られる「周回」という踊りの形式の一つである。代表的な周回を例にあげれば、インドには寺院や仏舎利の周りを回る宗教儀式がある。右に回ることを「プラダクシナー」、左に回ることを「プラサヴィヤ」と言い、それぞれ天の道と地の道、生の道と死の道を表している(『世界シンボル大事典』の「周回」の項を参照)。

周回がインド・ヨーロッパ語族の風習で、それが他の言語を使う別の地方に伝播したと言い切る自信はない。しかし、舞踊が葬儀であれ、通過儀礼であれ、死と再生のドラマに欠くことのできないパフォーマンスであったことだけは確かだろう。

その良い例が、天の石屋戸に隠れ、世界が闇に覆われたアマテラスの話である。八百万の神が集まるなかで、アメノウズメノミコトが胸乳をかき出し、裳のひもを陰部に押したれて踊る。八百万の神がどっと笑い出す。

つられてアマテラスが石屋戸から身を乗り出す。すかさずアメノウズメノミコトが御手を取って引き出すと、高天原が元に戻ってすっかり明るくなったという、『古事記』の有名な話である。

舞踏は神を呼び寄せる。寺院や仏舎利の周囲を、人々が踊るのは、舞踏の中心に神の降臨を期待してのことだろう。神が降臨すれば、闇から光へ、無秩序から秩序へ世界はがらりと一変する。

しかし人は、神を呼び寄せたい一念だけで踊るわけではない。世界を変える英雄を呼び出すためにも、踊るのである。

古い秩序と決別し、新しい秩序を創り出すためには、その間に儀礼がどうしても必要になる。儀礼は、簡素なものより荘重で複雑なほうが再生する秩序は一層輝きを増す。新しい秩序が輝きを増すには、古い秩序は醜悪であったほうがいい。醜悪なミノタウロスは、古い秩序の代理物であり、そのシンボルである。だから、殺さなければならない。

テセウスは、古い秩序のシンボルを迷宮の奥所で殺して、新しい秩序を確立した。一本の糸に託して右に回り、左に回る周回という儀式は、テセウスのこの通過儀礼を迷宮の上に造られた舞踊場で地上に永続的かつ象徴的に再現させたものである。

それにしても、クレタ島の王ミノスが、死後、冥界の立法者になったというのは、何を意味するのだろう。ミノスは、妻のパシパエのような半人半牛を産み落とす大罪を犯したわけではない。それどころか、王族の醜聞を隠すために迷宮を造ってミノタウロスをその中に閉じ込めてさえいる。それなのに、彼は迷宮の奥所、地の底にある冥界の住人になっている。

テセウスは、ミノタウロスを殺しただけではあきたらず、クレタ王自身を迷宮の奥所に閉じ込めようとしているかに映る。少なくとも後世の人々から見ると、そう映る。

これは、ギリシア人の到来によってクレタ文明が崩壊し、先住民族の支配体制が征服民族によって地の底に埋葬されたことを意味するのだろうか。先住民族の遺跡が闇の世界に葬りさられ、神話として息を吹き返す事例は、世界中に見られる現象だからである。

例えば、ケルトには、「コリガンの洞窟」という話が残っている。貧しい靴屋がみすぼらしい老婆を一晩泊めてあげたおかげで、他界（シー）に通じているコリガンの洞窟に入り、宝石を手中にするが、じつは他界の女王であった老婆との約束を守らなかったために宝石は夢と消え、命だけ助けてもらったという話である。

ケルト人は、先住民族を制圧して、彼らをドルメン（巨石遺跡）の内部にある他界に閉じ込めた。ケルトやウェールズの神話では、冥界の王や女王、妖精たち、さてはフォモーレ族といった一種の魔族までが、洞窟、墳丘、ドルメンを通ってこの世に出没する。この世の人間も他界にしばしば出かける。

洞窟や迷宮は、個人に限らず、集団が丸ごと埋葬され、そこからいにしえのドラマが神話として噴出してくる史跡なのである。

中国の洞窟

道教では、中国の神々は、天上の宮殿に住み、時々山の洞窟に下りてくると考えられていた。『紫陽真人内伝』の主人公周義山は、「最高の三神たちを求めて、山に登り、洞窟を探り、長い年月を費やして世界を歩きまわった。最後に、彼は神を見出して、その前に平伏した」。挨拶をすませてから、目を閉じて、自分の内部をよく見てみると、ずっと前から三神が頭の中にいたことに気づくのである。(『道教』、マスペロ、川勝義雄訳)

人間が神々と交流するには、二つの方法があることをこの話は告げている。一つは外的な方法で、神々の住む場所を世界に、とくに洞窟に探し求めること。もう一つは内省を重ねることで、自分自身の中に神々を探し求めること。周義山は仙人だったから、神々と邂逅するには厳しい修行が必要であることも四世紀の書物は語っている。

治水事業を行った禹については、洞窟にまつわる話が多い。竜門山を開削していたとき、禹は偶然巨大な洞窟を見つけて、その中に入っていく。進むにつれて暗くなるので、禹は松明をつけて進んでいった。そのうち洞窟全体が明るくなっていることに気がつく。大きな黒蛇が夜明珠をくわえて周りを照らしていたのである。

禹は、黒蛇に先導されて宮殿のようなところに入っていく。そこには人面蛇身の伏羲が人々をかしずかせて中央に座っていた。伏羲は、洪水を治めようとしている禹を助けたかったのである。彼は玉簡を取り出して、それを禹に与えた。玉簡を持っていれば、大地の測量ができるというのである。禹は、これを持って治水事業を無事に果たした。

禹の洞窟にまつわる話をもう一つ付け加えておくと、禹は、「霊宝の五符」を庖山の洞窟に隠した。これは、大洪水が食い止められる護符である。

呉王の闔閭(こうりょ)は、隠者に命じて洞窟に護符を探しに行かせる。隠者は迷路のような洞窟を何千里もさまよい歩いた後、桃源郷にたどり着き、そこで護符を発見して持ち帰る。しかし、意味が分からず、孔子に解読してもらうという話である。

伏羲

二つの話に共通しているのは、洞窟の奥には秘法が隠されていて、そこにたどり着くまでには大変な苦労を要する。しかし、秘法を手に入れてこの世に持ち帰れば、世直しに貢献できるということである。これは、広く大きく見れば、テセウスやアエネアスのような死と再生のドラマ、通過儀礼のドラマと同じである。

洞窟にまつわる話は、多少の違いはあれ、世界中似たようなものが多い。そういえば、ギリシアでは、ラビュリントスに限らず、さまざまな洞窟で若者たちをきたえる通過儀礼が行われていたことが確認されている。

石は動き、石は孕む

動く石　ドン・ファン神話の源泉は、死者の骨を敬うべし

ヨーロッパに足を踏み入れて、ああ、ヨーロッパに来たなといつも実感させられるのは、靴底から伝わる固い舗石の感覚である。若い頃は旅行で新しい町に入ると、中心部を歩き回って、町を征服した気分になった。最近はめっきり歩かなくなったが、靴底の感触は昔も今も変わらない。アスファルトのグニャリとした上っ面の感覚とは違って、舗石のひとつひとつが深く大地に根を張って重く、柔い足底の肉をはねつける。

ファウスト神話と並んでヨーロッパの二大神話といわれるドン・ファン神話は、肉と石との対決を主題にしている。

――その手を出されい。恐れることはない。
――何を言われる。わしが恐れているだと。貴殿が地獄であろうと、この手はあずける。

これは、ティルソ・デ・モリナ(一五七一―一六四八)の『セヴィーリャの色事師と石の客人』(一六三〇年)から取った台詞である。ティルソは、ヨーロッパ全域に流布していたドン・ファンの民間伝承を最初に戯曲に仕立て上げたスペインのお坊さんである。

以後、モリエール(一五七一―一六四八)やモーツァルト(一七五六―一七九一)など、名だたる作家や音楽家たちが、この色事師のために言葉と音を捧げるが、「その手を出されい」という台詞は、たいがいの作家が踏襲しているから、ドン・ファンの作品になくてはならない根幹の言葉と考えてよい。

肉の男ドン・ファンが石の男の手を握る。その手は、ドン・ファンを地獄に引きずり込む凍りつくような、冷たい石の手である。事実、劇の大団円では、大地が裂け、あずけた手を引きずられるようにして、肉の男は吹き上がる炎に呑み込まれ、地獄の底に落ちていく。

ドン・ファンの前に立ちふさがる石の男とは、石像である。石像は本来動かぬものだが、ドン・ファン神話の石像は、歩くこともできるし、口をきくこともできるし、手をさしのべることもできる。動く石像が、とどまることを知らぬドン・ファンの情念に待ったをかけるのである。

では、固い石がなぜ動くようになったのか。その理由を、過去にさかのぼって、根源のところで世界の神話に探ってみよう。

ティルソ以前の民間伝承ではこうである。ある花婿が結婚式の前日に墓場で頭蓋骨に出会う。若者は酔った勢いで頭蓋骨を足蹴にしてから、結婚式の晩餐会に招待してやると言い放つ。

結婚式の当日、頭蓋骨がやって来て花婿の隣の席に座る。その後、返礼に墓場の晩餐会に花婿を招待する。死者の晩餐会の後、頭蓋骨は花婿を山へ連れて行き、自分の骸骨を花婿に見せてやる。花婿は悔い改めて、神に懺悔しに行く。

異文はいろいろあるが、花婿と死者（頭蓋骨または亡霊）が登場し、生者と死者の二度の晩餐会が行われた後、花婿が神に懺悔する筋書きはほとんど変わらない。ドン・ファン神話の源泉は、死者の骨を敬うべしという話なのである。

石像に手を預けるドン・ファン

民間伝承では、頭蓋骨が、生きている人間のように口をきき、動き回る。この頭蓋骨がティルソ以降は石に変わる。同時に、普通の花婿が貴族の家柄の放蕩児に変わる。だから、本来なら動かぬ石が、民間伝承の骨のように話し、動き回っても不思議はないわけだ。

貴族の放蕩児は、改悛しない場合が圧倒的に多いから、石と肉との対決が民間伝承より強まることになる。石は改悛しない肉に懲罰を加えざるをえない。それが大団円の地獄落ちである。ドン・ファンが神に懺悔しなければ、懲罰を加える側のほうでも単なる死者崇拝を超えて、骨から石、石から死神、死神から神へと意味内容は拡大していく。

しかし、石はそのまま石である。意味内容が拡大するにつれて、石の象徴性が増すだけのことである。ドン・ファン神話のなかで、石が不可解な神秘性を撒き散らすのはそのためである。神にまで昇華した石は、相変わらず重量感のある物のままである。

目に見えないはずの死神は、目に見える石として我々の前に現われる。それも命を持った石として現われる。石は神であり、物であり、人間であり、亡霊である。

ギリシア神話の石は骨である

石が骨だったという話は、ギリシア神話にもある。人間の始祖デウカリオンの話である。オウィディウス（前四三―後一七）の『転身物語』によれば、人類が悪い行いを改めようとしないので、ユピテル（＝ゼウス）は、大洪水を起こして人類を滅亡させようと決めた。

プロメテウスはそれを察知し、息子のデウカリオンと妻のピュラを箱船に乗せた。箱船は水の上を漂流してパルナッソス山にたどり着いた。洪水が引いた後、二人はこの世に自分たちしかいないことを知ってさめざめと泣いた。そして神託に救いを求めることにした。

この社より出て行け。そして、なんじらの頭をおおい、衣服の帯をとき、なんじらの大いなる母の骨を背後に投げよ。（田中秀央他訳）

二人は、テミス女神が下した神託の意味がわからず、しばらく呆然としていた。やがて妻のピュラが母の骨を投げて、母の霊をけがすことなどできませんとテミス女神に許しを乞うた。長いこと考えてからデウカリオンが妻をなぐさめるようにこう言った。

わたしが思うのに、大いなる母とは大地のことで、女神が骨とおっしゃったのは、大地の胎内にある石のことなのだ。つまり、石をわたしたちの背後に投げよということなのだよ。

二人は、この考えを実行に移すことにした。夫婦は社を出て、布で頭をおおい、衣服の帯をとき、テミス女神の言うとおり、石をうしろに投げた。するとそれらの石は、徐々に柔らかくなり、デウカリオンの投げた石は男に、ピュラの投げた石は女の姿になったという。

これは一種の死と再生の話と考えてよいだろう。人類は洪水によって滅びて大地の骨になった。骨に変わった死者たちが、石から人間になってこの世に戻る。しかし、現代人から見ればトリックに近いこの論理が通用するには、骨＝石であることが前提条件になる。

また、デウカリオンが「大地の胎内にある石」といっている以上、大地が母胎で、石は人間の胎児と同じように、母胎のなかで成長するか変質すると信じられていたのだろう。そうであるなら、その前の段階で、固い骨が固い石に変質しても不思議はない。

「大地の骨」は「なんじらの大いなる母の骨」なのだから、石に変質したその骨は、悪い行いを改めようとしなかった人々の骨ではなく、生き残った善良な夫婦が血を引く母の骨、死者の骨ということになる。ここには選ばれた骨、選ばれた民という概念の萌芽がすでに見て取れる。

ドン・ファン神話で、民間伝承の頭蓋骨を石に変えてこの世に送りこんだのはティルソである。しかし、骨を石に変えることは、何もティルソの独創ではなく、ギリシア時代からヨーロッパ世界に脈々と流れていた民間信仰ではなかったか。

墓石の下に骨を埋めるのは、世界中のありふれた風習である。ならば、石を骨の延長線で捉え、地上に突出した骨の一部とみなすのは、ありきたりな思考の回路とはいえまいか。死者の骨が変質して石像が動き出す。死者崇拝を視野に入れれば、これは、奇異な光景でも何でもないのである。

孕む石の事例はユーラシア大陸全域に広がる

ドン・ファン神話でも、デウカリオン神話でも、死者をよみがえらせるのに骨が石に変質した。この点は同じであるが、ドン・ファン神話では変質した石が肉と対決するのに、デウカリオン神話では石が肉を創り出す。

石が孕むという発想は、もともとそれほど珍しい考え方ではない。以下に例を挙げよう。

ミトラは、ペルシアの神で、ローマ帝国では太陽神として崇拝され、「岩から出てくる神」（テオス・エク・ペトラス）と呼ばれていた。伝承によれば、「生み出す石」は、ある河畔の聖木の下でミトラを生んだとされ、その石の像がミトラ神殿で礼拝されていた。ミトラは、生まれたときからプリュギア帽をかぶり、短剣で武装し、闇の世界を照らす松明を持っていたという。

ミトラは、古代ペルシアで戦闘を開始するときに祈願される軍神だった。「神を生む岩」へ奉納した碑文がローマの戦略的要地で発見されている。ローマ帝国でミトラ教が急速に広まったのは、異国に駐屯していた守備隊からだったのである。（『ミトラの密儀』、フランツ・キュモン著、小川英雄訳）

同じように、カフカス地方の太陽神としてナルト叙事詩に登場するソスランも、石から生まれている。ナルト一族の話は、インド・ヨーロッパ語族の原点を伝える貴重な資料で、ヨーロッパの民話にも影響を与えている。

北欧神話でも、牝牛のアウズフムラが石をなめていると、人間の髪の毛が石から現われ、翌日には人間の頭が、三日目には人間全体が出てくる。この人間をブーリといい、その息子のボルが妻をめとる。二人の間に生まれたのが主神のオーディンだ。このように、北欧神話では、人間のみならず、最高神のオーディンさえもが、石にたどり着くのである。

中国では、禹も、その息子の啓も、やはり石から生まれている。『淮南子』の記述は、「禹は石から生まれた」とそっけない。息子の啓の話はもう少しドラマティックである。

禹は、轘轅山の治水工事をしているときに、太鼓の音が聞こえたら弁当を届けてくれと妻に頼む。

難工事であったので熊に化けて水路を開削しているうちに石を蹴飛ばし、それが太鼓に当たって音を立てた。夢中で仕事をしていた禹は、昼飯を届けに来た妻の塗山氏に熊の姿を見られてしまう。あわてて逃げ帰る妻を熊が追いかける。恐くなって塗山氏は石に化けた。それを見て、禹は「わしの子供を返せ」と石に向かって叫んだ。すると、石が割れて啓が生まれた。啓とは「割れる」という意味である。

以上、石が孕む事例を、ローマ、ペルシア、カフカス、北欧、中国の神話で見てきたが、さらに、メソポタミア神話にも、クマルビが岩と交わって、ウルリクムミという子供を生む事例がある。石が孕む事例は、ほぼユーラシア大陸全域に流布していたことが理解されるだろう。

では、なぜ石が孕むのだろうか。ルーマニアの神話学者、ミルチャ・エリアーデ（一九〇九―一九八六）は、石器時代の神話のうち、石をめぐる信仰が二種類あったと語っている。そのひとつが石から生まれた人間の神話。もうひとつが大地の胎内で発生し、成熟する石と鉱石に関する信仰。いずれの信仰にも、石が生命と多産の源泉であり、石は生きていて、大地が石を生んだように、石は人間を生むという想念が含まれているという。こういう石を「生殖の石」（ペトラ・ゲニトゥリクス）という。（『鍛冶師と錬金術師』）

石は生きていた。それなら、石が孕もうが口をきこうが動き回ろうがもう驚くには当たらない。ギリシアのデウカリオン神話から、ローマ時代のミトラ教、さらに中世ヨーロッパに広く伝播していたドン・ファン神話の民間伝承まで、多少強引なのはお許しいただくとして、「石は生きている」

という民間信仰が一貫して流れていたことがお分かりいただけよう。

導く石＝ヘルメスは霊魂導師

ヘルメスという神様は、なかなか分かりにくい神格である。魂をあの世に運ぶ霊魂導師になることもあれば、すばしっこい詐欺師のようなところもある。そうかと思えば、勃起した石の男根像が家の前や十字路や境界に立てられていたりする。霊魂導師と詐欺師と石の男根像はどこでつながっているのか。

ヘルメスは、語源学的にいえば「石の堆積」を意味するヘルマの派生語である（ブルケルト、ニルソン）。山に登ると、頂上で石塚を見かけることがある。ギリシアの旅人は、ヘルメスとしての石塚に石を加えることをしきたりとしていた。石を積み上げることは、しるしを残す基本的な形式なのだという（『ギリシアの神話と儀礼』、橋本隆夫訳）。

それなら、道しるべとして、十字路や境界にヘルメス像が立てられてもおかしくない。ヘルメスを、初めから神格として見るのではなく、語源の石塚から見ていくと、古代人が考えた石の象徴性というものがそれなりに理解できて面白い。石の道しるべであるヘルメスは、行き先の定かでない旅人を道案内する神様なのである。

旅の叙事詩である『オデュッセイア』のなかで、ヘルメスは、水を得た魚のように自然な動きをする。主人公のオデュッセウスは、家を出てから最終章で妻と再会するまで間断なく旅を続ける。

しかも、彼の母方の祖父アウトリュコスは、ヘルメスの息子である。オデュッセウスは、単なる空間の旅人にとどまらない。ギリシアの名だたる知将、知の旅人でもあるのである。知の旅人は、悪くいえば策略家である。大法螺も吹く。これは、アウトリュコスが大泥棒なのと変わらない。二人は、知的なヘルメスの良い面も悪い面も、同時に引き継いでいる。

ヘルメスは、血統によってオデュッセウスの言動に影響を与え続けるだけではない。『オデュッセイア』のなかでは、実際に霊魂導師の役割も演じている。不在中、妻に言い寄った男たちをオデュッセウスは一網打尽に殺すのだが、ヘルメスは彼らの霊をあの世に送っている。霊魂導師のヘルメスは、この世とあの世を行き来する旅人であり、天界の主であるゼウスの使者なのである。

それならなぜ石の男根像なのか。男根像が、里程標のしるしとして普通以上に目立つからだとするブルケルトの考えはさて置くとして、ヘルメスという神格は、人生を旅に託した永遠の青年像・壮年像といった思いが私には強い。

インドのリンガ（石の男根像）に卑猥な不潔感は少ない。同じようにヘルメス像にも、それを感じるのは、この男根像が、性を超えた生命の充溢を、石の永遠性に託して象徴しているからだろう。しかし、過剰な生命力から人生を浮遊するヘルメスは、正統的な神とはいつも無縁な使者であり、トリックスターである。いずれにせよ、外面的な空間の旅も内面的な心の旅もあるいはあの世への瞑想的な旅も生命が充溢していなければできることではないのである。

ヘルメス・トリスメギストス

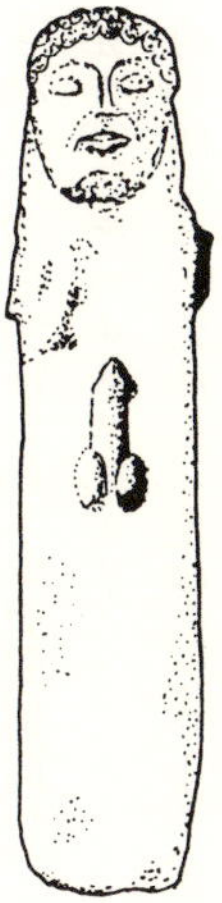

ヘルメス柱

賢者の石

錬金術に賢者の石というのがある。これはただの石ではない。孕む石と導く石を合わせたような石である。錬金術はヘルメスの術と呼ばれるが、賢者の石にはヘルメスが絡んでいるのだ。

もっとも錬金術師は、一人一人が自分の内面を作業（オプス）に投影させようとするから、内実は複雑である。簡単に言ってしまえば、マテリア・プリマ（第一質料）から出発して最終的に賢者の石にたどり着く。これが錬金術の作業である。マテリア・プリマは、硫黄、水銀、鉛、塩の場合もあれば、水、火、地といった四大、金星、月といった惑星の場合もある。そして、賢者の石は、金属でいえば金ということになる。

しかし、金が硫黄や鉛からできたためしがないので、どうしても作業過程は曖昧模糊とした秘伝に近いものになる。ときには第一質料や賢者の石さえ何だか明かさない錬金術師もいる。とはいえ、難行苦行を強いる作業には違いないのだから、錬金術師は孤独な作業を神聖視し、自分のことを求道者と考えるようになる。

となれば、ヘルメスこそ錬金術師にとって渡りに船の神様なわけだ。賢者の石を求めて遍歴する求道者が旅人の神様ヘルメスにすがる。しかも、ヘルメスには詐欺師のようなところがあるとなれば、もともとうさん臭い錬金術師にとってヘルメスはかけがえのない師となり友となる。

ユングによれば、錬金術師は、自分の心の変容過程を物質の変容過程に投影させて語る場合が多いという。精神が変容する最終段階はヘルメス、物質が変容する最終段階は賢者の石である。

そうなれば、ヘルメスこそ賢者の石ということになる。ヘルメスの語源は石塚だから、偶然の一致にしてはできすぎている。また、錬金術師は、自分の作業（オプス）を救済の業（オプス）に重ね合わせることが多いので、ライムンドゥス・ルルスを初め、賢者の石をキリストと同一視する人々が少なからずいたとユングは指摘している。

賢者の石をヘルメスやキリストと考えるのは、もともと「導く石」という発想があるからだろう。しかし同時に、鉛は鉛、金は金とさまざまな鉱物がバラバラに大地のなかに埋もれていると考えたのでは鉛から金を作ってやろうなどという錬金術的発想が出てくるはずはない。

むしろ、大地は母の胎内のように鉛を金に成長させるという信仰がなければ、アクロバットのような錬金術の作業にあれほど熱中するはずはなかったのである。

王者の石・奇跡の石は王を選んで奇跡をもたらす

次は、奇跡をもたらす石、神秘的な石を、世界の神話や民俗誌の記述に探してみよう。

ケルト神話に「ファルの石」というのがある。アイルランド王のコンがタラの塁壁で小石を踏みつける。すると、小石が叫び声をあげ、タラ中に響きわたる。王はフィリのケサルンにそのわけを尋ねる。しばらくして、ケサルンは小石が発した叫び声の数は、コンの子孫でアイルランド王になる者の数ですと答える。ケサルンは占いで答えを出したのである。

インカ族の四代目皇帝、マイタ・カパックは、天から降って来た水晶で過去・現在・未来を占った。皇帝は水晶を統治手段に利用したのである。天上の石だったからである。

中国には、大石が立った話がある。高さは一丈五尺、周囲は四十八抱え、地下に八尺埋まって三つの石を脚にして立っている。石が立ちあがると、数千羽の白い鳥が群がった。宣帝の漢朝中興の瑞祥だったのである。呉でも孫皓が帝位についたとき、大石がひょっこり立っている（『捜神記』）。

石は王を選んだり、占ったり、即位を祝ったりすることができる一方で奇跡の石、魔術の石になることもある。

アーサー王の物語に登場する魔術師マーリンは、アイルランドのチルダード山のストーンヘンジをイングランドのアンブリ山に移動させ、まじないを使って中空に石の塔を吊るしている。この話は、中世の先駆的民俗学者として近年とくに再評価されている、ティルベリのゲルウァシウス著

『皇帝の閑暇』から取ったもので、ジェフリ・オブ・モンマスが、一一三〇年代に著した『ブリタニアの歴史』を典拠にしている。

ギラルドゥス・カンブレンシス（一一四五―一二二三）の『アイルランド地誌』（一一八七年）でも、ケルトの巨石文化の一端を紹介するのに、同じ話を使っているから、マーリンの魔術はよほど信じられていたのだろう。そして、ゲルウァシウスは、「いくつかの石の効用」と題する章で、石は聖別されれば霊験あらたかな効能を発揮するが、それだけでなく、奇跡の石や魔術の石になるのは、石自体に固有の効能があるからだと述べている。

中世ヨーロッパの石に対する民間信仰がいかに根強いものであったかがこの言葉から分かる。

祈りの石＝金剛石は永遠不滅の光を放つ

仏教の祈りの言葉に、「オーム・マニ・パドメー・フーム」（おお、蓮華の上の宝珠よ）という真言がある。マニ（宝珠）とは金剛（ヴァジュラ）、つまりダイヤモンドのことである。チベット語で金剛のことをドルジェという。ドルは「石」、ジェは「主人」の意味だから、ダイヤモンドは石の王様なのである。

インドの創世神話に引きつけていえば、ナーラーヤナが蓮華の上で目を覚ます。目を覚ますとブラフマーに変わっている。ブラフマーは、水底から大地と祭具を引き上げた後、宇宙の創造活動を開始する。

宇宙蛇の上にいるヴィシュヌとラクシュミーと，蓮の花に座るブラフマー

「おお、蓮華の上の宝珠よ」という単純な言葉が、なぜ仏教の真言になるのか。ひとつには、この真言が宇宙の創世神話を喚起させるからである。蓮華の上で目を覚ますブラフマーは、世界を創造する宝珠なのである。蓮華は世界を開示し、宝珠は世界を創る。蓮華は女性原理であり、宝珠は男性原理である。

仏教徒は、この真言をたえず朗誦することで、世界の始まりに立ち返る。立ち返ることで、宇宙とへその緒が切れていないことを無意識にたえず確認し続ける。祈りの式詞とは、宇宙における自らの所在と位置を確認するのにどうしても必要なアイデンティティの言葉なのである。

しかし、この真言が神話に限らず、宗教的な言葉であることはいうまでもない。仏教の中心思想は、「悟り」、菩提心である。悟りの意識は、金剛のように限りなく清らかで、まばゆく、不壊なものでなければならない。

それは、無色透明なダイヤモンドのように一切を超越した「空」の意識である。心に宝珠を見出した者だけが永遠不滅の空の意識にたどり着く。限りなく平穏な涅槃の状態にたどり着く。それは、煩悩のうずまく輪廻を脱して、知恵を完成させること、悟りの境地に達することである。自ら宝珠になった仏陀は、空の意識をこう表現する。

じつに固体も液体も熱も運動もこの世も別のどんな世も、太陽も月もない領域がある。おお、僧たちよ、「不生、無始、非創造、非形成」の領域がある。もしこの不生、無始、非創造、非形成がないなら、誕生、創始、創造、形成の世界から逃れることは不可能だろう。（ゴヴィンダ著、山田耕二訳の、『チベット密教の真理』に引用された『ウダーナ』）

そして、『法句経』は宝珠になった仏陀の光をこう語る。

太陽は昼に輝き、月は夜輝く。戦士は鎧で輝き、バラモンは瞑想で輝く。しかし、仏陀は昼も夜も輝く。

太陽も月もない領域で、太陽や月のように昼も夜も輝く。これが悟りを開いた宝珠の輝き、石の王様である金剛の澄み切った永遠不滅の光なのである。

風は鳥や蛇や聖霊に変身する

日本語の風と格言

風の入った言い回しや格言を言ってごらんといわれれば、それほど年齢の高くない子供たちでもひとつやふたつは答えてくれそうだ。

私たちの身近には、「風を切って歩く」威勢のいい人たちがいるかと思えば、「柳に風」と何事も受け流す人、「風前の灯火」なのに地位や権力に執着する人がいる。「何かの風の吹き回し」でいつもと違う態度を取る人もいれば、「風の便り」で旧知の人の消息が急に分かったりする。

「風が吹けば桶屋が儲かる」で、何かことが起これば、どこにとばっちりが行くか分かったものではないから、「風吹けば木安からず」で、事件が起きたときには、人の心は落ち着きを失う。それでも「風は吹けども山は動ぜず」で、何が起ころうと悠然とした人も中にはいる。

そんな「風当たりが強い」ときには、「子供は風の子」で寒風にもめげずに外で遊んだ頃のことを思い出せばきっと元気が出てくるにちがいない。あるいは「風にそよぐ葦」のように「風向き」を考えて、節操もなく時代の流れに従う人もいるだろう。「風に順（したが）いて呼ぶ」と旬子が言っているように、機会をうまくとらえ、風に乗って事を運ぶ人もいれば、「風とともに去りぬ」で、風の終わりを待つ人もいるはずだ。あるいは、俗世間の「風向き」など一切考えず、「風流」な生き方を決め込む人もいるにちがいない。

風と動物

そんな次第で、格言や言い回しというのは、人が時間をかけて育んだものだから、シンボルが盛り込まれている場合が多い。神話もその点は同じだが、もっと根源の宇宙的な広がりと深さを持っている点で異なる。

中国で風神といえば、燭陰（しょくいん）、禺彊（ぐうきょう）、四方風（しほうふう）、風伯といろいろいる。燭陰は鍾山に住む山神で、『山海経』にはこうある。


鍾山の神の名は燭陰。目を開けば昼となり、目を閉じれば夜となる。吹けば冬となり、呼べば夏となる。飲まず食わず息せず、息すれば風となる。身の長さ千里、無啓国の東にいる。こ

中国の風神たち

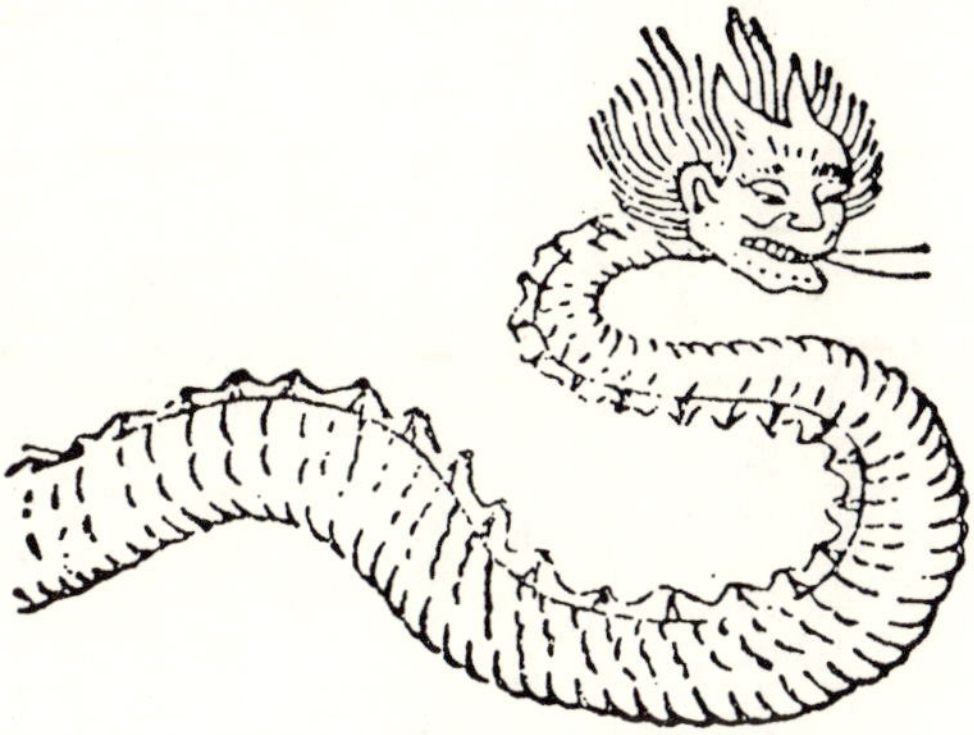

燭陰

風伯

禺彊

盤古

の物は人面蛇身で色赤く、鍾山のふもとに住む。(「海外北経」)

『五運歴年記』によれば、盤古《こばん》も息をゆっくり吐けば風雨となり、吹けば雷電、目を開ければ昼、目を閉じれば夜とあるから、燭陰と盤古を同一視する学者が多い。盤古の記述は他にいろいろあり、六世紀の『述異記』にはこうある。

盤古からいろいろな生き物が発生した。盤古こそこの世の万物の始祖である。盤古が死ぬと、彼の頭は泰山になり、両の目は太陽と月、脂肪は河と海、髪の毛と体毛は木と草になった。古代の学者によると、盤古の涙は長江と黄河になり、彼の吐く息は風、その声は雷になった。瞳孔からは雷鳴がとどろいた。

秦と漢の民間伝承では、盤古の頭は東岳の泰山、腹は中岳の嵩高山、左の腕は南岳の衡山、右の腕は北岳の瓦山、足は西岳の華山になった。呉や楚といった南国では盤古と彼の妻が陰と陽の始祖とのことである。

盤古は、天地創造の造物主である。燭陰に関する記述はそこまで包括的ではなく、盤古の部分的な役割を担って、自然の一部を創造しているだけである。つまり、昼夜を作り、冬と夏を統括し、風を生み出す山神で、蛇身ということだけである。

これは、古代人が風をどう捕らえていたかを考える上で面白い。自然のなかでも昼夜と四季は風が統括する。統括するという言葉が強ければ、風が案配する。

現代人から見ると、少し飛躍しているように映るが、風にはそれだけ威力があるということだろう。創世神話とは、自然神話にほかならず、風にかかわる自然の一部が、燭陰の属性となって巧みに語られているわけだ。

それならなぜ、燭陰は蛇身なのか。燭竜ともいうから、この蛇は竜、それも身の長さ千里もある竜である。自然神話では、神々は動物として描かれる場合が多い。竜は、天地を行き来する動物で、黄帝も応竜に乗って天に昇った。

三星堆《さんせいたい》で発見された青銅製の巨大な聖樹は、天と地を結ぶ宇宙樹だが、そこには竜が絡みついて、天から地に下っている。天にいる上帝（最高神）は、竜を使者にして天の意向を地に伝える。風も竜と同じで、天地を往来する使者として同じ役割を演じている。少なくとも象徴的にはそう解釈できる。

別の風神である禺彊に関する記述を『山海経』で見てみよう。

北海の島に神がおり、人面鳥身、二匹の青蛇を耳飾りにし、二匹の赤蛇を踏んでいる。名を禺彊という。（「大荒北経」）

禺彊は蛇身ではないが、蛇を装身具にしたり従えており、やはり蛇と縁が深い。蛇を耳飾りにしているのは、シャマンが天に昇る手段として蛇、つまり竜を耳飾りに付ける風習があったのかもしれない。

禺彊は二匹の赤蛇を踏んでいるだけでなく、『山海経』「海外北経」に「北方は禺彊、黒身手足、両竜に乗る」とあるように、海神のときには魚になって二頭の竜にまたがっている。黒身とは魚のことである。海神から魚を連想するのはたやすい。

竜にまたがっているのは、風の「流れる」特性が天地を往来する竜と結びついたのだろう。禺彊は竜に乗って天に昇った黄帝の孫だから、竜にまたがらせたのは自然に出てくるイメージにちがいない。

それならなぜ禺彊は鳥身なのか。海神の禺彊はもともと魚であったが、この魚が「鵬」という鳥に変わっている。袁珂の『中国神話伝説大事典』（大修館書店）で「大風」の項目を引くと、「鵬」とは「鳳」のことで、古代の卜辞では「鳳」と「風」に区別がなかったとある。そして、『荘子』「逍遥游」の次の文を引用して風と鳥をこう結びつけている。

大鳳が南の果ての海へと天翔《あまがけ》るときは、まず海上を滑走して波立てること三千里、激しいつむじ風に羽ばたきをして空高く舞い上がること九万里、それから六月の大風に乗って飛び去るのである。（鈴木博訳）

普通、「鳳」といえば鳳凰のことで、「鳥」の章でも触れた通り、鳳凰は神鳥・吉鳥で、天帝の使者である。四方風という風神も「鳳」という別名を持っていた。

しかし、海神で風神を兼ねる禺彊が大鳳や大鵬という鳥になると、暴風雨のイメージが拡大され、鳳凰は一転して荒々しい大鳥に変わる。禺彊の住む北海で生まれたこの北風は、激しい暴風雨になって一飛びで南国まで吹き抜ける。

以上見たように、風神である燭陰と禺彊を合体させると、風と蛇（竜）と鳥で構成されることが分かる。

その組み合せは、マヤ・アステカ族の最高神ケツァルコアトルでも同じである。フランシスコ会の宣教師で、メソアメリカ文明の貴重な記録を残したサアグンは、この最高神についてこう書いている。

ケツァルコアトル。この神は風であった。この神は雨の神々、水を司る神々、雨を降らせる神々を先導し、その通る道を掃き清めた。そして風が強くなると、埃が巻き上がり、風が吠え、風が唸り、空は暗くなり。風が四方八方から吹き、雷鳴が轟き、天気は荒れるといわれた。

（『神々とのたたかい』、篠原愛人・染田秀勝訳）

「鳥」の章で少し詳しく述べたように、ケツアルコアトルは鳥と蛇で合成され、語源的にも、水を含み、風を表し、「風を象徴する螺旋状の飾りを付け、風の貝の模様をあしらった盾」（前同書）を持っている。鳥は天、蛇は地下、風は大気をそれぞれ象徴し、それらを水（雨）が横断し、全体で宇宙を表す造物主である。それぞれの構成要素は、最高神ということもあって象徴性の純度が高い。

これに対して中国の風神は、同じ構成要素を取りながら、鳥にしろ蛇にしろ、自然に近く、それだけ自然の荒々しさ、動物性、怪物性が前面に出てくることになる。

また、鳥や蛇以外の動物を探せば、インド最古の宗教文献、『リグ・ヴェーダ』に登場する、風神ヴァーユは、駿馬に乗っている。ヴァーユは、宇宙の始祖であるプルシャの気息から生まれ、ソーマ（神酒）を好み、駿馬に乗って人間にさまざまな恩典を運ぶ。風はやはり天の賜物を地に運ぶのだ。

以上、風が、鳥、蛇、馬で表される例をあげたが、風は山や海とも結びつく。燭陰は山神で風神であり、禺彊は海神で風神である。風は山から吹き降ろし、海で吹き荒れる。風は、平地より山や海が似合うので、風神が、山神や海神を兼ねてもおかしくない。

同様の例は、北欧神話にもある。ニョルズは風神で、海や火を鎮める。ニョルズは山神のスカジを妻にめとる。風は風媒花のように、山と海の縁結びをしたのかもしれない。しかし、山と海が結婚しても蜜月というわけにはいかない。二人は最初の九日間は山で、続く九日間を海で共に過ごすことを決める。だが、山から帰ったニョルズは、折り合いの悪さをこう歌う。

山は嫌いぞ。九日より長居は無用。狼の遠吠えより白鳥の歌こそ快けれ。（『エッダ』、谷口幸男訳）

スカジも応戦する。

海辺の床は海鳥の鳴き声耳につきて眠れず、朝ごとに鷗は沖より帰り、われを目覚ます。

それでもこの夫婦から子供が生まれる。雨と太陽を支配する豊穣な大地の神フレイである。山と海は、風を媒体にして平地に住む人間に豊穣をもたらすのだ。

風が、鳥、蛇、山、海と合体したイメージは、どうやら世界に広く見られる現象のようだ。

風と戦争

神話のなかで、風はよく戦争に使われる。しかも、神々の覇権をめぐる争いで、風は重要な役割を演じている。

最も印象深いのは、メソポタミアの叙事詩『エヌマ・エリシュ』の場面である。若い新世代の神々が、何もしない旧世代の神々に反乱を起こす。旧世代を代表しているのがティアマトとアプスーで、彼らは始祖の夫婦である。若い神々は、マルドゥクを頭に立てて、戦争に突き進む。

旧世代が戦争に使う道具は、「毒蛇、炎の竜頭サソリ尾獣、怪獣ラハム、巨大なライオン、狂犬、サソリ人間、激しく押し寄せる嵐、魚人間、不思議な野獣」(後藤光一郎訳)である。これに対して、マルドゥクが出陣する姿はこうである。

風

マルドゥク

彼は三つ叉の鉾を右手でつかみ、弓と箙を脇にさげ、稲妻を自分の前におき、燃え立つ炎で体を満たした。彼は網を作った。ティアマトをそれに包みこむためである。彼はティアマトのいかなるものも逃さないように四つの風、南風、北風、東風、西風を配置した……彼は凶風、砂嵐、雷雨、四つの風、七つの嵐、烈風、台風といった悪風を作り、これら七種の風を外へ出した。（『エマヌ・エリシュ』、後藤光一郎訳）

マルドゥクは、ティアマトと一騎打ちでぶつかり、まず網を広げてその中に彼女を閉じ込める。それから、ティアマトの開いた口に悪風を次々と送り込み、腹をふくらませる。続けて矢を放つと、矢は腹を裂き、内臓を切り裂き、心臓を射抜く。さらに三つ叉の鉾で頭骸骨を打ち砕き、血管を切ってその血を北風に運ばせる。

次に、ティアマトの肉塊を二つに切り裂き、その半分を固定して「天」として張りめぐらす。こうして出来上がったのが天の宮殿エ・シャラ大神殿である。マルドゥクは、アヌ、エンリル、エアという三柱の神々の住まいも、これで造る。

残りの半分の肉塊から、マルドゥクは、大地を作り出す。ティアマトの頭を固定し山を築いた。彼女の両目でユーフラテス川とチグリス川を作った。彼女の水分で雲を作った。乳房のところに山を築き、泉を掘りぬいた。こうしてマルドゥクは天地創造を行い、至上権を確立するのである。

中国では、黄帝と蚩尤《しゆう》が、神々の至上権をめぐって同じように争うが、そこでは風伯が一役買っている。蚩尤は、炎帝を相続して黄帝に反旗を翻している。黄帝は雷雨の神、炎帝は太陽の神だから、自然神話に沿っていえば、この争いは雨と太陽の戦いともいえる。また、蚩尤は苗民を率いて戦っているので、黄帝に象徴される中央の王権に地方が謀反を起こしたとも受け取れる。

戦う道具には、やはり自然現象が繰り出される。蚩尤は、まず濃霧で黄帝の軍を包囲する。黄帝の軍は苦戦するが、部下の作った指南車の先導で濃霧から脱出する。蚩尤が次に繰り出すのは魑魅魍魎という妖怪たちである。黄帝は応竜という竜を出してこれに応じる。そこで蚩尤は、友人の風伯と雨師に頼み、暴風雨を起こして応竜を一掃しようとする。黄帝は魃という自分の娘を呼び、大地を日照りにさせて暴風雨を蹴散らす……。

その後も、両陣営は、いろいろなものを繰り出して戦いは続くが、結局、黄帝が蚩尤に勝って、マルドゥクと同じように神々の世界の覇権を握る。

風と北方楽土

北風が北方楽土から生まれると考えたギリシア人の想像力もまた豊かである。一般にギリシア神話では、北風のボレアス、西風のセピュロス、南風のノトスは、ともに、曙の女神エオスと星神アストライオスから生まれた兄弟ということになっている。

オラウス・マグヌスは、北欧の生活と文化を伝える貴重な資料を、『北方民族文化誌』(一五五五年)に書き残した人だが、そのなかで風の語源に触れてこう書いている。

東風（Subsolanus＝［太陽の下］）は太陽の昇る下で起こるから、そう名づけられる。南風（Auster）は水を「吸い込む」（haurio）ことから名づけられる。それによって空気を厚くし、雲を養う。この風はギリシア語でノトスと呼ばれる。ときどき空気を腐らせるからである。しかし、南風が悪疫を生むように、北風はそれを追い払う。

ギリシア語の西風（Zephyrus, zao 生きる）は、その風で花や種が活気づけられるから。それがラテン語で Favonius と呼ばれるのは、生まれるものを「抱きしめる」（foveo）からである。南風で花はしぼみ、西風でよみがえる。

北風（Septentrio）の名は、頭を仰向けると、地上から沈んでいくのが遠くに見える、七星（septen stellarum）のあたりから昇るのでその名がある。同じく北風（Boreas）という名は、それが北方楽土（Hyperborei）の山から吹いてくるところからつけられている。（谷口幸夫訳）。

ギリシア人は、自分たちの夢見た北方楽土を、地理的にはオケアノス川を超えた極北に想定している。ヘシオドスの『神統記』によれば、オケアノスは、世界の大地を円環状に取り巻く大河で、あらゆる川、あらゆる大洋がこの大河を源にしている。

ヒュベルボレイオス人の住む北方楽土は、だから、世界の大陸とは切り離された北の最果てにあって、壮麗な都市が立ちならび、住民は背が高く、長命で、みごとな社会制度を持った国と考えられていた。また、この国の川のほとりに生えている木の実を食べると、老人でさえすっかり若返る

と思われていた。(『ギリシア神話』、グレーヴス)

アポロンは、ここで幼年時代を過ごした。母親のレトが生まれ育ったのがこの地だからである。アポロンは、十九年ごとにこの国に戻ってくるといわれていた。住民はこの知恵と文化の神を崇拝していた。デルポイの神託を創始したのはヒュベルボレイオス人とされている。

しかし、北方の国々の風のひどさは説明するのがむずかしいと、オラウス・マグヌスは書いている。ことに西北風がそうで、アイスランドでは馬上の人さえ麻くずのように放り出され、ノルウェーではどんな木さえ芽を出せず、旋風が石を地上から巻き上げ、小石の山を積み上げるという。

英語でも、フランス語でも、北風といえば、今でもギリシア・ラテン語から来たBoreasやBoréeがそのまま使われている。ヨーロッパ人は、この言葉の響きのなかに、古代ギリシア人が夢見た黄金時代の理想郷を重ね合わせる。

普通なら、南国を理想郷とするのが当たり前なのに、南国で生まれ育ったギリシア人は、北の最果てによほど憧れを抱いたのだろう。実際に北風の厳しさを知っていたマグヌスの描写には迫真力があるが、ギリシア人の夢想には詩的な涼気さえ漂って来るのである。

ボレアスがオリシアをさらう図

風と聖霊または気息

聖書のなかで、聖霊のことを「ルーアハ」という。『聖書大事典』(教文館)によれば、「ルーアハ」とは「本来は生命を与える息を意味し、自然界においては微風から嵐にいたる風」として現われるという。『詩篇』では、ルーアハはこう語られる。

御顔を隠されれば彼らは恐れ、息吹(ルーアハ)を取り上げられれば彼らは息絶え、元の塵に返る。あなたはご自分の息を送って彼らを創造し、地のおもてを新たにされる。

ヤハウェはあらゆる生命の源泉である。神は聖霊を通して自分の息吹を人間に伝える。息吹きが途絶えれば人間は死に、息吹を吸い込めば人間は再生する。ヤハウェは聖霊を通して人間の生死を握る。ヤハウェは生命の主であり、死の主である。

「ルーアハ」の流れは、「聖霊」と訳されるように、一方的である。それは神から人間に一方的に送られる息吹であって、人間が神に伝える息吹きではない。

他方で、東洋には、人間が神に伝える息吹き、というより人間が解脱または不老不死の業を通して神に近づく方途がある。ヨーガの苦行、道教の養性術(生の根源を養う術)がそうである。いずれの場合も、気息、つまり風が重要な役割を演じる。

インドでは、風や気息、呼吸のことをヴァーユとかプラーナという。しかし、プラーナは単なる生理的な呼吸機能にとどまらず、精神を集中させる調整機能としても使われる。

調息法のことをプラーナーヤーマという。人間は呼吸をしなければ生きることができず、呼吸は、生死を左右する根幹の機能である。呼吸は、生命の神秘の鍵を握るというわけだ。

精神の神秘を究めようとするヨーガ行者は、調息法を使って、生命の奥所、精神の聖域にたどり着こうとする。精神は生命の一部であり、生命の鍵を握る呼吸を制御できれば、精神も管理できる。管理できるのは精神の高み、その神秘にたどり着いたものだけである。

プラーナ・ヴァーユは、五風に分けられる。五風が活動する場所は、心臓（プラーナ）、肛門（アパーナ）、臍（サマーナ）、咽喉（ウダーナ）、全身（ヴィヤーナ）である。五風は、それぞれが関係する身体の各部位の健康と精神を管理する。

しかし、ヨーガの技法は修行によって会得されるもので、解脱の体験者が書いたものは抽象的で曖昧なものが多い。五風の機能も、合理的に明確に分からせてくれる言葉は以外と少ない。それに、そもそも解脱とはほど遠い生活を送っている我々のような凡俗な人間は、解脱をそう簡単に理解できるものではあるまい。差し当たり、エリアーデの『ヨーガ』のなかに、行者の究極の姿勢を求めてみよう。

いうまでもなく、すべての次元（坐法、調息法、一点への集中）でこのような精神集中を経験すれば、ヨーガ行者自身の有機的生に対する注意力が増大する。修練が続いている間は、ヨーガ行者の自分の身体についての感覚は、伝授を受けていない者のそれとまったく異なっている。

身体が動かないこと、呼吸のリズムが遅くなること、意識の場を一点に等しくなるまで小さくすること、さらには内的生命のもっともかすかな鼓動によって彼の中に生じる振動、これらすべてはヨーガ行者を植物との相同という関係におく。

インド的意識にとって、植物の様相とは生を貧弱にすることではなく、生を豊富にすることである。プラーナの神話や図像学において、地下茎と蓮華は、宇宙の顕現のシンボルとなる。

（立川武蔵訳）

中国の道教徒も、「永遠の生命」、つまり不老不死を探求した。永遠の生命を養う養性術を具体的に実践したのが神仙たちであり、始皇帝を初め、皇帝たちは、不老不死を求めて数多くの伝説を作り上げた。

養性術は「気」を重視した。フランスの中国学者、アンリ・マスペロ（一八八五―一九四五）の『道教の養性術』（持田季未子訳）によれば、「気」は「外気」と「内気」の二種類に分けられる。「外気」とは我々が普通に呼吸している空気のことではなく、天をめぐる気のことで、「外気」は身体に生気を授け、身体を不死に導くという。

「気」を重視したのは、宇宙が「気」から創られたからである。かつて宇宙は「混沌」であったが、「混沌」は九つの気からできていた。純粋な気は高く昇って天を創り、不純な気は低く下って地を創った。あらゆる生物と物体は純粋な気から創られたという。

この天地を創った「気」を「元気」という。人間は、生まれるときにこの「天地の元気」を受け入れる。「天地の元気」で人間の精神と身体ができあがる。「内気」とはそれぞれの人間に本来的に備わっているこの「元気」のことをいう。

人間の「内気」は腎臓で生まれ、口と鼻からたえず出て行くので、臍下の「丹田」が満たされるように「内気」を調整し、外にもらさないようにしなければならない。ここから胎息の技法が生まれる。胎息とは、胎児の呼吸法の再現である。胎内には外気は入らないから、「内気」とは胎息そのものに他ならない。

ヨーガの調息法も、中国の胎息法も、気息を制御することで、究極的に人間と宇宙との一体を目指す。気息とは「風」のことで、ヨーガ行者や道教徒が、生命の根幹にかかわる気息や「風」に瞑想をめぐらせたのも当然のことであったのである。

女神の弓矢、戦いの弓矢、愛の弓矢

ギリシア神話の弓の女神アルテミス

アルテミスは、ギリシア神話の狩りの女神だ。この女神がどこから来たのか、その経路は必ずしもはっきりしない。ギリシアの先住民族の神だという人もいれば、北欧起源、アジア起源を主張する人もいる。

アルテミスは、ゼウスとレダの娘で、アポロンとは双子の兄妹である。だから、正統的な神々のなかに加えられても不思議はなさそうに思えるのに、この処女神が主に活躍する舞台は、ギリシアから遠く離れた小アジアの辺境の地、エフェソスの森の中である。女神は、ここで荒猟師として鹿を追い、矢を放つ。

アルテミス

アルテミスの性格には矛盾した面が多く、女神でありながら男勝りの荒猟師、処女の神でありながら出産の神である。

アッティカのブラウロンでは、五歳から十歳までの乙女たちが将来子宝に恵まれるようにと、アルテミスの聖所で熊のパントマイムを舞う。

人身御供を要求するアルテミス

アルテミスは、熊とも縁が深く、自分に忠実であったニンフのカリストがゼウスと密通していたことを知ると、怒ってカリストを雌熊に変えてしまう。

また、ブラウロンのアルテミス像は、かつては人身御供も要求したらしい。この名残はイピゲネイア神話に残っている。

アガメムノンの娘を扱った戯曲には、『アウリスのイピゲネイア』と『タウリケのイピゲネイア』の二作がある。いずれもエウリピデスの作品である。

ギリシアの総大将アガメムノンは、アウリスに集結したトロイア遠征軍の前で、鹿をみごとに射止めた自分の弓術をアルテミスに誇ってみせる。自尊心を傷つけられた女神は、艦隊を無風で立ち往生させ、アガメムノンに娘のイピゲネイアを犠牲にするよう要求する。イピゲネイアが人身御供にされる直前に、鹿が身代わりとなり、イピゲネイアは、アウリスから小アジアの辺境の地、タウリケまで拉致され、巫女としてアルテミスに仕えることになる。

これが両作品の簡単な筋書きである。ブラウロンのアルテミス像は、このタウリケの地から運ばれたものである。だから、像のまわりで熊のパントマイムを踊る乙女たちは、イピゲネイアのような悲運に見舞われないで、将来幸せな結婚ができますようにとアルテミスに忠誠の舞いを披露していたのだろう。

アルテミスを信奉する永遠の若者

ヒッポリュトス神話は、馬の章でふれたが、アルテミスと関係が深い。馬の章では、ギリシア太古の風習にさかのぼって、馬祀祭と人身御供との関わりを論じたが、ここでは、ヒッポリュトス神話が、ギリシアからローマに飛び火する過程を見てみたい。

ギリシアの悲劇作家、エウリピデスの『ヒッポリュトス』では、夫である英雄テセウスの不在中に、パイドラが義理の息子のヒッポリュトスに恋を仕掛ける。だが、ヒッポリュトスは動かない。彼は女を遠ざけ、ひたすらアルテミスを信奉して森のなかで狩りにいそしむ。

ヒッポリュトスがこのように森を愛し、一徹な心を失わないのは、母がアマゾン族の出身だからである。アマゾン族とは、カフカス、スキティアといった北方の未開の地に住む女だけの蛮族で、アルテミスを守護神とする戦闘的な狩猟の民である。アマゾン族は、実際には存在しない神話上の民族なのだが、この女人族には明らかに父権社会へ移行する以前の母権社会の名残がある。

この作品で、パイドラに恋情を吹き込むのは愛の女神アフロディテである。自分を敬わないヒッポリュテを懲らしめてやろうというのがその理由である。

自分を敬わないのは女を敬わないからで、女の代表格であるパイドラを遣わしたのは、この女性蔑視を叩くためである。しかし、アフロディテはヒッポリュトスの殺害に直接手を下すわけではない。海神ポセイドンが雄牛を使って彼を殺すわけである。つまり、ヒッポリュトスは、愛馬もろとも故郷の海に身を投げる。

ローマ時代、アルテミスは植物神ダイアナになる

ローマ時代になって、狩りの女神アルテミスは、植物神ディアナと同一視されるようになった。ディアナは、英語で読めばダイアナ、例のダイアナ妃の元祖である。

イギリスの人類学者、ジェイムス・フレイザー（一八五四—一九四一）の『金枝篇』全十二巻は、ローマに近いネミ湖畔の森にあったディアナ神社の描写から始まる。この神社には、ディアナとともに森の神ウィルビウスが祭られていた。ウィルビウスというのは、医神アスクレピオスの手でよみがえったヒッポリュトスが、アルテミスによってこの地に連れてこられたのちのローマ名である。

この神社には、またディアナに仕える神官がいた。新しい神官は、逃亡奴隷で、森の中の金枝を折ってディアナに手向けた後、前の神官を殺さなければこの職につけない。

逃亡奴隷という神官の前歴を考えると、ヒッポリュトスがウィルビウスとなって森の神に祭り上げられたとはいえ、彼がギリシアから移り住んだことに間違いはないのだから、どうしてもこの神官がヒッポリュトスと二重写しになるか、でなければ、その身代わりと考えざるをえなくなる。つまり、ヒッポリュトスは、ディアナ＝アルテミスの初代神官として殺され、森の神ウィルビウスに祭り上げられたのだと。

もともと、ヒッポリュトスの生まれ故郷であるトロイゼンには、ヒッポリュティオンという神社があって、処女の娘たちが髪を切ってこの神社に奉納していた。元来、ヒッポリュトスは植物の神だったのである。

となれば、狩りの女神アルテミスが植物神ディアナになったように、森を愛したヒッポリュトスが森の神ウィルビウスになってもすこしもおかしくない。

弓は月のシンボルである

問題なのは、アルテミス＝ディアナが人身御供を要求する女神だったということである。それは、イピゲネイア（ブラウロンの乙女たち）のような処女の場合もあれば、ヒッポリュトス＝ウィルビウスのような童貞の場合もある。ディアナに仕えては殺されてきた代々の神官たちは、おそらくこの人身御供の名残だろう。

それでは、なぜアルテミス＝ディアナは人身御供を要求し、また、人身御供にされる人間は清らかな乙女や若者でなければならなかったのか。

農耕民族では、豊穣の神は大地の女神でなければならないが、狩猟民族であれば、豊穣の神が狩りの女神であっても一向に構わない。狩りの民族

ディアナ

弓と矢

は弓の民族で、弓はいつでも三日月を連想させる。弓は月のシンボルであり、豊穣の神は月の女神なのである。

それに、アルテミス（月）は、アポロン（太陽）とは双子の兄妹である。太陽と月が夫婦か兄妹だというのは、世界中の神話にざらに見られる事例である。

また、熊は、季節によって現れたり隠れたりするので、満ち欠けをする月の動物である。月の女神アルテミスが、熊を愛したのも理由のないことではない。そして、ブラウロンの乙女たちが、熊のパントマイムを踊るのは、月神の人身御供にされるのを何とかして避けたかったからだろう。月神は、イピゲネイアのような乙女を、供犠として一人要求するか、自分の巫女にするが、それ以外の乙女たちには、出産の神、豊穣の神として子宝を授けてくれると考えられていたのだろう。

イピゲネイア神話とブラウロンの祭りを総合的に判断すると、どうもこの辺に落ち着きそうな気がする。いずれにせよ、男性的な弓や狩りを介して、イピゲネイア神話では、乙女らの出産という現実的な世界が見え、ヒッポリュトス神話では、虚構の中に封印されたとはいえ、アマゾン族という太古の母権社会すら透けて見えてくるのである。

母権社会から父権社会へ

弓は、男性的な殺害の武器であるが、まったく裏腹の生命を讃える女の世界、月の世界とも関わってくる。だから弓は、生命讃歌のシンボル、豊穣のシンボルとなるのである。

そして、アリキナのディアナ神社も含めて、ヒッポリュトス神話を見直すと、母権社会が父権社会へ移行していった太古の社会の元型が、多分に儀礼化された形態にせよ、もっとすっきり定着して残っていることがわかる。

アマゾン族では、他国の男との間に生まれた男子は、殺すか不具にさせられるが、英雄テセウスの子ヒッポリュトスは生き残る。アマゾン族は、テセウス以外に、ヘラクレス、アキレウス、プリアモスといった、そうそうたる英雄たちに攻め込まれるのだが、これは父権社会の母権社会に対する侵略と見てよいだろう。

『ギリシア・ローマ神話辞典』（高津春繁）によれば、アマゾンとは「乳なし」という意味である。弓を使うのに右の乳を切り落とした、典型的な弓族＝月族だからである。

弓と矢

アマゾン族

ディアナ神社では、アマゾン族の血を引くヒッポリュトスが森に戻って祭司王になる。祭司とはいえ、森の王になったからには、森の実権を握ったことを意味しよう。森の世界では、弓の名人が軍事と生産を統括し、統括者が祭司王になる。

フランスの比較神話学者デュメジルは、インド・ヨーロッパ文明を三機能（宗教、軍事、生産）に分けて解釈するが、ヒッポリュトスは弓を介して三機能を独占し、母権社会に代わる父権社会を森の中に創始したともいえよう。

だから、狩猟社会では、三機能を独占させてくれる弓は、おのずから神聖な意味を持ち始める。その父権社会の統括者を女神のアルテミスが人身御供に要求する。前職者を殺さなければ、新しい祭司王になれないというのはそういうことだろう。

しかし、祭司王が次々に人身御供にされることで、森は再生し、植物はよみがえり、父権社会は維持される。森が再生するには、新らしい祭司王として、老人よりヒッポリュトスのような永遠の若者のほうが、女神にとって好ましいのは当然だろう。女神だからといって伴侶がいなければこの世に豊穣をもたらすことはできないからである。

ヒッポリュトスの神権政治は、過渡期の父権社会であり、背後に月の大母神アルテミスが控えている。そのかぎりで、弓は豊穣のシンボルだったのである。

弓矢の光と闇

弓のシンボリズムを考える上で、ギリシアでは、ソフォクレスの『ピロクテーテス』が面白い作品である。

主人公のピロクテーテスは、弓の名人であったが、毒蛇に嚙まれレムノス島に置き去りにされる。不治の傷口から腐臭が漂うためである。ピロクテーテスは、ヘラクレスの祭壇に火をつける役目を引き受けたことから、その礼にヘラクレスの弓矢を与えられていた。

矢にはヘラクレスが退治したヒュドラ（水蛇）の毒が塗られており、その弓は百発百中の強弓といわれていた。十年近く孤島に一人取り残され、傷の痛みに耐えながら、ピロクテーテスは、ヘラクレスの弓矢を肌身離さず護符のように握り締めていた。

ところが、この弓矢がなければ、トロイは陥落しないという神託がギリシア軍に下る。知将のオデュッセウスは、若者のネオプトレモスを孤島に送り込み、何がなんでも弓矢を取り戻して来いと秘策を伝授する。だが、ネオプトレモスは、ピロクテーテスの境遇に同情し、なかなか弓矢を奪い取ることができない。若者の心は、ギリシア軍の大義と不治の病に冒されたピロクテーテスとの間で乱れる。

業を煮やしたオデュッセウスがレムノス島に乗り込んでくる。ピロクテーテスは、オデュッセウスに矢を放とうとするが、ネオプトレモスに取り押さえられる。最後に、神になったヘラクレスが現れて、ピロクテーテスにトロイへ行くように命ずる。

以上が『ピロクテーテス』の概略である。ここでは、ヘラクレスとピロクテーテスを通して、弓矢の功罪が対照的に描き分けられている。

ヘラクレスは、並外れた弓術によって十二の偉業を立派に果たし、不死を得る。九つの頭を持つ巨大なヒュドラ（水蛇）退治は、そのひとつである。

しかし、ピロクテーテスは、同じように弓の名人でありながら、逆に毒蛇に嚙まれ、たった一人、十年間孤島に取り残される。

弓矢は、射る者と射られる者とをはっきり分ける。射る者は生き、射られる者は死ぬ。弓矢は創造しながら破壊する。征服しながら圧殺する。光をもたらしながら闇を広げる。しかし、闇の世界におとしめられた者たちは、光の世界をそのまま黙認しているわけではない。

ヘラクレスは、ヒュドラに代表される怪物どもを退治して文化英雄どころか、神にまでなったが、他方、ピロクテーテスは、ヒュドラの分身である毒蛇に噛まれて闇の世界から手痛い復讐を受ける。ピロクテーテスは、動くことさえままならず、弓の名手でありながら、自由に弓矢を使うことすらできない。彼は、弓矢の功罪、弓矢の正負の側面を一身に抱え込む。正とはヘラクレスからもらった弓矢、負とは腐臭を放つ傷である。射る者と射られる者との合体した姿、それがピロクテーテスの偽りのない肖像なのである。

戦いの弓矢

一方、ヘラクレスの弓矢は、所有者の数々の武勲が乗り移って、聖化された魔術的な武器にさえなっている。ピロクテーテスは護符のように大事にしていたが、この弓矢がなければ、トロイアは陥落しないという神託が下り、ヘラクレスの弓矢は、ギリシア軍にとって三種の神器のようなものにまで高められている。

こういう現象は、戦闘的な男権社会でしか起こらない。アルテミスの女権社会とは、明らかに弓矢のシンボル構造が変わってきたのである。というより、もともとヘラクレスは、自分の弓矢をアポロンからもらったとされているが、そのアポロンは、妹のアルテミスと並ぶ弓の神である。ホメロスの『イリアス』冒頭は、ポイボス・アポロンの怒りの描写から始まる。

ポイボス・アポロンが……オリュンポスの峰峰から降りて来られた、心に激しい怒りを燃やして、両肩には弓と……その肩のへにはたくさんな矢がからからと響きをたてた。御神はさながら夜のごとくに、いゆきたもうた。

それからして、船陣から離れたところに御座を占めると、矢を引き放たれる、銀づくりの弓からは恐ろしい轟音が湧き起こった。まず最初には騾馬や足の速い犬どもを矢は襲った。それから今度は兵士ら自身へと、鋭さをもつ矢玉を御神はつぎつぎに放ってお当てになれば、屍を焼く火は引きもきらずに燃えつづけた。（呉茂一訳）

叙事詩の冒頭で使われているアポロンの形容詞は、「遠矢を射たまうアポロン」か「銀弓のアポロン」のいずれかである。弓の神が怒った原因は、ギリシアの総大将アガメムノンが、アポロンの神官クリュセスから娘を奪ったことによる。

アガメムノンは、クリュセスの娘を愛妾にするが、もともとこの娘は、アキレウスが捕虜として連れてきた女である。アガメムノンとアキレウスとの抗争の発端はここにあるのだが、それはそれとして、アポロンは、自分の神官が侮辱されたことに怒って、アカイア軍の陣営に疫病を撒き散らし、銀弓から矢を放って屍の山を築く。

しかし、怒りの直接的な引き金が神官への侮辱だったとしても、アポロンの本意は、もっと別のところにあったろう。戦火の真っ只中にいるというのに、愛妾をめぐってアガメムノンとアキレウスが見苦しい取り合いを演じ、それどころか、戦利品の分配で我欲と我欲をぶつけあって、アカイア軍の士気が明らかに落ちているからである。銀弓のアポロンは、軍神としてアカイア軍を叱咤しているのである。

ポイボス・アポロンのポイボスが、「光輝く者」という意味なら、その弓は光輝く神の弓、銀の弓でなければならない。アルテミスの弓が月の弓、女の弓だとすれば、アポロンの弓は太陽の弓、男の弓なのである。

だから、アポロンの必殺の弓は、アポロンからヘラクレスへと相続され、さらにピロクテーテスが後生大事に保持し、トロイ戦争のような戦時下ではもちろんのこと、通常の平和な時代でさえ、父権社会における軍事のシンボルであり続けたのである。

怒りの矢

アポロンとアルテミスの兄弟が、母のために矢を使った、ニオベの神話というのがある。ニオベにはたくさんの子供がいたが、レトにはアポロンとアルテミスの二人の子供しかいなかった。このため、ニオベはレトに子宝の自慢をする。

怒ったレトは、二人の子供に復讐を誓わせる。アポロンはニオベの男の子を、アルテミスは女の子を射殺する。ニオベは泣き疲れて、悲嘆のあまり石になったという。

この神話で面白いのは、アポロンとアルテミスが仲良く揃い踏みでもするように、矢を使っていることだ。しかも、殺す側と殺される側の性別がぴったり合っていて、神々の権能が性別に従ってはっきり分権化し、弓矢のシンボリズムも、男女の分権化に沿って互いに補うような形で、父権社会のなかで命脈を保ち続けたということになる。

ギリシアでは、神々が怒って弓矢を使うのは、たいがい人間のうぬぼれをたしなめるためだが、聖書でもその点は変わりがない。『詩篇』にはこうある。

正しく裁く神
日ごとに憤りを表す神。
立ち帰らない者に向かっては、剣を鋭くし
弓を引き絞って構え
殺戮の武器を備え
炎の矢を射かけられます。（七、一二―一四）

愛の矢

弓矢のシンボルを考える上で、視野を広げてくれるのは、ホメロスの『オデュッセイア』第二一巻である。

主人公のオデュッセウスが、流浪の旅で苦難をなめている間に、さまざまな男たちが妻のペネロペイアに言い寄ってくる。それだけでなく、留守中の館で、求婚者たちが破廉恥にも宴までしている。襤褸をまとった乞食も一人この宴席に加わっている。

困り果てた妻ペネロペイアは、求婚者たちに弓の競技を申し出る。オデュッセウスの大弓に弦をかけ、十二の斧をすべて射抜いた人についていくという申し出である。ところが、求婚者たちは斧を射抜くことはおろか、大弓に弦をかけることさえできない。

最後に、まさかと思っていた乞食が競技に加わり、苦もなく大弓に弦を張り、腰掛けに座ったまますべての斧を射抜いてしまう。それどころか、この乞食は弓と箙を手に大敷居に飛び乗り、宴席についている求婚者たちに矢を放って皆殺しにしてしまう。乞食は、旅から帰還したオデュッセウスで、めでたく妻と再会して無事を喜び合う。

弓の競技が行われるのは、物語の最終章に近い。しかし、この競技は、叙事詩の全体像を集約的に浮き彫りにする象徴的な場面といってよい。

旅の試練は、乞食に身をやつしたオデュッセウスのみすぼらしい姿に表わされているだけでなく、大弓に弦をかけ、十二の斧をすべて射抜くという難行にも表現されている。この難行を立派に果たせるのは、苦難の旅を乗り越えた者にしかできない。しかも、大弓から放たれて十二の斧を一度に射抜く矢の飛行は、空間を征服していく旅に似ている。

また、この飛行は、妻と別れて故郷を離れ、日々妻を想いながら旅から帰還して妻と再会できたオデュッセウスの心の軌跡も表している。オデュッセウスの射る矢は、的をみごとに射止めるキューピト（エロス）の愛の矢なのである。

愛の矢を射るエロス（キューピッド）

インドの叙事詩『マハーバーラタ』にも同じような場面がある。パンチャーラ国の王ドゥルパダは、娘のドラウパディーのためにスヴァヤンヴァラ（花婿選び）を盛大に催すことにした。彼は「アルジュナ以外にはだれも引けそうにない剛弓を作らせ、空中高く浮かぶ的を射た者と娘を娶わせる」（山際素男訳）と公言した。

噂を聞きつけて、勇士たちが続々と集まってくる。彼らは、みな「凄い形相で弓に立ち向かったが、結局力尽き、よろよろと地面に座りこんでしまう」（山際訳）。最後にアルジュナが嘘のように剛弓を軽々と引き絞り、的を射抜いてしまう。

『マハーバーラタ』の場合、オデュッセウスが妻のペネロペイアと再会できたのとは異なり、花婿選びは単純にいかない。娘のドラウパディーは、一族の古いしきたりによってパーンドゥ兄弟五人の花嫁になるのである。しかし、アルジュナは、パーンドゥ兄弟の一人であるから、アルジュナの矢が愛の矢であることに変わりはない。

いずれにせよ、偉大な射手が弓の競技でライバルと戦い、相手を殺害したり追放することで新しい秩序を創りあげるという神話的な図式は、二つの叙事詩に共通している。

ついでに、アポロニオスの『アルゴナウティカ』（アルゴ船物語）で、エロスが本物の愛の矢をメディアに射る有名な場面も引用しておこう。これで、メディアは、たちまちアルゴ遠征隊長のイアソンに惚れ、自国のコルキスを裏切って金毛羊皮をイアソンに渡し、ギリシアに連れ帰られるのである。愛がもたらす「甘い苦悩」が、矢を受けた肉体的な苦痛に対応していることに注目したい。

矢が愛の矢としてシンボルに使われるようになった理由がおのずから分かるからである。

エロスは戸口のまぐさの下ですばやく弓を張り……敷居をまたいだ。それからアイソンの子（イアソン）のすぐ足もとに低くうずくまり、矢はずを弦の中ほどにあて、両手で弓をひきしぼり、メディアにまっすぐ狙いを定め、矢を放った。乙女は心を奪われて口がきけなくなった。

エロスは高い屋根の広間から高笑いしながら外へ飛び出した。矢は深く乙女の胸の中で炎のように燃えた。彼女はきらきら光る目をまっすぐにアイソンの子に向かってたえず投げ、理性は苦痛に揺れて胸の外に追われた。彼女はほかに何も考えることができず、魂は甘い苦悩にあふれた。（岡道男訳）

聖書と契約の弓矢

弓矢は二人を結ぶ愛の架け橋である。一方、聖書では、ノアの洪水の後に結ばれる契約のくだりで、この弓矢が、神と人間を結ぶ契約のしるしとして使われている。聖書の日本語訳では、この個所を虹とし、フランス語訳では弓としている。ちなみに、フランス語では、虹のことを arc en ciel「天の弓」ということを想起しておこう。

わたしは雲の中にわたしの虹を置く。これはわたしと大地の間に立てた契約のしるしとなる。

……わたしは、わたしとあなたたちならびにすべての生き物、すべて肉なるものとの間に立てた契約に心を留める。水が洪水となって、肉なるものをすべて滅ぼすことは決してない。雲の中に虹が現れると、わたしはそれを見て、永遠の契約に心を留める。（『創世記』九、一三―一六）

エリアーデは、飛翔する矢のシンボリズムは、天と地を結ぶもっと広範囲な昇天のシンボリズムのひとつであるといっている。そして、網、虹、光の綱、飛鳥、流星、発射する矢などさまざまな小道具を通して昇天のシンボリズムを考えた場合、これはチベットを始め、シベリア、アメリカ、メラネシア、オーストラリア、アフリカ、ポリネシアなど世界に広く分布している古代の神話的な現象であると述べている。彼は、聖書については言及を避けているが、その契約思想に弓矢のシンボリズムが使われているというのはやはり注目に値する。

古代ユダヤ教の特徴は、神の唯一性という概念と、この契約思想にとどめを刺す。そして、契約締結の基礎には、相互契約という独特の発想がある。契約を結ぶのは、神自身とイスラエル民族であり、民の誓約は、神に対する恒常的な義務をイスラエル民族に課す。それと同時に神もまた、民に対する約束の履行を義務づけられる。

聖書では、ノアとの契約に始まって、アブラハム、イサク、ヤコブ、モーゼが次々に神と契約を結ぶ。しかし、契約は時代とともに色あせる。だから、契約は、時代とともにたえず新しく結び直さなければならない。イスラエル民族がこれを破れば、神は予言者を通して禍の予言を下し、復讐の神となる。

また、神がこれを破れば、民はいち早く神を見捨てるだろう。しかし、イスラエル民族が神との契約を守り続ければ、神はこの民族を選ばれた民として永遠に庇護することになる。だから、契約をたえず更新して、神と民との絆を常に確認し続ける必要がある。

契約は、聖書の中だけに限らない。聖書の時代を超えて、祭日という形でこの契約思想は現代まで生き続けている。ユダヤ人の三大祝祭日のひとつである五旬節は、契約の再確認という歴史的な性格を持っている。

そして、聖書では、最初の契約思想を謳ったノアとの契約で、神と人間、天と地を結ぶ弓矢のシンボリズムが、虹という形で契約のしるしに使われているのである。

人間が、このように神とたえず契約を結び続けなければならないのは、人間が堕落した結果である。アダムとイヴの堕落によって、天と地は永遠に分離した。楽園から追放された人間は、永遠に地にへばりつく存在になった。神と人間との契約は、天と地を再び結びつけようとする人間の見果てぬ夢を思想として定着させたものである。

この見果てぬ夢は、地から天へはどう考えても届きそうにない矢の飛距離に似ている。そういう点で、弓矢が契約のシンボルとして使われたのも当然と思えてくるのである。

数は宇宙の神秘を語る

数秘学の栄枯盛衰

おれが信じるのは、な、スガナレル、二に二を足せば四になり、四に四を足せば八になる、これさ。（鈴木力衛訳）

これは、十七世紀フランスの劇作家モリエールが、『ドン・ジュアン』のなかで主人公に語らせている台詞である。この台詞は、数から神秘性を剝ぎ取って、裸形の数を合理的にそのまま明快に認めようとした時代の言葉、最初の言葉であるように思う。

私たち現代人は、数を合理的思考の代表的なものと頭から信じこんでいる。これを書いている私なども、その例に漏れず、数秘学などというオカルトめいた言葉を初めて目にしたときには、うさん臭い学問があるものだと思った。しかし、数から神秘性を剝ぎ取って、ヨーロッパ精神が一丸となって合理主義に突き進み始めたときに、全体性の視点も同時に少しずつ失われていった。

この現象は、何も数に限ったことではない。思考の基盤である言葉がそうだったと、フランスの哲学者ミシェル・フーコー（一九二六―一九八四）は言っている。彼の主著『言葉と物』によれば、十六世紀までは、神による照応の全体的体系が物の世界であった。

だから、物の世界を映し出す言葉は、同時に物の背後にある神の全体性を映し出す鏡だった。ところが、十七世紀以降、神に収斂されていた円環的な物の世界に代わって、物は無限に分散し、並列化するようになる。それに伴って、言葉は、神との関係を断ち切られて、純粋に記号だけの意味作用に還元されるようになった。

数もこの影響を受けないはずはない。例えばここに一万匹の羊がいたとする。一匹ずつ、一万回数えれば一万匹いる羊の全体像にたどり着く。物の分散化、並列化である。

しかし、並列した状態をそのまま認めて数えていくと、全体像にたどり着くまでにはかなりの時間がかかる。その間に、羊は何匹か逃げてしまうかもしれない。一匹でも逃げてしまえば、一万匹いた羊の全体像を捉えたことにはならない。

それなら、どうすればよいか。少し高いところから、一万匹いる羊の全体像を直感的に視界に捉える以外にないだろう。これが直感を重視したベルクソン（一八五九―一九四一）の考え方である。

ピュタゴラス

しかし、この直感の理論は、考えようによっては、合理性を突き進めるあまり、全体性の視点を失ってしまった近代ヨーロッパ精神のあがきとも受け取れないことはない。

ピュタゴラス（前五八六頃—前四九七）は、数秘学を広めた開祖であるといわれ、幾何学と音楽と天文学を究めた者でなければ、自分の教団に入門することを許さなかった。

なぜ音楽だったのか。竪琴の音階は、弦の長さに対応する数比で決まり、弦の振動音は心地よい響きをもたらす。音楽は、宇宙のハーモニーを示唆するかけがえのない表現手段であった。その根底に数学があると考えたのである。

天文学についても同じことがいえる。天体の規則的な運行を観察すれば、宇宙の秩序を実感せざるをえない。数は、ピュタゴラスにとって宇宙に調和をもたらす鍵のようなものだった。ここから数のシンボリズムが生まれないはずはない。

ユング（一八七五—一九六一）は、シンボルの誕生に触れてこう書いている。

シンボルは、明らかに理解できる一方の項として現われる。他方の項は理解できないものである。

数は理解できる既知の項であるのに、宇宙はあくまで理解できない未知の項なのだから、二つの項を結びつけようとすれば、シンボルが生まれてこざるをえない。ヨーロッパでは、数のシンボリズムに関しては、この状態が、ピュタゴラス以降、中世をへてルネサンスまで続く。というより、全体性、宇宙の秩序が何よりも優先する古代社会では、ヨーロッパに限らず、どこの地域でも数のシンボルが幅を利かせるようになる。

中国の数の象徴体系　老子と『易経』の象徴解釈

例えば、老子は、「道は一を生ず。一は二を生じ、二は三を生じ、三は万物を生ず」（『道徳経』四十二章、小川環樹訳）と言っている。

道とは、天地創造に先立つ、名づけようのない万物の根源である。そして、「名なきは、天地の始めにして、名あるは、万物の母」と第一章で語っている。名なきものから名あるものが誕生すること、これが「道は一を生ず」の意味である。

万物の母である一については、「天は一を得て清く、地は一を得ておちつき、神々は一を得て霊妙で、谷は一を得て充満し、万物は一を得て生まれる」（三十九章）と述べる。一がなければ、天地や神々や万物といった名あるものは存在しなかったということだろう。一は「太一」、「太極」、「太初」といった宇宙の起源を象徴しているのである。

太一は両儀を出だし、両儀は陰陽を出だす。万物の出づる所、太一に始まり、陰陽に化さる。（『呂氏春秋』「仲夏紀」）

だから、二はおのずから陰と陽、女性原理と男性原理を象徴することになる。陰陽二気が応じあい、助けあって事を成す。あるいは、一陰一陽の変化が宇宙の道、万物の実相とみなされる。三は、天地人の三才を表す。あるいは『易経』に引きつけて言えば、陽爻（—）と陰爻（- -）を三爻にいろいろ重ね合わせたものが小成の卦＝八卦（乾、坤、震、巽、坎、離、艮、兌）、六爻に重ね合わせたものが大成の卦（六十四卦三百八十四爻）である。つまり、陰陽の実線と破線を、三本さまざまに組み合わせれば小成の卦の八組、六本組み合わせれば大成の卦の六十四組できあがるということである。この八組または六十四組がそれぞれ天地の理や処世の術を表現しているから易学になるのである。

ちなみに、八卦の乾は天と父、坤は地と母、震は雷、巽は木と風、坎は水と月、離は火と太陽、艮は山、兌は沢を表す。三爻だろうが、その倍数である六爻だろうが、三が完成を意味する基本の数なわけだから、「三は万物を生ず」という老子の言葉が、『易経』を通して実現しているわけである。人生の有為転変を表現したものが易学だからである。『易経』は、数秘学を集大成した書なのである。

数秘学ならまだしも、易学などゴメンというのなら、四は、四時（四季）や四方位といった時間と空間を象徴していると言い直してもよい。あるいは、王という四画の漢字を象徴的に解釈して、横の三本の線は天地人の三才、三本の線を横断する縦の一本の線は、天から下り、地を支配し、人を統べる帝王を表意文字にしたものと言い換えてもよい。王は、天地人を結ぶ架け橋なのである。

また、古代の王は、即位の儀式で四方位に矢を射て、治世の安定を祈るのが中国の習わしだった。空間の征服を誇示したわけである。だから、四は四角形や四方位から類推できるように、揺るぎないもの、安定したものを象徴している。いずれにせよ、一から三で天地人の三才が創造されたのに対して、四で社会の観念が導入されたわけである。

五は、五行（木、火、土、金、水）、五臓（肝、心、脾、肺、腎）、五音（角、徴、宮、商、羽）、五色（青、赤、黄、白、黒）、五臭などを表す。これで、宇宙創成が簡単な数を通して一幅の絵のようにみごとに表現されていることが分かろう。しかも、創造された世界が万物の根源にある「道」に通じている象徴体系は、すべてが目に見えない法理に基づいて秩序正しく運行していることを示している。

ギリシアのピュタゴラス学派の数秘学

中国では、幸いなことに、『易経』が始皇帝の焚書坑儒を免れたために、数の象徴体系が後世までかなりはっきり伝えられている。しかし、ピュタゴラス教派では、その秘伝が口頭で弟子たちに伝えられ、書物に記されることがなかったために、必ずしも数秘学の全貌が分かるわけではない。

さしあたり、マンリー・P・ホール著、大沼忠広他訳の『秘密の博物誌』が、ピュタゴラス学派の秘伝を最もまとまった形で詳細に論じているので、そこから秘伝の特徴を拾い出して素描してみる。

まず、ピュタゴラス学派では、数には名前があったこと、それも神々の名前が付けられていたことがプルタルコス（四六頃―一二〇頃）の『エジプト神イシスとオシリスの伝説について』から分かる。

ピュタゴラス派の人々はまた、三角形の本質はハデス、ディオニュソス、アレスのものであり、四角形はレア、アプロディテ、デメテル、ヘスティア、ヘラのものであり、十二角形はゼウスに属するなどといっております。（三〇章、柳沼重剛訳）

ピュタゴラス派の人たちは、数や形に神々の名を付して飾りました。例えば正三角形にはゼウスの頭から生まれ、トリトゲネイアとの異称を持つアテナの名をつけました。正三角形は各角から下ろされる垂線によって分けられるからです。また一のことをアポロンと呼びました。アポロンとは複数を否定する名であり、一という数は単純だからです。

二を「争い」と呼び、三を「正義」と呼びました。不正をなすとか不正をなされるとかいうのは、不足と過多から起こるのですが、正義というのはみな同じということであって、不足でもない過多でもない、その中間にあるものだからです。（七五章）

現代人から見ると、命名の根拠がある程度分かるものもないわけではない。しかし、なるほどと納得できるものは以外と少ない。おそらく、当時考えられていた神々の性格と数との間には秘められた交感があって、それが現代人に理解できなくなっているからだろう。

しかし、数に神々の名が付けられていたことは、数が神々の世界の属性であったことを示している。同時に、それぞれの数には、現代の数とは違って、命名された神々の力が特別に与えられていたことが分かる。

第二の特徴は、数を奇数と偶数の二種類に分け、奇数を確定数で男性数、偶数を不定数で女性数としている点である。そして、ピュタゴラス教団では、高級な神々には奇数の供物を、女神や地下の精霊には偶数の供物を捧げたという。だから、奇数は、男性・光・善・正方形を表し、偶数は女性・暗黒・悪・長方形を表したという。（『数の神秘』、エンドレス）

奇数を重視するこうしたピュタゴラス学派の考え方は、エンドレスによれば、中世・ルネサンス期までヨーロッパ圏に限らず、イスラム圏にまで影響を与え続けたという。しかし、奇数と偶数についてのこの考え方は、女性原理と男性原理を導入したことで、中国の陰陽思想と確かに似ているが、善悪二元論も加味されているので、以後ヨーロッパ世界に浸透していく父権思想の色合いが濃い。

また、陰陽思想は、女性原理と男性原理が相助け合う形で拮抗し、この二元論が『易経』でも分かるように隅々まで浸透している。

一方、ピュタゴラス学派の二元論は、女性原理が男性原理に比べて明らかに劣っているし、完全数の概念も導入されるので、奇数と偶数の二元論が陰陽思想のように徹底して貫かれているわけではない。ピュタゴラスは、奇数と偶数の二元論以外に、「完全数」、「不足数」、「超完全数」という別の分類法も採用しているからである。紙幅の都合で、この分類法を詳しく述べることは差し控えるが、十以下の完全数は六だけで、六は「世界の創造」を表している。

第三の特徴は、一（モナド）が必ずしも数ではなく、「一者」を意味するという点である。「一者」とは万物を生み出す神、神の本性である善のことである。

モナドは奇数でも偶数でもなく、その両者を含む両性具有の数である。モナドは、あらゆる数の総和であり、宇宙のようなひとつの統一体なのだ。あらゆる数、あらゆる物質はモナドから生まれ、モナドを構成する。それは、全体と部分との関係のようなものである。

第四の特徴は、テトラクテュスに代表される図形、とくに幾何学の重視である。図のように、テトラクテュスは、一＋二＋三＋四＝十で構成され、全体が三角形の図形になっている。また、一方でプルタルコスは、こう書いている。

テトラクテュスと呼ばれるものがあって、これは三十六のことですが、よく言われておりますように、これは最も重い誓いを表し、「世界」（コスモス）とも呼ばれました。最初の四個の偶数と最初の四個の奇数の和なのです。

つまり、最初の四個の偶数の和は二十（二＋四＋六＋八＝二〇）、最初の四個の奇数の和は十六（一＋三＋五＋七＝十六）、これらを加えた数が三六である（二十＋十六）。

いずれにせよ、テトラクテュスを構成するどの等式を見ても、四個一組になっていることが分かる。四はギリシア語でテトラドという。だから、テトラクテュスは、テトラドの派生語ということになる。

ピュタゴラス派の四は、始祖的な最も完全な数で、自然の源泉、神を象徴する数である。また、四は四大、四季、魂の四機能（知、情、意、感）とも結びつく。テトラクテュスは、この四の象徴性を包み込む。

それだけでなく、テトラクテュスは、最初の四個の数の和であり、さらに、最初の四個の偶数の和と最初の四個の奇数の和が合体したものなのだから、数だけ見ても始源というものと密接に結びついており、そこから宇宙（コスモス）の創成、世界の創造を象徴するようになったのは当然のことなのである。誓いの定詞に使われたのもこれで納得できる。

三位一体論に見るキリスト教の数秘学

キリスト教の数秘学で、最も特徴的なのは、何といっても三位一体論だろう。父と子と聖霊の三

三位一体によるマリアの戴冠

位は、それぞれ独立したペルソナ（位格）である。

しかし、その三位は、三つの神として区別されるのではなく、本質的に一つの神なのである。だから、記憶・理性・意志のように一つのペルソナである人間の精神を三つの様態で示したものではなく、それぞれ固有な三つのものが一つになった状態が三位一体である。

これは、普通に考えれば、明らかに背理である。しかし、この背理を信仰によって最高原理として受けとめたところにキリスト教の独自性があるともいえる。

四世紀中葉のローマの神学者、マリウス・ウィクトリウスは、三位一体についての『讃歌』でこう歌う。

一なる原理、他と共にある一、永遠に他と共にある一、至聖なる三位一体よ。
神は愛、キリストは恩寵、聖霊は交わり、至聖なる三位一体よ。
一からすべてが、一を通してすべてが、一のうちにすべてが至聖なる三位一体よ。
永遠から生み出されることのない方、永遠から生み出される方、すべてが永遠になるために生み出される方、至聖なる三位一体よ。（『中世思想原典集成』四、「初期ラテン教父」）

キリスト教の三位一体には、女性原理が介在していない。父（一）と子（二）は男性であるし、聖霊（三）も父と子から発して、多と交わり、他と共にある存在である。

これは、大極（頂点）から発して、陰＝女性（底点）と陽＝男性（底点）が生まれる中国の三角形型の三位一体とも違う。

また、エジプトのオシリス（男）、イシス（女）、ホルス（子）、中国の天地人の三才（天＝乾＝男。地＝坤＝女）のように、一組の男女から子や人が生まれる逆三角形の三位一体とも違う。

それなら、女性原理はどこに行ってしまったのか。ある説では、四が女性原理なのだという。四とは聖母マリアのことであり、女性原理は「聖母の被昇天」によって三位一体の男性原理と合体する。

錬金術の数秘学に対するユングの解釈

また、ユングは、『心理学と錬金術』のなかで古代の伝説的な女性錬金術師マリア・プロフェティサの言葉を引用して独自の考えを述べる。マリアは言う。

一は二となり、二は三となり、第三のものから第四のものとして全一なるものの生じ来るなり。（池田紘一他訳）

老子の言葉と驚くほど似ているが、キリスト教の文脈ではその内容もおのずから変わってくる。ユングによれば、ここにはキリスト教の支柱をなしている三位一体という奇数の間に四という偶数が割り込んでいる。奇数は、ピュタゴラス以来、ヨーロッパでは男性的な数で、偶数より優れた数と考えられている。

一方、四は女性的なもの、大地、下界、悪、第一質料(プリマ・マテリア)を表しているのだという。そして、錬金術の化学史的側面ではなく、精神史的側面に照明を当てるなら、錬金術は、地表を支配しているキリスト教に対して、地下水をなしている。

その関係は夢と意識の関係に似ており、夢が意識の葛藤を補償し、融和作用を及ぼすのと同じように、錬金術は、キリスト教の緊張した対立が露呈させるあの裂け目を埋めようと努める。

キリスト教の三位一体が父―息子という形態をとることで、男性原理を最高度に意識化した教義だとすれば、無意識は、母―娘という特殊形態を生み出す形でこれに応じざるをえない。

つまり、意識が男性原理へ世界史的な移行を遂げるにつれて、女性原理は無意識のなかに沈潜し、その補償作用を行おうとする。

だから、女錬金術師マリアが言うように、男性原理である一から三の三位一体に女性原理である四が合体、または誕生することで初めて「全一なるもの」が生まれるというのである。

ユングの言葉を信じるなら、四は天に対して地、光に対して闇、善に対して悪、キリスト教に対して錬金術、男性原理に対して女性原理、意識に対して無意識、合理に対して非合理を表している。

それは、キリスト教によって歪曲され、緊張させられたヨーロッパの精神構造を全的に補償し、融和させるキー・ワードの数なのである。

主要参考文献（順不同、欧文文献は省略）

イヴ・ボンヌフォワ編、金光仁三郎・安藤俊次・大野一道・嶋野敏夫・白井泰隆・持田明子・山下誠・山辺雅彦訳、『世界神話大事典』、大修館書店、二〇〇一年
ジャン・シュヴァリエ／アラン・ゲールブラン、金光仁三郎・熊沢一衛・小井戸光彦・白井泰隆・山下誠・山辺雅彦訳、『世界シンボル大事典』、大修館書店、一九九六年
小川正廣、『ウェルギリウス研究』、京都大学学術出版会、一九九四年
ヨハネス・ブレンステッズ、荒川明久・牧野正憲訳、『ヴァイキング』、人文書院、一九八八年
マックス・ウェーバー、内田芳明訳、『古代ユダヤ教』、みすず書房、一九六二年
フレイザー、永橋卓介訳、『金枝篇』、岩波文庫、一九五一年
ジョルジュ・デュメジル、松村一男訳、『ゲルマン人の神々』、国文社、一九九三年
ジョルジュ・デュメジル、松村一男訳、『神々の構造―印欧語族三区分イデオロギー―』、国文社、一九八七年
ジョルジュ・デュメジル、大橋寿美子訳、『ローマの祭　夏と秋』、法政大学出版局、一九九四年
ミルチャ・エリアーデ、立川武蔵訳、『ヨーガ』上下、せりか書房、一九八七年
ミルチャ・エリアーデ、堀一郎訳、『シャーマニズム―古代的エクスタシーの技術』、冬樹社、一九七四年
ミルチャ・エリアーデ、大室幹雄訳、『鍛冶師と錬金術師』、せりか書房、一九七六年
ミルチャ・エリアーデ、斎藤正二訳、『ザルモクシスからジンギスカンへ』　せりか書房　一九七六年
C・G・ユング、池田紘一・鎌田道生訳　『心理学と錬金術』　人文書院　一九七六年
C・G・ユング、林道義訳　『個性化とマンダラ』　みすず書房　一九九一年
ウノ・ハルヴァ、田中克彦訳、『シャマニズム―アルタイ系諸民族の世界像』、三省堂、一九八九年
R・グレーヴス、高杉一郎訳、『ギリシア神話』上下、紀伊国屋書店　一九六二年
ヴァルター・ブルケルト、橋本隆夫訳、『ギリシアの神話と儀礼』、リブロポート、一九八五年
レヴィ・ブリュル、古野清人他訳、『原始神話学』、創元社、一九四六年
ヤコブス・デ・ウオラギネ、前田敬作訳、『黄金伝説』、人文書院、一九七九年
石上玄一郎、『エジプトの死者の書』、人文書院、一九八〇年

J・チェルニー、吉成薫他訳、『エジプトの神々』、六興出版、一九八八年
ヴェロニカ・イオンズ、酒井傳六訳、『エジプト神話』、青土社、一九八八年
フランツ・キュモン、小川英雄訳、『ミトラの密儀』、平凡社、一九九三年
早島鏡正他、『インド思想史』、東京大学出版会、一九八二年
ハインリッヒ・ツインマー、宮元啓一訳、『インド・アート』、せりか書房、一九八八年
小谷汪之、『ラーム神話と牝牛』、平凡社、一九九三年
袁珂、鈴木博訳、『中国神話伝説大事典』、大修館書店、一九九九年
袁珂、鈴木博訳、『中国の神話伝説』上下、青土社、一九九三年
聞一多、中島みどり訳注、『中国神話』、東洋文庫、平凡社、一九八九年
葛兆光、坂出祥伸監訳、『道教と中国文化』、東方書店、一九九三年
アンリ・マスペロ、川勝義雄訳、『道教』、東洋文庫、平凡社、一九七八年
アンリ・マスペロ、持田季未子訳、『道教の養性術』、せりか書房、一九八七年
マルセル・グラネ、内田智雄訳、『中国古代の祭礼と歌謡』、東洋文庫、平凡社、一九八九年
マルセル・グラネ、明神洋訳、『中国古代の舞踏と伝説』、せりか書房、一九九七年
R・A・スタン、山口瑞鳳・定方晟訳、『チベットの文化』、岩波書店、一九九三年
ラマ・アナガリカ・ゴヴィンダ、山田耕二訳、『チベット密教の真理』、工作舎、一九九一年
マンリー・P・ホール、大沼忠広他訳、『秘密の博物誌』、人文書院、一九八一年
カール・ケレーニイ、種村季弘・藤川芳朗訳、『迷宮と神話』、弘文堂、一九九六年

[著　者]
金光　仁三郎（かねみつ・じんさぶろう）
1941年　東京に生まれる
1966年　東京大学文学部仏文科修士課程修了
現　在　中央大学教授
著訳書　『ラシーヌの悲劇』（中央大学出版部），『ドン・ファン神話』（J. ルーセ，審美社），『世界シンボル大事典』（シュヴァリエ他，大修館書店，共訳），『世界神話大事典』（ボンヌフォワ，大修館書店，共訳）など多数

原初の風景とシンボル

初版発行――2001年6月10日

著　者――**金光仁三郎**
発 行 者――**鈴木　一行**
発 行 所――株式会社**大修館書店**
〒101-8466 東京都千代田区神田錦町3-24
電話　03-3295-6231（販売部）
　　　03-3294-2356（編集部）
振替　00190-7-40504
[出版情報] http://www.taishukan.co.jp

装　丁――山崎　登
印　刷――精 興 社
製　本――牧 製 本

ISBN4-469-24461-9　　Printed in Japan